LA RHÉ

Du même auteur

OUVRAGES :

Les Discours siciliens d'Aelius Aristide, Arno Press, New York, 1981 ; 2ᵉ éd., Ayer Company Publishers, Salem, N. H., 1992.
La Rhétorique de l'éloge dans le monde gréco-romain, 2 vol., Institut des Etudes augustiniennes, 1993.
Éloges grecs de Rome, Les Belles Lettres, 1997.

RECUEILS :

L'Invention de l'autobiographie, éd. M.-F. Baslez, P. Hoffmann et L. Pernot, Presses de l'Ecole normale supérieure, 1993.
Rhétoriques de la conversation, Fondation Hugot du Collège de France, éd. L. Pernot, University of California Press, 1993.
Dire l'évidence, éd. C. Lévy et L. Pernot, L'Harmattan, 1997.
Du héros païen au saint chrétien, éd. G. Freyburger et L. Pernot, Institut des Etudes augustiniennes, 1997.
Bibliographie analytique de la prière gréco-romaine, éd. G. Freyburger et L. Pernot, Brepols, Turnhout, 2000.
Actualité de la rhétorique, Colloque de Paris présidé par M. Fumaroli, éd. L. Pernot, Klincksieck, 2000.

LAURENT PERNOT

LA RHÉTORIQUE DANS L'ANTIQUITÉ

LE LIVRE DE POCHE

Série « Antiquité » dirigée par Paul Demont

© Librairie Générale Française, 2000.

AVANT-PROPOS

Le mot « rhétorique » vient du grec *rhêtorikê*, qui signifie « art de la parole » : l'étymologie indique déjà le rôle joué par les Anciens dans le domaine qui constitue le sujet du présent ouvrage. Si l'Antiquité gréco-romaine n'a pas inventé seule l'art de parler – d'autres civilisations plus anciennes pourraient prétendre à cet honneur –, elle lui a donné un développement particulier et l'a théorisé avec une rigueur et une richesse sans précédent. Cet art a occupé une place importante dans l'histoire de la culture occidentale et il continue d'exercer une influence réelle, quoique plus souterraine que par le passé, sur les formes d'expression et les modes de pensée du monde moderne.

Mais en nous léguant l'art de la parole, l'Antiquité nous a légué aussi la crainte de cet art. Certains des Anciens affichaient leur méfiance envers la rhétorique. Aujourd'hui encore, le nom et l'adjectif « rhétorique » restent péjoratifs dans des acceptions courantes, où ils désignent des paroles creuses ou trompeuses. Comme « littéraire », « prosaïque », « sophistique » – tous termes avec lesquels il a partie liée –, le mot « rhétorique » est parfois porteur d'un recul et d'un soupçon, qui répondent à des peurs très profondes devant la puissance du langage, devant ses facultés d'autonomie par rapport aux choses et aux idées, devant les risques de son mésusage.

Il s'agit ici d'aller au-delà de cette apparence, de dépasser les peurs et d'essayer de mieux comprendre un objet essentiel et controversé.

Et d'abord, qu'est-ce que la rhétorique ? Pour répondre à cette question, on peut se référer au traité de Quintilien sur la formation de l'orateur, qui consacre un chapitre aux diverses définitions proposées dans l'Antiquité (*Institution oratoire*, II, 15 : 1er siècle ap. J.-C.). L'opinion la plus répandue consistait à définir la rhétorique comme le « pouvoir de persuader » (*uis persuadendi*). Globalement, cette définition signifiait que l'orateur est celui dont les discours savent emporter l'assentiment de l'auditoire et que la rhétorique est le moyen de parvenir à ce résultat. La persuasion en question s'effectue par la parole (et non pas, par exemple, par les seuls gestes, ou par l'argent, les drogues, le crédit, l'autorité). Elle s'exerce principalement dans le domaine du discours public, relatif à des questions « politiques » et « civiles » (c'est-à-dire qui mettent en jeu l'intérêt de la cité et des citoyens), mais elle peut avoir aussi une place dans les dialogues et les entretiens privés.

Au lieu de « pouvoir », beaucoup préféraient parler d'« art » (en grec *tekhnê*, en latin *ars*). Ce mot, dans son sens antique, n'insiste pas tant sur ce que les Modernes entendent par création artistique que sur l'idée d'une méthode raisonnée, d'un système de règles destinées à l'utilisation pratique, d'une production technique et d'un métier. D'autres employaient les mots « vertu », « science », ou – péjorativement – « routine ». Quintilien, pour sa part, s'arrête à une définition différente : la rhétorique comme « science du bien dire » (*bene dicendi scientia*). La substitution de « dire » à « persuader » vise à élargir le champ de la rhétorique en l'étendant virtuellement à toutes les formes de discours, quels qu'en soient le but et l'effet. Quant à l'adverbe « bien », il est d'une ambiguïté voulue, puisqu'il peut recouvrir à la fois la correction grammaticale, la beauté esthétique, la valeur morale et l'efficacité pratique du discours. Cette ultime définition est la plus générale et la plus totalisante.

Ce bref parcours à travers les différentes définitions de la rhétorique offre par lui-même un aperçu d'ensemble du sujet. Au point de départ, il y a la persuasion : l'énigme de la persuasion. Comment expliquer ce phénomène, à la fois fréquent et mystérieux, qui consiste à amener autrui, sans contrainte apparente, à penser quelque chose qu'il ne pensait pas, ou pas encore, auparavant ? La rhétorique a été inventée pour répondre à cette interrogation. Fondamentalement, elle vise à comprendre, à produire et à réguler la persuasion.

Dans ces conditions, la rhétorique est une technique visant à l'efficacité, une méthode de production du discours persuasif fondée sur un savoir-faire et même sur des recettes. Derrière ce savoir-faire, il y a un savoir, une science si l'on veut, en tout cas une réflexion approfondie et systématique sur la nature et le fonctionnement de la parole. Ce savoir et ce savoir-faire sont objets d'enseignement. Par ailleurs, la rhétorique se déploie dans des cadres politiques et institutionnels et dans des configurations idéologiques qui sont précis et datés : la rhétorique est ancrée dans la société, et par conséquent elle a une histoire qui se développe en rapport avec l'histoire générale des sociétés antiques. La rhétorique vise également la beauté et se lie au goût, à l'esthétique. Enfin, à toute époque, se pose le problème moral et philosophique de la validité du discours rhétorique, de sa conformité avec la vérité et avec la vertu. A toute époque aussi, se pose le problème de l'extension de la rhétorique, par rapport aux autres formes de discours et aux autres aspects du langage, et de ses relations avec la linguistique et avec la littérature.

Précisons que nous prenons le mot « rhétorique » dans son sens plein. Dans la langue contemporaine, ce mot a, schématiquement, deux emplois : un emploi restreint, qui désigne la seule théorie du discours (en ce cas, « rhétorique » s'oppose à « éloquence », comme la théorie s'oppose à la pratique), et un emploi plus large, qui couvre théorie et pratique ensemble. Ce flottement terminologique étant source de confusions, il importe de lever l'ambiguïté. A la différence d'autres livres français sur la « rhétorique » dans l'Antiquité, qui se limitent en fait à la théorie, le présent ouvrage envisage la rhétorique dans toute son extension, laquelle comprend à la fois la théorie et la pratique du discours, c'est-à-dire à la fois les traités, les manuels, les discussions abstraites, et les compositions oratoires, harangues, plaidoyers, panégyriques, etc. Cette approche nous paraît, en effet, la plus conforme à la pensée antique et la plus féconde pour une réflexion moderne sur le sujet. Le sens plein était celui des Anciens. Pour eux, la rhétorique était un savoir productif, un corps de connaissances et de règles permettant une performance verbale efficace. Couper la théorie de la pratique oratoire, c'est instaurer une séparation entre deux aspects qui étaient en dialogue constant et qui influaient l'un sur l'autre. C'est risquer de dévaloriser l'un et l'autre, la théorie se muant en une scolastique détachée de la réalité et la pratique se diluant dans la littérature. C'est passer à côté de la spécificité du phénomène rhétorique, qui a consisté précisément à essayer de penser l'activité de discours comme une totalité complexe, qui va du problème intellectuel à l'acte social. En réalité, la théorie et la pratique sont les deux faces d'un même art, même si, parmi les représentants de cet art, certains peuvent être davantage théoriciens et d'autres davantage praticiens. Un Cicéron, auteur à la fois de traités et de discours, a tracé le périmètre de la rhétorique dans sa totalité, et c'est ce périmètre qu'il faut explorer.

L'exploration sera diachronique. Puisque la rhétorique est liée à des conditions historiques, à un état social, politique, intellectuel, et qu'elle a évolué avec ces conditions, il est indispensable de marquer des lignes de force et des étapes : les six chapitres de cet ouvrage retracent donc l'histoire de la rhétorique au cours de l'Antiquité, depuis Homère jusqu'à la fin de l'Empire païen (VIIIe siècle av. J.-C.– IIIe siècle ap. J.-C.). Le singulier du titre, *La Rhétorique dans l'Antiquité*, postule la cohérence du sujet à travers ses mutations et ses variations historiques et géographiques. L'histoire de la rhétorique étant une discipline relativement nouvelle, la recherche, sur bien des points, est en cours et le temps n'est pas encore venu – s'il doit venir – de présenter des vérités admises, comme dans un manuel ; aussi n'avons-nous pas hésité à signaler les difficultés suscitées par les sources, à avancer des interprétations et à écrire, quand c'était nécessaire, une histoire problématique. Des Excursus, insérés à différents moments du développement, attirent l'attention sur des points controversés ou sur des exemples significatifs. La conclusion ouvre des pistes vers l'héritage de la rhétorique gréco-romaine, dans le christianisme et dans la modernité. Enfin, le Thesaurus, consacré au système de la rhétorique antique, fait droit à la synchronie, en présentant des concepts et des classifications qui ont existé à différentes époques et qui appartiennent à la longue durée (beaucoup sont encore en usage aujourd'hui).

Note sur le mode de référence. Pour la commodité du lecteur, les références aux textes anciens renvoient uniformément, chaque fois que cela est possible, aux éditions de la Collection des Universités de France. Lorsqu'il n'existe pas d'édition dans cette collection, renvoi est fait aux autres éditions les plus autorisées. En cas de doute possible sur la signification de la référence (numéros de fragments, renvois aux pages, etc.), ainsi que pour les publications de textes épigraphiques et papyrologiques, le nom de l'édition visée est précisé. Les citations d'extraits sont tirées ou inspirées des traductions de la Collection des Universités de France, sauf pour Protagoras (trad. Poirier), la stèle des Kyténiens à Xanthos (trad. Bousquet), Sénèque le Rhéteur (trad. Bornecque), Hermogène (trad. Patillon), le Nouveau Testament (trad. Grosjean-

Léturmy). Les traductions de passages de Sextus Empiricus, Gorgias, Alcidamas (chap. II), Fronton et Aelius Aristide (chap. VI) sont nôtres.

Un ouvrage comme celui-ci s'enracine non seulement dans la recherche, mais aussi dans l'enseignement. C'est pourquoi je dédie ces pages, avec amitié, aux collègues et aux étudiants qui ont participé à mes séminaires sur la rhétorique à l'Ecole normale supérieure et à l'Université de Strasbourg. Mes remerciements vont à Paul Demont pour sa relecture et ses observations.

EXCURSUS N° 1
RHÉTORIQUE DE...

Ces dernières années ont vu se multiplier les livres et articles, consacrés à l'Antiquité, utilisant la forme de titre « Rhétorique de... », notamment en anglais, mais aussi dans les autres langues. Voici quelques exemples (la liste ne se veut pas exhaustive) :

D. G. BATTISTI, *La retorica della misoginia (la satira sesta di Giovenale)*, Venosa, 1996.

M. CAHN, « The Rhetoric of Rhetoric : Six Tropes of Disciplinary Self-Constitution », in *The Recovery of Rhetoric*, Londres, 1993.

G. B. CONTE, « La retorica dell' imitazione come retorica della cultura : qualche ripensamento », in *Filologia antica e moderna*, 2, 1992.

P. DUBOIS, « Violence, Apathy, and the Rhetoric of Philosophy », in *Rethinking the History of Rhetoric*, Boulder, 1993.

J. FARRELL, « Towards a Rhetoric of (Roman ?) Epic », in *Roman Eloquence*, Londres, 1997.

S. M. FLAHERTY, *The Rhetoric of Female Self-Destruction : a Study in Homer, Euripides, and Ovid*, diss. Yale, 1994.

J. HESK, « The Rhetoric of Anti-Rhetoric in Athenian Oratory », in *Performance Culture and Athenian Democracy*, Cambridge, 1999.

N. G. Kennell, « Herodes Atticus and the Rhetoric of Tyranny », in *Classical Philology*, 92, 1997.

M. Mariotti, « Sul contrasto di modelli nella retorica dell'aegritudo : "consolatio per exempla" e "fletus immodicus" in AL 692 R. e Petron. 115. 6-20 », in *Materiali e discussioni*, 38, 1997.

G. W. Most, « *Disiecti membra poetae* : the Rhetoric of Dismemberment in Neronian Poetry », in *Innovations of Antiquity*, New York, 1992.

E. Oliensis, *Horace and the Rhetoric of Authority*, Cambridge, 1998.

P. Rose, « Cicero and the Rhetoric of Imperialism », in *Rhetorica*, 13, 1995.

D. Sullivan, « Kairos and the Rhetoric of Belief », in *Quarterly Journal of Speech*, 78, 1992.

S. C. Todd, « The Rhetoric of Enmity in the Attic Orators », in *Kosmos. Essays in Order, Conflict and Community in Classical Athens*, Cambridge, 1998.

Y. L. Too, *The Rhetoric of Identity in Isocrates*, Cambridge, 1995.

Y. L. Too, N. Livingstone eds., *Pedagogy and Power : Rhetorics of Classical Learning*, Cambridge, 1998.

R. Webb, « Salome's Sisters : the Rhetoric and Realities of Dance in Late Antiquity and Byzantium », in *Women, Men and Eunuchs*, Londres-New York, 1997.

G. B. Wittmer, *Isocrates and the Rhetoric of Culture*, diss. Pittsburgh, 1991.

Il y a vingt ans, on eût écrit, dans bien des cas, « Théorie », « Codes », « Idéologie », « Poétique », « Politique ». Aujourd'hui, on écrit « Rhétorique » (parfois même de manière abusive) : signe des temps. La rhétorique apparaît comme un outil critique indispensable pour étudier les formes d'expression et les cadres de pensée, non seulement dans les textes proprement rhétoriques, mais au-delà, dans le domaine de la poésie, de la philosophie, de la religion, de l'histoire... Ce phénomène est un indice du développement actuel des études de rhétorique antique.

Ce développement peut s'expliquer par deux raisons principales. D'une part, il s'insère dans un progrès général des sciences de l'Antiquité, qui, intensifiant la recherche dans tous les domaines, avec les moyens et les exigences d'aujourd'hui, favorise entre autres l'exploration méthodique de ce secteur de la culture antique qui avait été autrefois un peu délaissé et qui est encore incomplètement connu. L'histoire de la rhétorique est un angle d'approche nouveau pour mieux comprendre l'Antiquité. D'autre part, la rhétorique antique, par sa nature même, entre en consonance avec des préoccupations de la pensée moderne et « postmoderne », par exemple le structuralisme, le formalisme, l'intertextualité, le langage des arts, l'histoire des mentalités, la nouvelle histoire littéraire, l'éthique, le politique : d'où sa faveur actuelle (nous reviendrons sur ce thème en conclusion). La faveur de la rhétorique n'est d'ailleurs pas limitée aux études portant sur l'Antiquité ; on peut l'observer aussi à propos d'autres périodes. La rhétorique antique a de ce point de vue le statut privilégié de source et de modèle.

CHAPITRE PREMIER

LA RHÉTORIQUE AVANT LA RHÉTORIQUE

HOMÈRE

Dès les poèmes homériques, qui sont les premiers textes de la littérature grecque, la parole et la persuasion occupent une place importante. On a calculé (I. J. F. de Jong) que dans l'*Iliade* les discours directs représentent, en nombre de vers, 45 % de l'étendue totale du poème : l'épopée associe donc à part presque égale le récit et le discours, en faisant parler, au style direct, les personnages dont elle relate les aventures. Même au milieu des combats et des dangers, les « paroles ailées », comme les désigne une expression récurrente, constituent une dimension essentielle de la poésie homérique.

Cette dimension mérite d'être soulignée, car elle ne va pas de soi ; d'autres choix eussent été possibles. Considérons par exemple la scène célèbre de l'*Odyssée* dans laquelle Ulysse se présente devant Nausicaa. Etranger, jeté par la tempête en terre phéacienne, Ulysse a besoin de l'aide de la jeune fille, mais il craint de l'effaroucher par son aspect repoussant. Aussi, il délibère en lui-même : faut-il embrasser les genoux de Nausicaa pour la supplier, ou rester immobile, sans avancer, et se contenter de lui adresser « de douces prières » ? Faut-il recourir au geste ou à la parole ? Ulysse choisit la parole, et « l'habile homme aussitôt trouva des mots touchants » (*Od.*, VI, 148). Suit un long discours d'Ulysse, à la fois flatteur, pressant et subtil, qui obtiendra gain de cause. Parmi les multiples centres d'intérêt que comporte une telle scène (aventures en pays étranger, rôle des dieux, allusions à la vie quotidienne, rapports sociaux, atmosphère érotique), le poète a visiblement choisi de mettre en avant l'usage de la parole. C'est le signe de l'attention qu'il porte au discours.

Cette attention est déjà sensible dans ces cadres structurants de la poésie épique que sont les formules et les scènes typiques. Bon nombre de vers formulaires servent à introduire des prises de parole : « Alors, levant sur lui un œil sombre, il dit... » ; « Sagement, il prend la parole et dit... » ; « Alors il gémit, les yeux levés au vaste ciel... » ; « Posément, Télémaque la regarda et dit... ». Bon nombre de scènes ou de séquences construites selon des schémas traditionnels sont consacrées à des propos et à des échanges de propos, comme les scènes de délibération, de réception d'un hôte, de festin, de prière... Ainsi, la parole est présente dans les éléments les plus fondamentaux et originaires de la diction épique, les éléments hérités, dont le poète joue plastiquement.

Dans l'*Iliade* comme dans l'*Odyssée*, les personnages – hommes et dieux – prennent la parole dans toutes sortes de situations amenées par l'intrigue, et leurs propos reflètent toutes les formes imaginables de l'échange verbal : monologue et dialogue, question et réponse, récit, énumération et catalogue, ordre, promesse, défi, injure, rodomontade, prédiction, consolation, transaction... Souvent la volonté de fléchir l'interlocuteur est manifeste et affichée, par exemple dans les scènes de prière, de demande, de supplication. A côté des échanges inter-individuels, prennent place des situations de parole institutionnalisées, dans lesquelles le discours est utilisé pour persuader et pour conseiller : tel est le cas des fréquentes scènes d'assemblée, où les intervenants s'expriment publiquement afin de faire prévaloir leur opinion (cf. « la loquace agora », *Od.*, II, 150). Usage réglé de la parole, encore, dans les ambassades (auprès d'Achille, *Il.*, IX), ou dans les exhortations avant la bataille ; usage rituel dans les lamentations (sur Hector, *Il.*, XXIV). Sur le bouclier d'Achille est représentée une scène de débat judiciaire (*Il.*, XVIII, 497-508). Enfin, les poèmes homériques accordent une large place à la parole trompeuse, aux ruses et aux propos à double sens, qu'il s'agisse du discours du Songe à Agamemnon, lui-même suivi d'une finesse calamiteuse d'Agamemnon devant l'assemblée (*Il.*, II), ou des faux récits que multiplie Ulysse, en se faisant passer pour un Crétois, dans la seconde moitié de l'*Odyssée*.

Parmi les personnages qui, tous, parlent et sont caractérisés à travers leurs paroles, certains se distinguent par une aptitude oratoire particulière, comme Nestor, diseur de bons avis dans les conseils, ou comme Ulysse. D'autres, au contraire, se déconsidèrent par leurs propos impudents ou déplacés, comme Thersite ou Iros. L'épopée présente ainsi, en un certain sens, une galerie d'orateurs.

Mais le plus remarquable est qu'Homère ne se contente pas de faire parler ses personnages : il décrit leurs prises de parole et il les juge. L'épopée homérique ne contient pas seulement un usage assidu du discours, mais aussi une réflexion sur le discours. Déjà la langue homérique comporte de nombreux termes désignant l'action de dire et de parler, les mots, le discours, et les différentes sortes de prise de parole. Par exemple, autour de l'idée d'« avis exprimé », on trouve entre autres *boulê* (« conseil »), *paraiphasis* (« encouragement »), *ephetmê* (« injonction »), *mêdea* (« plans »), *sumphrazesthai* (« se consulter »), *keleuein* (« presser, ordonner »). La richesse et la souplesse du vocabulaire permettent ainsi une description fine et nuancée des variétés du discours. En outre, le fait que les discours des personnages sont insérés dans une trame narrative amène un recul critique par rapport à ces discours ; tantôt c'est un autre personnage qui juge le discours qui vient d'être prononcé ; tantôt c'est l'action elle-même qui se charge de montrer, par la suite des événements, si un discours était juste ou non, approprié ou non. Il y a également des cas où plusieurs personnages prononcent à tour de rôle un discours sur le même sujet, ce qui conduit implicitement à une comparaison entre diverses formes d'éloquence : par exemple les trois discours parallèles des ambassadeurs (*Il.*, IX) ou les deux harangues parallèles d'Hector et d'Ajax (*Il.*, XV).

Les assertions expresses du poète ne laissent aucun doute sur sa conscience critique à l'égard du discours, comme le montrent quelques citations :

1. « Beauté, raison, bien dire, on voit qu'en un même homme, les dieux presque jamais ne mettent tous les charmes. L'un n'a reçu du ciel que médiocre figure ; mais ses discours sont pleins d'une telle beauté qu'il charme tous les yeux : sa parole assurée, sa réserve polie le marquent dans la foule ; quand il va par les rues, c'est un dieu qu'on admire... J'en sais d'autres qui sont d'une beauté divine, mais qui, dans leurs discours, manquent toujours de grâce... » (*Od.*, VIII, 167-175.)

2. [Agamemnon à Nestor] « Une fois de plus, vieillard, tu l'emportes à l'assemblée sur tous les fils des Achéens. Ah ! Zeus Père ! Athéné ! Apollon ! si j'avais seulement dix conseillers pareils parmi les Achéens ! Elle ploierait vite le front, la ville de sire Priam, prise et détruite par nos bras. » (*Il.*, II, 370-374.)

3. « Allons ! il en est temps encore, songeons à la façon de le [= Achille] calmer, de le convaincre, avec d'aimables dons et des mots apaisants. » (*Il.*, IX, 111-113.)

4. « Mais voici que Nestor se lève, Nestor au doux langage, l'orateur sonore de Pylos. De sa bouche ses accents coulent plus doux que le miel. » (*Il.*, I, 247-249.)

5. « L'heure venue d'ourdir pour le public les idées et les mots, Ménélas sans doute parlait aisément ; peu de

paroles, mais sonnant bien ; il n'était ni prolixe certes, ni maladroit – il était moins âgé aussi. Mais quand l'industrieux Ulysse, à son tour, se dressait, il restait là, debout, sans lever les yeux, qu'il gardait fixés à terre ; il n'agitait le sceptre en avant ni en arrière, il le tenait immobile et semblait lui-même ne savoir que dire. Tu aurais cru voir un homme qui boude ou, tout bonnement, a perdu l'esprit. Mais à peine avait-il laissé sa grande voix sortir de sa poitrine, avec des mots tombant pareils aux flocons de neige en hiver, aucun mortel alors ne pouvait plus lutter avec Ulysse, et nous songions moins désormais à admirer sa beauté. » (*Il.*, III, 212-224.)

6. « A tant de menteries, comme il [Ulysse] savait donner l'apparence du vrai ! » (*Od.*, XIX, 203.)

7. « Reprenant la parole, le héros d'endurance lui dit ces mots ailés – mais c'étaient menteries ; pour jouer sur les mots, jamais en son esprit les ruses ne manquaient. » (*Od.*, XIII, 253-255.)

8. « Le langage des hommes est souple ; on y trouve propos de tout genre ; il forme un riche fonds de mots, dans un sens comme dans l'autre. Quelque mot que tu dises, tu t'entendras riposter par un pareil. » (*Il.*, XX, 248-250.)

9. « Ah ! ces dieux, Télémaque ! ils t'enseignent déjà les prêches d'agora et l'audace en paroles ! » (*Od.*, I, 384-385.)

10. [Phénix à Achille] : « C'est pour tout cela qu'il [ton père] m'avait dépêché : je devais t'apprendre à être en même temps un bon diseur d'avis, un bon faiseur d'exploits. » (*Il.*, IX, 442-443.)

La citation n° 1 montre que l'aptitude oratoire fait partie des qualités du héros au même titre que la beauté et l'intelligence (elle est d'ailleurs liée à cette dernière). Le conseil et l'ambassade sont deux domaines où s'exerce cette aptitude (n°s 2 et 3). Le poète caractérise les héros de ce point de vue, en soulignant la douceur des paroles de Nestor (n° 4) et en prêtant à Anténor un examen comparatif approfondi du talent oratoire de Ménélas et de celui d'Ulysse (n° 5). Par ailleurs, la parole d'Ulysse, dans l'*Odyssée*, est souvent décrite comme mensongère (n°s 6 et 7), ce qui conduit à une réflexion plus générale sur la versatilité fondamentale du langage (n° 8). Les deux passages suivants indiquent que l'éloquence est une aptitude qui peut être enseignée, soit par les dieux (n° 9), soit même par un homme, en l'occurrence Phénix, le précepteur d'Achille (n° 10). L'éloquence, pour Homère, est matière d'enseignement, de la part des dieux ou des hommes, au même titre que la médecine (enseignée à Achille par Chiron), ou encore que la chasse, la conduite des chevaux, la guerre ou le métier d'aède. Mieux, elle fait partie d'une éducation globale, qui prépare à la fois à la parole et l'action. Le texte n° 10 emploie, en grec, deux mots clés, le verbe *didaskein* (« enseigner ») et le substantif *rhêtêr* (« orateur »), qui resteront utilisés pendant toute l'histoire de l'hellénisme, et jusque dans le grec d'aujourd'hui, avec cette seule modification que *rhêtêr*, changeant légèrement de suffixe, est devenu à partir de l'époque classique *rhêtôr*.

Les Anciens eux-mêmes ont remarqué le rôle que joue la parole chez Homère. Nestor et Ulysse furent invoqués dans le cadre de discussions sur le bon usage du discours (Aristophane, *Nuées*, 1057 ; Socrate d'après Xénophon, *Mémorables*, IV, 6, 15). Antisthène interpréta l'épithète homérique *polutropos* (« aux mille tours »), appliquée à Ulysse, comme se référant à la souplesse et à l'habileté de parole du héros (fragment B XIX 10, dans Radermacher, *Artium scriptores* ; en fait cette épithète se réfère aux nombreux voyages d'Ulysse, ou, comme on le disait aussi dans l'Antiquité, à son caractère plein de ressources et rusé).

Par ailleurs, il se développa, chez les théoriciens, le thème de « la rhétorique d'Homère », qui consistait à affirmer qu'Homère a pratiqué la rhétorique (à la fois dans le récit, où il parle en son nom propre, et à travers les discours des personnages qu'il met en scène), et qu'il l'a pratiquée de manière magistrale, fixant les règles tant par l'exemple, grâce aux modèles inégalables qu'il offrait, que par des indications théoriques disséminées dans son œuvre. Cette conception d'un Homère maître de rhétorique s'inscrivait dans l'idée plus générale qu'Homère était le modèle et le législateur de tous les arts et de toute sagesse. Nombreux furent les tenants d'une telle conception, ainsi le grammairien Télèphe de Pergame qui, au IIe siècle ap. J.-C., composa un traité (aujourd'hui perdu) *Sur la rhétorique selon Homère*. Les rhétoriciens antiques se sont évertués à retrouver dans les poèmes homériques les notions, les distinctions et les préceptes de la rhétorique de leur temps. Par exemple, les citations n°s 4 et 5 ci-dessus, combinées, ont été interprétées comme la première attestation du système des trois genres de style (les *genera dicendi*), qui distingue le style simple (lequel serait représenté ici par Ménélas), le style moyen (Nestor) et le style élevé (Ulysse) (Quintilien, *Institution oratoire*, XII, 10, 64 ; Aulu-Gelle, VI, 14, 7) ; dans ces conditions, Ménélas serait la préfiguration de Lysias, Nestor celle d'Isocrate, Ulysse celle de Démosthène (Anonyme, dans Spengel, *Rhetores Graeci*, III, p. 152-153). Ou encore, Homère aurait tracé, à travers Ulysse, la véritable définition de la virtuosité (*deinotês*) oratoire (Hermogène, p. 370-371, éd. Rabe).

Quelles que soient la vigueur et la précision avec lesquelles les Anciens ont développé le thème de « la rhétorique d'Homère », il n'est évidemment pas question pour nous, Modernes, de les suivre dans cette voie. Il faut se garder d'une interprétation rétrospective, qui plaque *a posteriori* l'art rhétorique sur des textes qui ne le connaissaient pas encore. Mais il n'en reste pas moins que les faits sont là : présence du discours, conscience du discours. Quelles conclusions en tirer ?

Globalement, dans une perspective anthropologique,

on peut situer l'usage homérique de la parole entre « parole magico-religieuse » et « parole-dialogue » (notions de M. Detienne), et plus près du second terme que du premier. Certains passages s'apparentent à la conception d'une parole autorisée, au sens fort du terme, et dotée d'une efficace intrinsèque, la parole des « maîtres de vérité », qui sont aussi maîtres de tromperie. Mais plus souvent la parole est utilisée, chez Homère, comme moyen d'échange entre des individus ou au sein d'un groupe ; en ce cas elle n'a pas d'immédiateté, mais s'inscrit dans le temps ; elle n'est pas action par elle-même, mais elle prépare, provoque ou commente l'action des héros. Cette parole-dialogue est porteuse de réflexion, mais aussi d'émotion ou de ruse. Elle recourt à des arguments, à des effets de structure et de style. Cependant, elle n'a pas de formes codifiées (comme seront codifiées plus tard les formes du discours rhétorique).

Cet usage de la parole présente un intérêt documentaire, dans la mesure où il est possible de déduire des poèmes homériques un témoignage sur la société. Ceci s'entend au sens large, car Homère, on le sait, ne décrit pas une société précise et datée. Le « monde homérique » est un monde fictif et composite, qui combine des traits appartenant à plusieurs époques différentes ; et il y a en outre les différences qui séparent l'*Odyssée* de l'*Iliade*. Compte tenu de toutes ces réserves, on peut dire que les poèmes homériques montrent dès le début du premier millénaire – entre époque mycénienne, « âges obscurs » et époque géométrique – une pratique de la parole et une importance accordée au discours, notamment au discours public tenu dans des assemblées.

Mais l'épopée homérique est comme la geste chevaleresque selon Victor Hugo : « C'est de l'histoire écoutée aux portes de la légende » (préface de *La Légende des siècles*). Au-delà du témoignage historique, la problématique est de grandissement et de valorisation. Si l'on envisage les poèmes homériques sous cet angle, on constate que, dans le système de valeurs qui est celui du poète, l'habileté de parole fait partie de la dimension surhumaine des héros, au même titre que la force au combat et l'habileté à triompher des épreuves. Fortement valorisée, l'éloquence est un élément de la prouesse, et l'épopée s'en fait la vitrine. Le plaisir de l'auditeur consiste, de même qu'il goûte les beaux exploits, à goûter les beaux discours que l'épopée lui offre en son langage (c'est-à-dire en vers). Seront particulièrement appréciés les arguments subtils, les formules frappées, ou inversement les propos simples et directs, et tout spécialement le moment extrême, paradoxal, où le discours se révèle plus utile que les actes et permet d'obtenir ce que la force n'aurait pas obtenu : telle est la signification de la conduite d'Ulysse face à Nausicaa, on l'a vu, ou encore de la conduite de Priam, venu réclamer le corps d'Hector, face à Achille (*Il.*, XXIV), de celle de Thétis devant Zeus (*Il.*, I).

Il faut lire l'histoire dans le bon sens. Homère n'a pas formulé par anticipation les lois de la rhétorique, mais il a posé, en accord avec des conceptions de son temps, l'importance de la parole. L'influence d'Homère, qui sera immense, portera sur ce point-là aussi. Elle contribuera, avec beaucoup d'autres facteurs, au prestige de la rhétorique dans le monde antique.

DU MONDE HOMÉRIQUE AU MONDE CLASSIQUE

Dans la longue période qui s'étend du monde homérique au monde classique (du VIIIe au Ve siècle), on retiendra un petit nombre de jalons. La « Persuasion » (*Peithô*) occupe une place significative dans la pensée grecque de l'époque, en étant représentée dans la littérature et sur les peintures de vases, non seulement comme notion littéraire et intellectuelle, mais comme personnification d'une puissance humaine et comme divinité, pourvue d'une généalogie mythologique et objet de culte dans les sanctuaires (à Athènes, Mégare, Argos, Sicyone, Thasos...) ; elle symbolise tantôt la séduction et la tromperie, tantôt le refus de la violence et une recherche de bon ordre dans les relations sociales. Parallèlement, la poésie poursuit, après Homère, sa représentation du dire, à travers les discours des dieux, des hommes, du poète lui-même ; elle poursuit aussi sa réflexion sur les pouvoirs ambigus de la parole, capable à la fois de vérité, de justice et de mensonge, comme le montrent le début de la *Théogonie* d'Hésiode ou l'*Hymne homérique à Hermès*. Mais voici qu'apparaît un nouveau véhicule d'expression littéraire : la prose. A partir du VIe siècle commencent à être diffusés des ouvrages philosophiques et historiques en prose, alors que jusque-là la littérature grecque était exclusivement poétique. Ce développement de la littérature hors mètre était une condition nécessaire pour que fussent reconnues ultérieurement la dignité et la valeur du discours rhétorique.

Du point de vue institutionnel, la caractéristique fondamentale de la période est l'avènement de la « cité » (*polis*), qui offre un nouveau cadre aux prises de parole publiques. Dans les cités doriennes, le régime oligarchique n'exclut pas la délibération, au sein des assemblées, des conseils et des collèges de magistrats. A Athènes, le développement graduel de la démocratie multiplie les circonstances dans lesquelles les citoyens s'expriment sous forme de discours. Progressivement commencent à se mettre en place les institutions que nous décrirons plus loin pour l'époque classique. La notion d'*isêgoria*, qui désigne, à travers son sens premier d'« égalité de parole », l'égalité politique dans sa totalité, manifeste le lien instauré entre l'usage du discours et les institutions politiques. On entend parler d'hommes d'Etat qui auraient été de grands orateurs (Thémistocle).

La littérature accompagne la dimension oratoire de la

démocratie athénienne, en la mettant en valeur ou en la transposant. Les élégies de Solon (début du VIe siècle) sont de véritables discours politiques en vers, dans lesquels l'auteur explique son action et exhorte ses concitoyens. La tragédie met en scène des discours et des débats, un exemple remarquable étant offert par le procès d'Oreste dans les *Euménides* d'Eschyle (458 av. J.-C.). Chez Eschyle encore, le roi des Pélasges est campé en orateur politique, qui emporte la décision du peuple argien grâce « aux persuasives raisons d'une adroite harangue » (*Suppliantes*, 623).

Ces exemples montrent qu'au milieu du Ve siècle av. J.-C. le discours public en prose avait acquis droit de cité, en particulier à Athènes. Hérodote fournit un dernier jalon, qui en même temps nous conduit vers l'étape suivante, celle des sophistes. En effet, il inclut des discours et des débats dans son *Enquête*, notamment dans les derniers livres, où il orchestre une scène de conseil (VII, 8 et suiv. : Xerxès consultant avant de décider d'envahir la Grèce), et des scènes d'ambassade (VII, 157 et suiv. ; VIII, 140 et suiv.). Il analyse et juge une allocution de Thémistocle, qui lui paraît excellente (VIII, 83). Il relate un débat qui est censé avoir eu lieu en Perse, après l'assassinat de l'usurpateur régnant, entre des conjurés qui délibérèrent sur le choix du meilleur régime politique à grand renfort d'antithèses et de subtils retournements d'arguments (III, 80 et suiv.). On soupçonne que ce texte fameux a pu être influencé par les thèmes politiques et par les formes rhétoriques (surtout la forme de l'« antilogie », ou affrontement de discours contradictoires) que développaient les sophistes.

CHAPITRE II

LA RÉVOLUTION SOPHISTIQUE

LES « PREMIERS INVENTEURS »

C'était l'usage dans l'Antiquité de recourir à la notion de « premier inventeur » (*prôtos heuretês*) pour décrire la naissance des différentes activités, arts et techniques, afin d'en rationaliser en quelque sorte l'émergence, en la rapportant à l'action décisive d'un individu, homme, dieu ou héros. Ainsi l'invention de la rhétorique fut-elle attribuée à Hermès – dieu des carrefours et des routes, du mouvement, du passage, de la communication dans tous les sens du terme –, ou, comme on l'a vu, à Homère, et enfin à trois hommes du Vᵉ siècle av. J.-C., Empédocle d'une part, Corax et Tisias d'autre part.

Empédocle d'Agrigente, célèbre philosophe, qui fut aussi homme public, est cité comme inventeur de la rhétorique d'après une tradition qui remonte à Aristote. On rapportait que Gorgias avait été son élève. Mais les textes n'en disent guère davantage.

Sur Corax et Tisias, siciliens également, les sources sont plus disertes, quoique fort tardives pour une bonne part d'entre elles. Ils passaient pour être les premiers à avoir jamais rédigé un traité de rhétorique, qu'il s'agît de deux ouvrages distincts ou d'un unique ouvrage rassemblant la doctrine des deux hommes (l'un, Tisias, étant le disciple de l'autre, Corax). Selon Platon et Aristote, ils s'étaient particulièrement intéressés à la notion de « vraisemblance » (*eikos*), qui permet, dans les procès, de proposer des argumentations probables à défaut de vérité assurée (Platon, *Phèdre*, 267 a, 273 a et suiv. ; Aristote, *Rhétorique*, II, 1402 a 18). Une indication significative mérite d'être citée sur les conditions historiques de leur travail :

> « Suivant Aristote, ce fut seulement après l'abolition de la tyrannie en Sicile, quand les procès, après une longue interruption, furent de nouveau soumis à des tribunaux réguliers que, chez ce peuple sicilien d'une intelligence aiguisée [...], deux hommes, Corax et Tisias, composèrent une théorie de la rhétorique, avec des préceptes. » (Cicéron, *Brutus*, 46.)

D'après Cicéron, qui se réfère à un ouvrage perdu d'Aristote, Corax et Tisias auraient donc écrit leur traité pour répondre aux besoins des plaideurs, après la chute des tyrannies et l'instauration de la démocratie dans différentes villes de Sicile, vers le milieu du Ve siècle. On peut se demander, à suivre cette explication, pourquoi de pareils ouvrages n'auraient pas déjà été composés plus tôt, dans d'autres cités qui, avant celles de Sicile, connurent des institutions démocratiques (Athènes par exemple). Peu importe : ce qui compte est le caractère judiciaire et démocratique de la nouvelle invention. Malgré les problèmes qu'il pose pour l'établissement du texte et pour l'interprétation, ce passage laisse apercevoir un lien essentiel entre la rhétorique et la politique.

Mais voici un autre écho :

> « Un jeune homme, possédé de désir pour la rhétorique, alla trouver Corax en s'engageant à lui donner le salaire qu'il fixerait, à condition de gagner son premier procès. L'accord ayant été conclu, lorsque ensuite le garçon manifesta une aptitude suffisante, Corax réclama son salaire,

mais l'autre refusa. Ils se présentèrent tous les deux au tribunal pour faire juger l'affaire, et c'est alors que pour la première fois, dit-on, Corax employa une argumentation du genre que voici. Il affirma que, qu'il gagnât ou non, il devait recevoir son salaire : s'il gagnait, parce qu'il aurait gagné, et s'il avait le dessous, en vertu des termes de l'accord, puisque la partie adverse était convenue de lui verser le salaire à condition de gagner son premier procès ; l'ayant justement gagné, elle devrait s'acquitter de sa promesse. Les juges s'écrièrent que Corax avait raison ; mais le jeune homme, prenant la parole, utilisa le même argument, sans rien changer. "Que je gagne ou que je perde", dit-il, "je ne dois pas verser ce salaire à Corax : si je gagne, parce que j'aurai gagné, et si j'ai le dessous, en vertu des termes de l'accord, puisque je n'ai promis de verser le salaire qu'à condition de gagner mon premier procès ; ayant eu le dessous, je ne le verserai pas." Alors les juges, mis dans l'indécision et dans l'embarras par l'égalité de force de ces discours rhétoriques, chassèrent les deux parties du tribunal, en commentant : "A méchant corbeau, méchante couvée !" » [*korax*, en grec, veut dire « corbeau »] (Sextus Empiricus, *Contre les professeurs*, II, 97-99. La même anecdote figure dans de nombreuses *Introductions à la rhétorique*, où il est précisé que l'élève s'appelait Tisias : voir Rabe, *Prolegomenon sylloge*, p. 26-27, 52-53, 67, 272 ; Walz, *Rhetores Graeci*, V, p. 6-7).

Dans cette anecdote invérifiable et très probablement controuvée, Corax se présente comme un professeur de rhétorique, qui enseigne à prix d'argent. Son habileté se déploie au tribunal, comme dans le texte précédent, mais cette fois dans le cadre de la chicane privée et non plus des procès politiques. Surtout, c'est une habileté qui fait fi de la moralité et de la justice, tant de la part du maître que de la part de l'élève. Un tel récit exprime à la fois l'émerveillement et l'inquiétude devant un certain usage de la rhétorique, ainsi que la satisfaction de voir la rouerie se retourner contre son auteur. Ces thèmes se retrouvent dans les critiques contre les sophistes, par exemple chez Aristophane : l'art de plaider qui permet d'écarter en justice les revendications légitimes des créanciers, en un mot, la rhétorique qui sert à ne pas payer ses dettes, c'est exactement ce que cherche Strepsiade dans les *Nuées*. Une anecdote semblable était rapportée, du reste, à propos de Protagoras et de son élève Euathlos. En somme, Corax et Tisias apparaissent ici comme des sophistes avant la lettre.

Il est difficile de dire quel substrat historique il peut y avoir dans le dossier des « inventeurs » de la rhétorique. Les références à la Sicile donnent à penser que des recherches ont pu être effectuées particulièrement dans cette île, pour se diffuser par l'intermédiaire de Thourioi, fondation panhellénique d'Italie du Sud, ou à la faveur des relations entretenues par Athènes avec la Sicile. Quoi qu'il en soit, les récits d'invention sont avant tout une manière de réfléchir sur l'objet, et ils en soulignent des traits essentiels : rapports avec la philosophie, la politique et la morale, subtilité intellectuelle, importance du discours judiciaire, rédaction de traités écrits. Ces traits vont reparaître chez les sophistes.

LES SOPHISTES

On regroupe traditionnellement sous le nom de « sophistes » (*sophistai*) un certain nombre de penseurs de la seconde moitié du Vᵉ siècle, originaires de différentes parties du monde grec, qui voyagèrent, enseignèrent, donnèrent des conférences et publièrent des ouvrages. Ils ne formaient pas une école ni un mouvement organisé : c'est le regard des autres, de leurs admirateurs et de leurs adversaires, qui les a fait exister en tant que sophistes et leur a prêté une communauté d'opinions à laquelle ils ne prétendaient peut-être pas eux-mêmes. Aussi la liste des « sophistes » n'était-elle pas fixée *ne varietur*. Celle qui est acceptée de nos jours comprend Protagoras, Gorgias, Prodicos, Hippias et quelques autres ; on discute sur des cas douteux, comme celui de Critias. Il est d'ailleurs certain que les sophistes furent beaucoup plus nombreux que ceux qui sont parvenus à notre connaissance. La plupart de leurs œuvres sont perdues, et nous sommes renseignés dans la majorité des cas par des fragments et des témoignages tardifs. Il faut enfin se souvenir que la caractérisation de la sophistique comme « pré-socratique », c'est-à-dire antérieure à la mort de Socrate (399), est arbitraire et qu'il continua d'exister des sophistes par la suite. Nous ne nous attarderons pas davantage sur ces problèmes historiographiques ; il suffit ici de les avoir signalés, pour rappeler la prudence nécessaire lorsqu'il s'agit de dégager les grands traits d'une pensée sophistique en matière rhétorique.

Parmi les idées avancées par les sophistes, plusieurs ont une incidence directe sur la rhétorique. Deux célèbres formules de Protagoras mettent en question l'existence même de valeurs immuables et de réalités intelligibles : « Touchant les dieux, je ne suis en mesure de savoir ni s'ils existent, ni s'ils n'existent pas » (fragment B 4, éd. Diels-Kranz) ; « L'homme est la mesure de toutes choses » (fragment B 1). Au-delà du problème de la religion, ce sont tous les points de référence qui sont sapés ici, au profit d'une conception phénoméniste et relativiste du monde. Le thème de l'« occasion favorable » (*kairos*), souvent repris par les sophistes, va dans le même sens et suggère une morale en situation. De telles conceptions impliquent, par voie de conséquence, qu'il n'existe pas une vérité et une justice définies une fois pour toutes, et auxquelles le discours devrait se conformer, mais qu'au contraire la justice et la vérité se construisent dans l'instant, au coup par coup, à travers le discours qui les fait exister. D'où l'affirmation que « sur tout sujet, on peut soutenir aussi bien un point de vue que le point de vue inverse, en usant d'un argument égal » et que l'on peut « faire que l'argument le plus faible soit le plus fort » (Protagoras, fragments A 20-21, B 6). Ainsi Protagoras avait-il écrit des *Antilogies*, recueil d'arguments contraires appliqués à un même sujet. Un petit ouvrage anonyme intitulé *Doubles dits* énonce de même des raisonnements opposés sur des sujets de morale et de politique. Experts dans la réversibilité des arguments, les sophistes se disaient également capables d'amplifier et d'atténuer à volonté : « Par la force de leurs paroles ils donnent aux petites choses l'apparence de la grandeur, aux grandes celle de la petitesse ; ils donnent à la nouveauté un air d'antiquité, aux choses antiques un air de nouveauté » (Platon, *Phèdre*, 267 a, à propos de Tisias et Gorgias ; de même Isocrate, *Panégyrique*, 8). Il se disaient encore maîtres de l'étendue du discours, se faisant fort de parler soit longuement, soit brièvement sur un même sujet (Platon, *Protagoras*, 334 e-335 a ; *Gorgias*, 449 c-d ; *Phèdre*, 267 b).

Ces formules à l'emporte-pièce recèlent une réflexion profonde sur l'usage de la parole dans toutes les situations où la vérité n'est pas identifiée préalablement et extérieurement, où la discussion se situe dans l'ordre des valeurs et des probabilités, non des affirmations certaines et des démonstrations scientifiques. Le caractère provocateur de la sophistique consiste à dire qu'il n'existe que des situations de ce type. Ce postulat est illustré, et en partie inspiré, par la situation judiciaire, scène rhétorique archétypale, dans laquelle les discours s'opposent et la justice et la vérité ne sont pas préexistantes, mais prononcées après-coup, au terme des débats qui les ont fait apparaître. La délibération politique est une autre illustration de la même caractéristique essentielle : la persuasion va de pair avec l'antilogie, l'affrontement d'arguments contraires. La rhétorique ainsi conçue se développe dans les secteurs de l'activité humaine qui requièrent la discussion, la négociation, l'échange, aux antipodes des vérités révélées et de la pensée unique. Derrière une apparence de cynisme et de manipulation, la rhétorique des sophistes se veut au fond, sans doute – c'est une des lectures qu'on peut en faire – force de progrès et de liberté.

En liaison avec cette conception fondamentale, les sophistes ont mené des recherches sur différents aspects du discours et de la langue. Ils se sont intéressés à l'« éristique », art de la réfutation et de la lutte en paroles. Ils ont discuté sur des concepts, par exemple la nature et la loi, ou la définition de la causalité et de la responsabilité. Ils ont jeté les bases de la grammaire, Protagoras ayant été, paraît-il, le premier à distinguer les genres des noms et ayant réfléchi sur la correction du langage, Prodicos s'étant fait une spécialité de la distinction des synonymes et Hippias ayant procédé à des recherches sur les lettres, les syllabes et les rythmes.

Loin de s'en tenir à des considérations théoriques, les sophistes ont tous été des professeurs. En un temps où l'éducation était principalement tournée vers la musique, la poésie et l'exercice physique, ils ont introduit un type d'enseignement nouveau, de caractère intellectuel, dispensé par des maîtres itinérants, très recherchés et souvent fort chers, qui instruisaient les jeunes gens riches des cités. Or dans cet enseignement la rhétorique jouait un rôle essentiel, car elle en était simultanément le sujet et le moyen. Sujet, dans la mesure où le sophiste prétend « rendre les autres habiles à parler » (Platon, *Protagoras*, 312 d ; *Gorgias*, 449 e) – objectif important, qui est étroitement lié avec les autres formulations du projet sophistique et qui va de pair avec elles : préparation à jouer un rôle dans les affaires privées et publiques, développement de l'intelligence, formation du citoyen, enseignement de la politique, voire d'une certaine forme de vertu... Pour conduire à ces objectifs, l'enseignement emprunte lui-même la voie de la rhétorique. Les sophistes prononcent des conférences (*epideixeis*) qui constituent la forme de base de leurs leçons ; elles sont plus ou moins longues, plus ou moins coûteuses, peuvent porter sur n'importe quel thème. Parfois – comble de la virtuosité – elles sont improvisées sur un thème proposé par l'auditoire. Protagoras composait aussi par écrit des lieux communs, et Gorgias des développements pour et contre (Cicéron, *Brutus*, 46-47). C'étaient là des modèles, que les élèves s'essayaient à imiter et à reproduire, comme dans la scène croquée par Platon au début du *Phèdre*.

Gorgias

Gorgias est le seul sophiste dont nous ayons conservé des ouvrages. C'est aussi, d'après les sources, celui qui s'est le plus largement consacré à la rhétorique. Il était né à Léontinoi, au nord de Syracuse, dans les années 480, et vécut plus que centenaire. En 427, il se rendit à Athènes, envoyé comme ambassadeur par sa patrie, et son éloquence impressionna beaucoup les Athéniens. Il enseigna et prononça des discours dans différentes cités grecques et en Thessalie. Nous possédons de lui quatre textes :

— Le traité *Du non-être ou De la nature* est un ouvrage paradoxal qui remet en cause la notion d'« être » suivant une démonstration en trois points : 1) Rien n'est (ou n'existe) ; 2) S'il existe quelque chose, ce quelque chose ne peut être appréhendé par l'homme ; 3) Si ce quelque chose peut être appréhendé, il ne peut être énoncé. Philosophie et rhétorique sont indissociables dans la démarche de l'auteur, qui se livre à la fois à une critique de l'ontologie et à une démonstration d'argumentation virtuose. La thèse finale, selon laquelle l'être, même connaissable, ne serait pas communicable à autrui, pourrait sembler nier l'idée même de communication et donc saper toute rhétorique : mais en réalité elle ne ruine pas le langage, elle le relativise, en admettant qu'à défaut d'une parole porteuse de vérité, il existe des discours, multiples et variables.

— L'*Eloge d'Hélène* entend justifier l'héroïne contre ceux qui lui reprochent d'avoir été, par son inconduite, responsable de la guerre de Troie et donc de grands malheurs pour les Grecs. Après un bref éloge de la naissance et de la beauté d'Hélène, Gorgias entreprend de disculper cette dernière en affirmant que, si elle a suivi Pâris, ce ne peut être que pour l'une de ces quatre raisons : 1) soit elle a obéi aux arrêts des dieux, 2) soit elle a été enlevée de force, 3) soit elle a été persuadée par le discours, 4) soit elle a succombé à l'amour. Dans tous les cas, elle n'est pas responsable, conclut l'auteur, qui indique pour terminer que son discours est un « jeu » (*paignion*). Entendons par là un tour de force dans le maniement de l'argumentation et du paradoxe, mais un tour de force qui n'exclut pas des intentions sérieuses, en particulier dans le traitement de la troisième cause, qui donne lieu à une analyse des pouvoirs du *logos*.

— La *Défense de Palamède* est une apologie mise dans la bouche du héros Palamède, qui avait été accusé par Ulysse d'intelligence avec l'ennemi. A propos d'un cas fictif, emprunté, comme le précédent, aux légendes de la guerre de Troie, Gorgias donne un modèle de plaidoyer, centré sur l'examen des preuves et des vraisemblances.

— De l'*Oraison funèbre*, qui appartenait au genre de l'*epitaphios* collectif, est conservée seulement une page louant les qualités morales des défunts.

A travers ces quatre textes on voit se dessiner avec cohérence une vision philosophique du monde et une théorie de la persuasion. La critique de l'ontologie remet en cause la réalité et les valeurs et met en exergue les notions d'opinion, d'émotion, d'illusion, de moment opportun. Dans ces conditions, la puissance du langage prend toute son importance. Telle que la décrit l'*Eloge d'Hélène* (8-14), cette puissance consiste à persuader ; le langage exerce une violente contrainte sur l'âme, comparable à l'action des drogues sur le corps et aux arts de sorcellerie et de magie ; il suscite ou supprime des opinions et des émotions ; il prend des formes multiples, parmi lesquelles la poésie, les incantations, les discours écrits avec « art » (le mot *tekhnê* est employé au § 13) que l'on prononce dans les débats, les controverses des philosophes. Ce passage très important de l'*Eloge d'Hélène* exprime une réflexion approfondie sur la nature et la fonction du langage dans ses rapports avec la persuasion. Fort de ces principes généraux, Gorgias se penchait sur la technique des discours particuliers, comme la *Défense de Palamède* l'atteste pour ce qui est du genre judiciaire. Ses recherches étaient indissociables de son activité pédagogique, ce qui explique le caractère didactique marqué des œuvres conservées, le plan très clair, les transitions appuyées, les annonces explicites, qui trahissent la destination de modèle. Enfin, théoricien et professeur, Gorgias était aussi orateur, ce qui transparaît dans le fragment d'oraison funèbre (bien qu'il ne soit pas sûr que ce discours ait été effectivement prononcé) et est confirmé par les témoignages selon lesquels il fut un homme politique important dans sa cité, parla comme ambassadeur à Athènes et prononça des panégyriques à Olympie et à Delphes, ou encore un discours sur les Eléens.

Gorgias était célèbre aussi pour son style. Au nom de l'idée que le *logos* doit envoûter et ensorceler, Gorgias écrivait une prose artistique et hautement artificielle qui visait à rivaliser avec la poésie, en compensant, par des effets de style, l'absence du mètre et de l'accompagnement musical. Les textes conservés frappent par le cliquetis des mots, les reprises et les oppositions de termes, par exemple à la fin du fragment de l'*Oraison funèbre* (la traduction ne pouvant donner qu'une pâle idée de l'original) :

« ...par leur justice, ils étaient nobles envers les dieux, par leurs soins, pieux envers leurs parents, par leur égalité, justes envers leurs concitoyens, et par leur loyauté, religieux envers leurs amis. Voilà pourquoi, bien qu'ils soient morts, le regret qu'ils suscitent n'est pas mort avec eux : il vit, bien qu'ils ne vivent plus, immortel, dans des corps non immortels. » (Fragment B 6, éd. Diels-Kranz.)

Les Anciens ont relevé le caractère « poétique » du style de Gorgias (Aristote, *Rhétorique*, III, 1404 a 26). Ils ont noté son goût pour les métaphores, qui lui fit écrire « Xerxès, le Zeus des Perses » ou « les vautours, tombeaux vivants » (Pseudo-Longin, *Du sublime*, 3, 2). Ils ont baptisé « figures gorgianiques » un ensemble de procédés comprenant l'usage de membres de phrase de structure parallèle et de longueur égale (*isokôla*), les antithèses dans le contenu ou dans l'expression (*antitheseis*) et l'emploi de mots phoniquement voisins, produisant des effets d'assonance et d'allitération (*paronomasiai*) et de rime (*homoioteleuta*) (Diodore de Sicile, XII, 53, 4 ; Denys d'Halicarnasse, *Démosthène*, 4, 4 ; 25, 4). Si Gorgias n'était pas le premier à employer chacun de ces procédés, et s'il n'a pas non plus créé les termes techniques qui ont servi à les désigner par la suite, il semble bien qu'il les ait multipliés délibérément, ce qui lui valut de rester dans l'histoire de la rhétorique comme le premier créateur de la prose d'art et l'inventeur d'un style, le style « gorgianique », caractérisé par des effets hardis et voyants.

Le choc provoqué par les sophistes – succès et scandale – fut profond dans la société athénienne. Il se reflète dans la littérature de l'époque, notamment dans le théâtre d'Euripide et dans celui d'Aristophane, qui, dès les années 430 pour le premier et 420 pour le deuxième, mettent en scène les formes multiples prises par l'art de la parole, s'émerveillent de la puissance du discours et des innovations récentes introduites dans ce domaine, mais dénoncent les discours trop habiles et les professeurs de subtilité raisonneuse, en employant les mots *sophos*, *sophisma*, *sophistês*. Des textes écrits plus tardivement, mais se référant à la même période du dernier tiers du Ve siècle, portent un témoignage semblable : notamment certains dialogues de Platon, dans lesquels Socrate s'entretient de rhétorique avec les principaux sophistes, ou tel passage de Thucydide qui fait dire à Cléon, en 427, que les Athéniens, amoureux des joutes de paroles et des arguments neufs, importent les procédés des sophistes dans l'éloquence délibérative et transforment celle-ci en politique-spectacle : « gens dominés par le plaisir d'écouter », ils sont, lorsqu'ils siègent à l'assemblée, « semblables à un public installé là pour des sophistes plutôt qu'à des citoyens qui délibèrent au sujet de leur cité » (Thucydide, III, 38, 7). L'attrait pédagogique qu'exerçaient les professeurs d'éloquence se traduit dans le *topos* de la visite au sophiste, qui consiste à montrer un futur élève anxieux d'être accepté par le maître et prêt à se livrer à lui en toute confiance, pourvu qu'il lui enseigne à parler (Aristophane, *Nuées*, 427 et suiv. ; Platon, *Protagoras*, 312).

La convergence de ces textes, si différents dans leurs visées, atteste l'ampleur des innovations introduites par les sophistes. Dès lors, sophistique et rhétorique seront liées à tout jamais dans la pensée antique, même si la sophistique ne se réduit pas à la rhétorique, même si nombre d'orateurs refusent d'être appelés sophistes. Platon y insiste, non sans malice : en dépit de toutes les différences que l'on peut établir entre les deux catégories, « sophistes et orateurs se confondent, pêle-mêle, sur le même domaine, autour des mêmes sujets » (*Gorgias*, 465 c, 520 a). Et de fait, avec les sophistes, la parole se constitua en discipline autonome et théorisée. L'objet « parler » fut isolé et devint en lui-même sujet de réflexion et d'art. Cet art engloba des théories sur la persuasion et sur les fondements philosophiques du discours, des recherches techniques (dans le domaine de l'argumentation et du style), un enseignement. Des discours commencèrent à être publiés et non plus seulement prononcés. Le creuset de ces innovations fut Athènes, où tous les sophistes séjournèrent plus ou moins longuement.

Une figure exemplaire de cette période est Antiphon (vers 480-411 av. J.-C.), qui fut loué par Thucydide comme « un homme qui, parmi les Athéniens de son temps [...], excellait tant à concevoir qu'à exprimer ses idées », mais qui « était suspect à la foule à cause de sa réputation d'éloquence » (Thucydide, VIII, 68, 1). Le corpus transmis sous son nom, qui date des vingt ou trente dernières années de sa vie, comprend d'une part trois plaidoyers portant sur des affaires d'homicide, et composés par l'orateur pour des clients, d'autre part des exercices d'école, intitulés *Tétralogies*, qui consistent à imaginer, pour une même cause, quatre argumentations différentes (deux pour l'accusation et deux pour la défense), à quoi s'ajoutent un traité partiellement conservé *Sur la vérité* et des fragments de traités et de discours. On s'est demandé si tous ces ouvrages étaient dus à un même homme ou s'il fallait distinguer Antiphon l'Orateur et Antiphon le Sophiste : la recherche actuelle tend à admettre l'unité d'une œuvre qui associe pratique oratoire, entraînement à l'éloquence et réflexion philosophique.

La théorisation de l'éloquence judiciaire était en cours à Athènes à la fin du Ve siècle. Platon, dans le *Phèdre* (266 d – 267 d), a dressé une longue liste de ces maîtres de rhétorique – Théodore de Byzance, Evénos de Paros, Tisias, Gorgias, Prodicos, Hippias, Pôlos, Lycimnios, Protagoras, Thrasymaque de Chalcédoine – qui composaient des traités et édictaient des préceptes sur le plan et les parties du plaidoyer, les procédés de l'argumentation, le style, les passions.

Une autre source capitale est l'*Histoire* de Thucydide. Thucydide considère en effet que la matière dont il a à traiter se divise en deux catégories, les actions accomplies et les paroles prononcées : les discours constituent donc la moitié de son sujet (I, 22). A ce titre, son œuvre offre un document précieux sur l'éloquence politique (assemblées, ambassades, débats et harangues de diverses sortes) telle qu'elle se pratiquait dans le monde grec, et particulièrement à Athènes, à l'époque de la guerre du Péloponnèse. C'est grâce à Thucydide que nous avons un écho des discours prononcés par Périclès, lequel fut, selon ses contemporains, un très grand orateur, surnommé l'Olympien. Mais Thucydide, on le sait, réécrit les discours de ses personnages, ce qui change tout.

L'historien est orateur. Il déploie, à travers de très nombreux discours, une incontestable faculté rhétorique, qui à la fois est nourrie par les avancées de l'époque en ce domaine et constitue par elle-même une nouvelle avancée. Or ces discours ne sont pas des morceaux gratuits ; ils sont partie intégrante du projet historique, et c'est cela qui fait la profondeur de la rhétorique de Thucydide. De même que l'historien pense et structure les actions, transformant la poussière de l'événement en objet de récit intelligible et rationnel, de même il recompose les discours pour les faire servir à la construction de la vérité historique. Les discours, pour Thucydide, permettent de présenter synthétiquement une situation donnée ou l'attitude d'un homme ; groupés en antilogie, ils permettent de présenter deux points de vue opposés et sont un instrument d'impartialité ; enfin, et surtout, ils sont le moyen d'éclairer l'action, d'en dégager le sens et les conditions, et ainsi de rendre les faits compréhensibles. Si l'alternance entre récit et discours était traditionnelle depuis l'épopée, Thucydide est le premier à faire du discours un instrument d'analyse historique. En cela aussi il illustre la sophistique. Le discours est pour lui non seulement un fait de société et une forme littéraire à pratiquer, mais, bien plus, une voie de la vérité.

Un dernier signe de l'importance prise par la rhétorique à cette époque est le développement de la forme de la

« conférence » (*epideixis*), utilisée par différentes sortes de spécialistes, savants ou techniciens, pour présenter leur art à un public restreint ou élargi. Les textes étaient mis par écrit et publiés. Des exemples de telles conférences sont conservés dans la Collection hippocratique, avec les traités *Des vents* et *De l'art*, datables du dernier quart du ve siècle, qui sont de véritables discours persuasifs – et polémique pour le second – en style orné. La présentation pouvait également prendre la forme de l'antilogie, avec exposé d'opinions adverses, débat en plusieurs manches et phases de contre-interrogatoire.

EXCURSUS N° 2
L'ACTE DE NAISSANCE DU MOT *RHÊTORIKÊ*

Le mot *rhêtorikê*, employé comme substantif, apparaît pour la première fois en grec dans deux ouvrages du début du ive siècle av. J.-C. :

— Alcidamas, *Sur les auteurs de discours écrits ou Sur les sophistes*, 2 : « ... considérant que ceux qui consument leur vie dans cette activité même [l'activité d'écrire] sont fort éloignés de la rhétorique et de la philosophie et estimant qu'il serait beaucoup plus juste de les appeler poètes ou sophistes... » (au paragraphe précédent, Alcidamas a déjà critiqué « certains de ceux qu'on appelle sophistes, [qui], ne possédant qu'une part minime de la faculté rhétorique, revendiquent cet art tout entier »).
— Platon, *Gorgias*, 448 d – 449 a : « Socrate. – Le langage même de Pôlos me prouve qu'il s'est plutôt exercé à ce qu'on appelle la rhétorique qu'au dialogue [...]. Ou plutôt, Gorgias, dis-nous toi-même quel art tu exerces et comment en conséquence nous devons t'appeler. Gorgias. – Mon art est la rhétorique, Socrate. » (Le mot *rhêtorikê* revient de nombreuses fois dans la suite du dialogue.)

Les éditeurs datent le texte d'Alcidamas des alentours de 390 (G. Avezzù) et le *Gorgias* de 387-385 (E. R. Dodds), mais ces dates sont seulement des approximations. Quant à la date dramatique du *Gorgias* (époque où est censée se dérouler la scène décrite par le dialogue), elle n'est pas fixée avec précision, le texte associant librement des indications qui renvoient à des moments différents du dernier quart du ve siècle.

Avant ces deux textes, on trouve en grec les mots *logos* et *legein* (« parole », « discours », « parler », « discourir »), ainsi que l'expression *logôn tekhnai* (« arts des discours » : *Doubles dits*, 8 : peut-être vers 400 av. J.-C.). Le mot *rhêtôr* (attesté dès Homère, on l'a vu, sous la forme *rhêtêr*) est employé au ve siècle au sens d'« orateur », et *rhêtoreia* (« éloquence ») se rencontre vers 390 dans le *Contre les sophistes* d'Isocrate (21). Ces termes resteront en usage tout au long de l'histoire de la langue grecque, cependant que *rhêtorikê* continue sa carrière chez Platon, chez Aristote et au-delà.

Ces faits ont suscité récemment, chez les savants, des discussions qui tournent autour de deux points :

1) *L'apparition du mot.* E. Schiappa a soutenu que Platon avait inventé délibérément le mot *rhêtorikê* dans le *Gorgias* (« Did Plato Coin *Rhetorike* ? », *American Journal of Philology*, 111, 1990, p. 457-470 ; voir aussi le livre récent du même auteur, *The Beginnings of Rhetorical Theory in Classical Greece*, New Haven, 1999).

2) *L'apparition de la chose.* La thèse de E. Schiappa est en consonance avec les travaux de T. Cole (*The Origins of Rhetoric in Ancient Greece*, Baltimore, 1991), selon lesquels la rhétorique proprement dite a été inventée par Platon et Aristote, tout ce qui précède ces auteurs n'étant que « pré-rhétorique » ou « proto-rhétorique ».

En ce qui concerne le premier point, il faut noter que l'idée d'une création platonicienne ne tient que si l'on abaisse la date du texte d'Alcidamas pour le placer après le *Gorgias*, ce qui est conjectural. La tournure employée par Platon (« ce qu'on appelle la rhétorique », *tên kaloumenên rhêtorikên*) indique, si on l'interprète de la manière la plus naturelle, que le mot *rhêtorikê* est considéré comme usité à l'époque du dialogue (de quelque manière que l'on envisage celle-ci) : ce que confirme précisément le texte d'Alcidamas, où le mot ne fait pas figure de néologisme. Le grand nombre des textes qui ont disparu – notamment les textes des sophistes – impose d'ailleurs la plus extrême circonspection. On se bornera donc à conclure que le mot *rhêtorikê* est attesté dans les sources conservées à partir de 390 environ, et qu'il apparaît d'une manière qui laisse à penser qu'il existait déjà auparavant. Toutefois, E. Schiappa a raison d'observer que son absence totale dans les textes conservés du Ve siècle ne peut pas être fortuite. Sans aller jusqu'à prononcer que ce mot était inexistant, on peut admettre que probablement il était rare. *Rhêtorikê* était un mot technique, spécialisé, un terme de métier, porteur d'une connotation intellectuelle à cause de son suffixe *-ikos*. C'est en ce sens que Platon le met dans la bouche de Gorgias, avec ironie : encore une spécialité, encore un mot en « -ique », qui n'est pas sans éveiller un soupçon de charlatanisme. Alcidamas, qui est de la profession, n'est pas gêné par le terme. Mais d'autres le seront, par exemple Isocrate, qui n'emploie jamais *rhêtorikê*, parce qu'il ne veut pas être réduit au statut de pur technicien et a des aspirations plus hautes à la culture et à la philosophie. Cette discussion permet ainsi de mieux cerner les nuances exactes du mot *rhêtorikê*, qui fut et resta à jamais un mot technique et marqué, susceptible par là même d'allécher ou de faire peur.

Quant au second point, il s'agit au fond d'un problème de définition : la question est de savoir si l'on doit limiter l'emploi du mot « rhétorique » aux doctrines de Platon et d'Aristote en la matière (ou à l'image qu'on se fait de ces doctrines), ou si l'on a le droit d'appliquer ce terme à la pensée du Ve siècle. A considérer les sources de près, il apparaît que le Ve siècle a bel et bien commencé d'explorer la rhétorique dans les principaux sens de ce terme, qu'il s'agisse des sens les plus courants (pratique et théorie de l'éloquence, réflexion sur la persuasion) ou du sens étroit de « manipulation délibérée, par un orateur ou un écrivain, de son moyen d'expression, afin d'assurer à son message une réception aussi favorable que possible de la part de l'auditoire particulier auquel ce message s'adresse » (T. Cole, *op. cit.*, p. IX ; sur les thèses maîtresses de ce livre par ailleurs stimulant, nous partageons l'opinion exprimée par D. A. Russell dans *Journal of Hellenic Studies*, 112, 1992, p. 185-186, et par D. M. Schenkeveld

> dans *Mnemosyne*, 45, 1992, p. 387-392). L'intérêt du débat ouvert par T. Cole est de souligner que le ve siècle fut seulement une étape et que le ive siècle a beaucoup apporté à l'histoire de la rhétorique.
>
> On se référera, pour comparaison, au problème des origines de la philosophie, et de l'existence de la philosophie avant le mot *philosophia*, tel que l'a exposé P. Hadot, *Qu'est-ce que la philosophie antique ?*, Paris, 1995, Ire partie.

CHAPITRE III

LE MOMENT ATHÉNIEN

Pour le IVe siècle av. J.-C., entre ces repères historiques commodes que sont la fin de la guerre du Péloponnèse (404) et la mort d'Alexandre (323), la focalisation sur Athènes s'impose. Les sources sont incomparablement plus riches pour cette cité que pour le reste du monde grec, et cette situation n'est pas due au hasard, mais bien à l'existence de pratiques, de codifications et de discussions assidues dans le domaine de ce qui se nomme désormais la rhétorique.

LA PRATIQUE ORATOIRE

La pratique oratoire athénienne se déployait dans des circonstances fort nombreuses, et d'abord dans le cadre judiciaire et politique. En justice, les parties étaient tenues de plaider personnellement leur cause, sans pouvoir se faire représenter par un avocat. Il n'existait pas de ministère public, en sorte que les accusations étaient nécessairement intentées par des particuliers : dans l'action privée (*dikê*), par la partie lésée, dans l'action publique (*graphê*), par tout citoyen. Un tel système supposait un engagement effectif des citoyens, comme défenseurs et comme accusateurs, dans la vie judiciaire. Cet engagement était facilité par le recours à différentes sortes d'aide : lorsque le plaideur craignait de n'être pas à la hauteur de la tâche, il pouvait se faire assister par un parent ou un ami, qu'on appelait alors « synégore », avec qui il partageait son temps de parole ; ou bien il pouvait commander à un expert nommé « logographe », moyennant rétribution, un discours qu'il apprenait par cœur et récitait devant le tribunal. Par ailleurs, les poursuites étaient engagées parfois par les « sycophantes », accusateurs systématiques qui usaient de leur droit de porter plainte à l'encontre des riches pour toucher une récompense (une partie de l'amende) en cas de condamnation, ou qui exerçaient un chantage en menaçant d'intenter une accusation si on ne les en décourageait pas pécuniairement. Des mesures furent prises pour essayer d'entraver le fléau de la sycophantie.

Les tribunaux siégeaient tout au long de l'année, environ 200 jours par an. Si on laisse de côté les procédures d'arbitrage utilisées dans les litiges privés et les pouvoirs de justice dévolus à certains magistrats, les verdicts étaient rendus par des jurés, tirés au sort en début d'année parmi les citoyens de plus de trente ans, et désignés le matin même (à nouveau par tirage au sort) pour chaque affaire. Les jurys comptaient 201 ou 401 membres pour les actions privées, 501 et parfois davantage pour les actions publiques (on cite le cas d'un jury de 2 500 membres, Dinarque, I, 52). Les actions publiques duraient toute la journée (ce qui laissait environ trois heures pour chacune des plaidoiries, celle de l'accusation et celle de la défense), et peut-être plusieurs jours dans certains cas exceptionnels, tandis que les actions privées étaient plus courtes. Chargés de multiples tâches, qui allaient des différends privés et des affaires criminelles au contrôle administratif et politique, les tribunaux du peuple (auxquels s'ajoutait l'Aréopage pour certaines affaires particulières) constituaient un très important rouage de l'Etat.

Les organes principaux, dans le domaine politique, étaient l'Assemblée (*ekklêsia*), qui exerçait le pouvoir exécutif en votant les décrets et en élisant des magistrats, et le Conseil (*boulê*), qui préparait les travaux de l'Assemblée. Le Conseil, composé de cinq cents citoyens âgés de plus de trente ans, siégeait tous les jours ouvrables dans la Salle du Conseil (*bouleutêrion*), sur l'agora ; ses délibérations étaient confidentielles. L'Assemblée, composée de tous les citoyens adultes, se réunissait trente à quarante fois par an sur la colline de la Pnyx, en un lieu qui fut réaménagé vers 400 avant J.-C. et qui était pourvu probablement de bancs de bois, ainsi que d'une tribune (*bêma*) pour les orateurs. Le quorum était de 6 000 suffrages (soit 1/5e du nombre total des citoyens athéniens). La durée des séances ne pouvait pas excéder la journée. Sur chaque point de l'ordre du jour, le héraut lançait la question rituelle : « Qui veut prendre la parole ? » (*Tis agoreuein bouletai* : Démosthène, *Sur la couronne*, 170), et le débat consistait en une succession de discours suivis d'un vote.

Ce sont ainsi les institutions mêmes d'Athènes qui suscitaient l'activité rhétorique : une activité presque quotidienne, compte tenu de la fréquence avec laquelle se réunissaient les assemblées et les tribunaux, et une activité se déroulant devant un large public, étant donné le nombre extrêmement élevé des auditeurs dans chaque cas (plusieurs centaines à plusieurs milliers de personnes). « Parler au peuple », dans l'Athènes du IVe siècle, constituait une situation de communication dont on a difficilement l'idée aujourd'hui. Il s'agissait de se faire entendre de véritables foules, dans des conditions matérielles et acoustiques peu confortables, et en vue d'enjeux immédiats et réels. Pour les auditeurs, siéger et écouter était une activité sérieuse, rémunérée par une indemnité (le *misthos*), assermentée (au tribunal), entourée de rites religieux et manifestement essentielle au fonctionnement de la cité. Pour les orateurs, persuader était une nécessité.

Au tribunal, en effet, les débats n'étaient pas dirigés par des magistrats professionnels, la notion de précédent n'avait pas cours et les jurés n'avaient pas la possibilité de communiquer entre eux avant de voter (Aristote, *Politique*, II, 1268 b 9-11) : c'est donc l'impression produite par les plaidoiries (s'ajoutant aux opinions préalables des auditeurs) qui déterminait le verdict. De même, à l'Assemblée, en l'absence de partis politiques au sens moderne du terme et de discipline de vote, c'est le déroulement de la séance et donc, au premier chef, les discours prononcés qui conditionnaient les suffrages.

Au Céramique, le cimetière d'Athènes, se déroulait un autre rite oratoire avec l'« oraison funèbre » (*epitaphios logos*) prononcée dans le cadre des funérailles nationales en l'honneur des soldats athéniens tombés pour la patrie. Ce discours était un acte officiel, l'orateur étant choisi par le peuple, sur proposition du Conseil. Son contenu, dicté par l'usage, comprenait un éloge des morts et de leurs ancêtres ainsi que des paroles d'exhortation et de consolation adressées aux vivants. A travers les ancêtres, Athènes tout entière était célébrée : son histoire, son régime démocratique, ses exploits militaires, ses bienfaits à l'égard des autres Grecs. En rendant hommage à ses combattants, la cité se célébrait elle-même, créait sa propre légende et affirmait ses valeurs. Discours institutionnel et civique, l'oraison funèbre était un genre doté d'un puissant contenu idéologique.

Les Athéniens prononçaient également, à titre officiel, des discours hors d'Athènes. Ainsi, les allocutions d'ambassadeurs auprès d'autres cités ou de souverains étrangers, visant à négocier des traités, présenter des demandes, offrir des remerciements ou des honneurs ; ce type de discours était fréquent, parce qu'en Grèce les actes de politique étrangère reposaient sur l'envoi de députés. A la même catégorie appartiennent les discours prononcés sur les champs de bataille, par lesquels les généraux exhortaient leurs troupes avant le combat. Les historiens qui rapportent de tels discours les allongent et les embellissent certainement. Néanmoins, il n'y a pas lieu de douter que ces allocutions, qui faisaient partie des devoirs du stratège, aient effectivement existé ; elles pouvaient d'ailleurs être brèves ou être prononcées à loisir quelque temps avant le combat proprement dit.

Les hommes en vue écrivaient des discours politiques, adressés à leurs compatriotes ou à des Etats étrangers, qui n'étaient pas destinés à être prononcés au cours de débats officiels, mais qui étaient expédiés à leur destinataire sous forme de lettre et qui circulaient, dans l'ensemble du monde de langue grecque, par le moyen de récitations orales et de copies écrites. Ces ouvrages de publicistes, qui n'engageaient que leur auteur, ainsi que ses amis, imitaient volontiers les formes du discours public institutionnel. Ils se multiplièrent dans la seconde moitié du IVe siècle, lorsque chacun voulut s'adresser aux souverains macédoniens.

Les discours panégyriques, prononcés par exemple dans les fêtes d'Olympie ou de Delphes, visaient le public panhellénique réuni pour la circonstance et traitaient les thèmes adaptés à la situation : les relations internationales et particulièrement les rapports entre les Grecs, les valeurs de politique générale.

Enfin, viennent les discours de toutes sortes prononcés dans des maisons privées ou dans n'importe quel cadre particulier, qui ressortissaient au genre de la conférence et portaient sur des sujets divers : par exemple, plaidoyers mis dans la bouche de personnages mythologiques ou historiques, essais, manifestes, pamphlets, éloges paradoxaux (éloge du sel, des marmites, des cailloux, de la mort, de la pauvreté...), « jeux » (*paignia*) en tout genre.

De cette pratique assidue et multiforme, nous n'avons conservé évidemment que les traces écrites. Les discours judiciaires, dont le contenu était préparé à l'avance, se sont prêtés de préférence à la mise par écrit, qui d'ailleurs était nécessaire quand intervenait un logographe. Les discours adressés à l'Assemblée, au contraire, qui faisaient une large place à l'improvisation en fonction des propositions présentées en séance et de la tournure prise par les débats, ont été confiés à l'écriture plus rarement et plus tard. Les textes publiés ne reproduisaient pas nécessairement avec fidélité les paroles effectivement prononcées, mais étaient révisés à des fins artistiques et pour tenir compte *a posteriori* des arguments de la partie adverse. Entre « oralité » et « littéralité », l'échange était constant dans la rhétorique athénienne du IVe siècle.

Les deux corpus les plus importants, en quantité et en qualité, sont ceux d'Isocrate et de Démosthène. Ils illustrent la rhétorique athénienne dans toute son extension.

Isocrate

Isocrate (436-338), né dans un milieu aisé, fut élève, dit-on, des sophistes Prodicos et Gorgias. Il consacra sa vie à la rhétorique, en se singularisant par le fait qu'il ne prononçait pas ses discours : manquant de la voix et de l'assurance nécessaires pour parler devant la foule, il ne se produisait pas en public, et donc s'abstenait de toute participation physique au débat politique, se contentant de lire ses œuvres dans des cénacles et de les publier par écrit. Nous possédons de lui vingt et un discours (dont un, *A Démonicos*, probablement inauthentique), qui s'échelonnent de 403 à 339, ainsi que quelques lettres.

Sa famille ayant été ruinée par la guerre du Péloponnèse, il commença par exercer pendant une douzaine d'années le métier de logographe, activité dont témoignent six plaidoyers, ou parties de plaidoyers, portant sur des affaires de créances, de succession et de voies de fait (dont le célèbre *Sur l'attelage*, en faveur du fils d'Alcibiade). Vers 390, il tourna le dos aux tribunaux et ouvrit une école de rhétorique, qu'il devait animer jusqu'à sa mort ; le lancement de cette école est marqué par des discoursprogrammes (*Contre les sophistes*, *Eloge d'Hélène*, *Busiris*) dans lesquels Isocrate critique ses rivaux – maîtres de philosophie et maîtres de rhétorique confondus –, montre qu'il sait vaincre les sophistes sur leur propre terrain – le terrain du paradoxe – et définit ses méthodes personnelles. En 380, c'est la publication du *Panégyrique*, œuvre longuement mûrie, censément destinée à la panégyrie olympique, qui doit beaucoup à la tradition de l'*epitaphios logos* et dans laquelle s'expriment les conceptions majeures de l'auteur : en politique, le thème de la nécessaire union des Grecs et de la non moins nécessaire lutte contre la Perse ; pour l'argumentation, le mélange de l'éloge et du conseil ; dans le domaine du style, la recherche d'une prose élégante et artistique, qui fait un large usage des figures « gorgianiques », mais sans reproduire les audaces du sophiste de Léontinoi. Avec le *Panégyrique*, Isocrate a trouvé son domaine : celui des discours « helléniques » et « politiques », portant sur de grands sujets d'intérêt général, utiles à Athènes et à tous les Grecs ; dès lors, il ne cessera plus d'intervenir, participant activement à la vie politique par le moyen du débat d'idées. Dans les années 370-360, il soutient les rois de Salamine de Chypre, dynastie grecque vassale du Grand Roi (*A Nicoclès*, *Nicoclès*, *Evagoras*), et se prononce sur les affaires de Béotie et du Péloponnèse (*Plataïque*, *Archidamos*). Les œuvres de cette période contiennent d'importantes recherches et innovations rhétoriques, en particulier un discours fictif accompagné d'une caractérisation de l'orateur (quand Isocrate fait parler le Spartiate Archidamos) et le premier éloge d'un contemporain en prose (éloge d'Evagoras), ainsi que des préfaces relatives à des problèmes théoriques du discours oratoire (*Nicoclès*, *Evagoras*). Dans les années 350, Isocrate adresse aux Athéniens des conseils de politique étrangère et intérieure (*Sur la paix*, *Aréopagitique*). Il publie également le discours *Sur l'échange*, immense plaidoyer dans lequel il défend sa vie et ses ouvrages et expose ses conceptions en matière de culture intellectuelle ; en fait, l'accusation à laquelle le discours est censé répondre n'a pas existé, et ce plaidoyer fictif est le moyen rhétorique qu'a imaginé Isocrate pour répondre aux critiques qui lui ont été adressées au cours de sa carrière et pour emprunter la voie, alors nouvelle en Grèce, de l'autobiographie. Dans les années 340, Isocrate se tourne vers Philippe de Macédoine, en qui il voit le souverain capable de réunir les Grecs et de combattre les barbares (*Philippe*). Enfin, en 339, presque centenaire, il achève son dernier discours, le *Panathénaïque*, œuvre complexe et subtile, où les conceptions politiques et rhétoriques chères à l'auteur sont présentées à travers des dissonances, des ambiguïtés voulues, des digressions calculées et l'introduction d'un contradicteur anonyme qui donne à ce testament oratoire un caractère polyphonique inattendu.

Démosthène

Le corpus démosthénien compte soixante-trois numéros, dont les 2/3 environ sont d'authenticité certaine, le reste étant apocryphe ou douteux (parmi les discours de Démosthène se sont glissés des discours dus en fait à d'autres orateurs contemporains). Si l'on met de côté les *Lettres* et un curieux badinage amoureux (*Erôtikos*), d'authenticité contestée, ainsi que le recueil des *Prologues* rédigés en vue des interventions à la tribune, les discours proprement dits se répartissent en quatre catégories : les *Harangues*, prononcées devant l'Assemblée ; les *Plaidoyers politiques*, relatifs à des actions publiques ; les *Plaidoyers civils*, relatifs à des actions privées ; l'*Oraison funèbre*. L'œuvre démosthénienne se coule ainsi dans les catégories institutionnelles du discours public athénien, sans recherche d'innovation formelle. Son importance est ailleurs : dans son intérêt historique exceptionnel et dans le talent oratoire de l'auteur, qui sait être à la fois concentré et souple, logique et passionné.

Démosthène (384-322) perdit son père à l'âge de sept ans, et le patrimoine familial fut confié à des tuteurs, qui le dilapidèrent. A sa majorité, Démosthène entreprit de réclamer des comptes ; il se mit à l'école d'un grand orateur, Isée, spécialisé notamment dans les affaires de succession, et plaida contre ses tuteurs avec un succès au moins partiel, semble-t-il (plaidoyers *Contre Aphobos*, *Contre Onêtôr*). Il se lança ensuite dans le métier de logographe, qu'il continua d'exercer (dans les actions privées et dans les actions publiques) même après être devenu célèbre et qui lui procura richesse et relations. Mais en même temps il se préparait à la carrière politique en lisant Thucydide et en travaillant pour améliorer son « action » oratoire (c'est-à-dire la manière de prononcer ses discours). Plutarque raconte qu'il prit des leçons auprès d'un acteur, qu'il aménagea une salle souterraine où il s'exerçait à déclamer, qu'il parlait avec des cailloux dans la bouche pour remédier à ses défauts de prononciation et récitait de la prose et des vers tout en courant pour fortifier sa voix et son souffle (*Vie de Démosthène*, 7 et 11). A ces efforts opiniâtres, sans doute, autant qu'à son tempérament, il dut l'« action » véhémente qui a fait l'admiration de ses contemporains et que nous devons, quant à nous, essayer de nous représenter mentalement pour que les discours que nous lisons ne restent pas lettre morte.

A trente ans, Démosthène prononça à l'Assemblée la première harangue conservée (*Sur les symmories*). Il chercha quelque temps sa voie, jusqu'au moment où il identifia clairement en Philippe de Macédoine le nouveau protagoniste de la politique grecque et le désigna à ses concitoyens comme la principale menace pour Athènes : ce fut la *Première Philippique* (351), qui reproche aux Athéniens leur inaction et propose un plan militaire et financier pour parer au danger. En 349-348, les trois *Olynthiennes*, développant la même ligne d'argumentation, appelèrent énergiquement à défendre la cité d'Olynthe attaquée par Philippe. Faute d'être entendu, Démosthène se rallia à la paix, qui fut conclue entre Athènes et Philippe en 346 ; cette paix, dite de Philocratès, donna lieu dans les années qui suivirent au procès de l'ambassade, l'un des plus célèbres procès de l'histoire athénienne, fort instructif sur le rôle de la rhétorique dans les affrontements politiques du temps. Dès 346, Démosthène voulut se désolidariser de la paix que lui-même et Eschine, avec d'autres collègues, venaient de conclure. Il chargea Timarque, un ami, d'accuser Eschine de forfaiture pour sa conduite dans l'une des ambassades qui avaient négocié la paix ; Eschine riposta en accusant Timarque de s'être prostitué dans sa jeunesse, ce qui était un cas d'indignité civique, et eut gain de cause ; Démosthène laissa passer du temps, puis, en 343, reprit l'accusation contre Eschine en son nom propre ; Eschine fut acquitté de justesse, par trente voix de majorité seulement. Nous possédons les deux discours d'Eschine (*Contre Timarque*, *Sur l'ambassade*) ainsi que celui de Démosthène (*Sur l'ambassade*), dans des versions certainement remaniées pour la publication, et ces monuments d'art oratoire montrent comment des discours prononcés en situation, issus de calculs conjoncturels et visant à l'efficacité immédiate, ne sont pas seulement des documents, des témoignages historiques, mais peuvent prétendre en même temps au statut de modèles rhétoriques et d'œuvres littéraires par la qualité de la langue, le style, l'argumentation, les conceptions historiques et politiques, la vérité humaine.

Dans la période 346-338, Démosthène fut un des inspirateurs de la politique athénienne et agit par ses discours, jusqu'à la bataille de Chéronée (338), qui vit la défaite finale des Grecs face à Philippe. Démosthène fut choisi alors pour prononcer l'*epitaphios* : le discours ainsi intitulé qui figure dans le corpus a été suspecté, parce que trop banal, mais il faut probablement le tenir pour authentique et y reconnaître le poids des conventions qui régissent cette forme oratoire. Puis se déroula le dernier acte de l'opposition entre Eschine et Démosthène. Ctésiphon, ami de Démosthène, ayant proposé que l'on décerne à celui-ci une couronne, en récompense des services rendus, Eschine porta plainte aussitôt contre Ctésiphon pour proposition mensongère et illégale. L'affaire, engagée en 336, ne fut jugée qu'en 330, dans un contexte qu'Eschine croyait favorable ; Eschine parla contre Ctésiphon ; Ctésiphon répondit par une brève défense, suivie d'un long discours de Démosthène intervenant en qualité de synégore. Ctésiphon fut acquitté, tandis qu'Eschine, ayant obtenu moins de 1/5e des voix, était frappé d'une amende et de l'interdiction d'intenter à l'avenir des accusations du même ordre : cette peine, qui le privait d'un moyen d'action politique essentiel, le détermina à s'exiler. Il est probable que l'on continua de commenter longtemps, dans Athènes, ce mémorable procès de la couronne, « le combat des orateurs » (Théophraste, *Caractères*, 7, 6). Le discours d'Eschine (*Contre Ctésiphon*) et celui de Démosthène (*Sur la couronne*), conservés, offrent l'occasion rare – comme pour le procès de l'ambassade – de lire en antilogie les deux versions, celle de l'accusation et celle de la défense. Le discours *Sur la couronne* présente en outre l'intérêt de fournir une présentation synthétique et rétrospective de l'action politique de Démosthène par lui-même.

A côté des discours politiques, les plaidoyers privés de Démosthène apportent beaucoup à la connaissance des mœurs et de la société athéniennes et sont riches d'informations sur le droit attique. Ils révèlent un avocat de grand talent.

Nous ne possédons pas de discours de Démosthène qui soit postérieur à 330, bien que nous sachions qu'il en prononça, notamment pour se défendre lorsqu'il fut poursuivi (et condamné) pour corruption dans le procès de l'argent d'Harpale (323). Sa mort, enfin, appartient encore à l'histoire de la rhétorique, parce qu'elle pose la figure emblématique de l'orateur poursuivi par les soldats et tombant héroïquement, dans des conditions symboliques, pour ses idées. La Grèce s'étant révoltée contre la Macédoine à l'annonce de la mort d'Alexandre, la répression fut sévère. Parmi les conditions dictées à Athènes, figurait celle de livrer les orateurs anti-macédoniens. Hypéride et Démosthène s'enfuirent : le premier, repris, fut torturé (on lui coupa la langue) et mis à mort, le second se suicida en absorbant un poison caché, dit-on, dans le calame qui lui servait à écrire.

La mise en parallèle d'Isocrate et de Démosthène fait ressortir des différences évidentes, tant dans le caractère des deux hommes que dans leurs choix politiques (vis-à-vis de Philippe) et dans leurs méthodes rhétoriques : on voit d'un côté un orateur de cabinet, qui a pratiqué et théorisé un idéal de « loisir » (dont P. Demont a montré qu'il revenait à revendiquer, à l'écart de la foule, un nouveau mode d'action politique), de l'autre un orateur engagé, qui a trempé dans toutes les luttes ; d'un côté un styliste, de l'autre une bête de tribune qui affirmait que l'« action » est la part la plus importante de l'art oratoire. Aussi Isocrate et Démosthène sont-ils devenus, dans la pensée antique, comme les symboles de deux attitudes distinctes et même opposées, l'une qui se consacre à la beauté de la parole et des idées, l'autre à leur efficacité. Philippe lui-même aurait comparé les discours de Démosthène à des soldats, à cause de leur puissance belliqueuse, et ceux d'Isocrate à des athlètes, parce qu'ils procurent un plaisir de spectateur (Pseudo-Plutarque, *Vies des dix orateurs*, 845 d). S'il y a une part de vérité dans cette opposition, il ne faut pas pour autant oublier les points communs aux deux orateurs, deux points surtout, qui vont être développés ci-après. Isocrate comme Démosthène ont vu dans la rhétorique un moyen d'action politique ; Démosthène comme Isocrate ont ressenti dans ce domaine l'importance du travail, de l'éducation, de la formation.

LA RÉPUBLIQUE DES ORATEURS : RÉALITÉ ET REPRÉSENTATION

Les indications qui précèdent ont montré l'importance de la rhétorique dans la vie politique athénienne. Cette importance, qui est une réalité, est devenue par surcroît un mythe, en ce sens qu'elle a été interprétée et érigée en modèle par les Anciens et par les Modernes.

Démosthène note le rôle des discours, qui est à ses yeux une spécialité athénienne : « ...[vous] dont le régime repose sur la parole... » (*Sur l'ambassade*, 184) ; également à propos de l'*epitaphios* : « Vous êtes le seul peuple au monde qui fasse aux citoyens morts pour la patrie des funérailles publiques accompagnées d'éloges funèbres » (*Contre Leptine*, 141). De même Isocrate : « Ce sont les plus grands orateurs et les plus illustres qui ont été les meilleurs bienfaiteurs de l'Etat » ; « Vous avez une éducation supérieure aux autres pour la pensée et la parole [...]. C'est ici que tout le monde acquiert la pratique du discours qui contribue le plus à l'éloquence » (*Sur l'échange*, 231, 294-296). Sur la base de tels constats, les auteurs athéniens ont mis en vedette la « liberté de parole » (*parrhêsia*), le rôle du discours public, et particulièrement du débat et de la délibération, ainsi que la figure de l'orateur comme conseiller du peuple. Périclès l'indique déjà chez Thucydide (II, 40, 2) : « La parole n'est pas à nos yeux un obstacle à l'action : c'en est un, au contraire, de ne pas s'être d'abord éclairé par la parole avant d'aborder l'action à mener. »

Les œuvres des historiens et des orateurs sont émaillées de réflexions de ce genre, qui visent à souligner l'utilité, pour Athènes, des discours et des délibérations. Soigneusement distingué des contrefaçons stipendiées et perverses que constituent le sophiste, le logographe, le sycophante et tous les mauvais « chiens du peuple » qui dévorent le troupeau confié à leur garde (Démosthène, *Contre Aristogiton*, I, 40), l'orateur au vrai sens du terme (*rhêtôr*) apparaît comme le conseiller, dévoué à l'intérêt commun, qui sait tirer les leçons de l'histoire pour proposer le meilleur parti (par exemple Thucydide, III, 42-43 ; Isocrate, *Panégyrique*, 1-10 ; Démosthène, *Sur la couronne*, 276-288). Le peuple, de son côté, est loué pour sa capacité délibérative : « Car la faculté de discerner et d'approuver le meilleur parti, personne ne saurait vous l'enlever » (Démosthène, *Contre Timocrate*, 37). La philosophie aristotélicienne donne un fondement à cette conception en rapportant la délibération à l'indétermination des futurs, à la théorie de la contingence et à la théorie de l'action : l'activité de délibérer, non seulement *in petto*, mais à plusieurs, est constitutive de l'essence de l'homme et de son rapport avec le temps. Elle met en œuvre la vertu de « prudence » (*phronêsis*) et joue un rôle essentiel dans les affaires humaines (*Rhétorique*, I, 4-5 ; *Ethique à Nicomaque*, III, 5 ; VI). En régime démocratique, la multitude est capable, dans certaines limites, de trancher avec sagesse, et de se montrer supérieure, prise collectivement, à la valeur des différents individus qui la composent (*Politique*, III, 11). L'orateur est l'antithèse du tyran, car la prise du pouvoir par les armes n'est pas son fait (*Politique*, V, 1305 a 7-15).

Ainsi s'est constituée une image de la rhétorique politique athénienne, une représentation que la cité se faisait d'elle-même. Or cette image a été reprise par les Modernes ; elle a joué un rôle capital dans les réflexions sur la démocratie, réflexions dans lesquelles les notions de parole, de liberté d'expression, de décision prise en commun occupent une place essentielle. Cette lecture de l'histoire de la rhétorique athénienne peut se résumer dans la fameuse formule de Fénelon : « Chez les Grecs tout dépendait du peuple et le peuple dépendait de la parole » (*Lettre à l'Académie*, IV). Pour citer des réflexions d'aujourd'hui, on peut noter, avec Paul Ricœur, que dans un Etat démocratique « le langage politique est essentiellement impliqué dans des activités de délibération publique qui se déploient dans un espace libre de discussion publique » (« Langage politique et rhétorique », dans *Lectures 1*, Paris, 1991, p. 166). Les problématiques d'« espace public » et d'« espace politique », discutées dans la philosophie contemporaine par Jürgen Habermas et Hannah Arendt, impliquent le débat sur les affaires intéressant les membres de la cité, la persuasion et l'argumentation. L'espace de la communication politique est un espace de discours. Et tout cela, en dernière analyse, vient d'Athènes – d'une image d'Athènes, à la fois vraie et mythifiée.

C'est pourquoi il est nécessaire, tout en soulignant l'importance capitale de la pratique oratoire athénienne, d'en marquer aussi les limites. D'abord, les orateurs n'étaient pas les seuls à conduire la politique de l'Etat : il y avait aussi les magistrats élus – *stratêgoi* et responsables financiers –, qui jouaient un rôle décisif sans obligatoirement prononcer des discours. Ensuite, bien que tout citoyen eût en principe le droit d'intervenir à l'Assemblée, seule une minorité, dans la pratique, avait le talent ou la motivation nécessaires ; aussi étaient-ce souvent les mêmes que l'on voyait revenir à la tribune pour affronter un auditoire volontiers tumultueux. Etait orateur au sens légal tout citoyen qui prenait la parole ou proposait un décret ; était orateur au sens plein celui qui prenait la parole régulièrement et qui inspirait la politique de la cité. Selon les calculs de M. H. Hansen, à l'Assemblée, si les participants se comptaient par milliers, les citoyens occasionnellement actifs se comptaient par centaines, et il n'y avait jamais plus d'une vingtaine de figures dominantes, qui constituaient une élite restreinte. Enfin, rappelons que la qualité de citoyen était réservée aux hommes libres et que les femmes et les esclaves n'avaient pas droit à la parole : nombreux étaient les exclus de la délibération. Les sources privilégient la dimension oratoire et publique de l'action politique, au détriment d'autres aspects, et construisent ainsi un cadre d'interprétation fécond, mais en partie biaisé et théorique, pour la plus grande gloire de la rhétorique.

EXCURSUS N° 3
LE CANON DES DIX ORATEURS ATTIQUES

Le canon des dix orateurs attiques comprend traditionnellement : Andocide, Antiphon, Démosthène, Dinarque, Eschine, Hypéride, Isée, Isocrate, Lycurgue et Lysias. Cette liste fut dressée à une date impossible à préciser, entre l'époque alexandrine et l'Empire romain. Sa première mention paraît figurer chez le critique Caecilius de Calê-Actê (Ier siècle av. J.-C.), qui était l'auteur d'un traité, aujourd'hui perdu, *Sur le caractère des dix orateurs* (*Souda*, K 1165). Quintilien (Ier siècle ap. J.-C.) parle de dix orateurs à Athènes (*Institution oratoire*, X, 1, 76). Le Pseudo-Plutarque, de date incertaine, écrit les *Vies des dix orateurs*. Aux IIe-IIIe siècles, la « décade attique », comme dit Lucien (*Le Scythe*, 10), est clairement attestée. Hermogène consacre une vignette à chacun des orateurs qui la composent (p. 395-403, éd. Rabe ; Démosthène étant mis à part du reste de la liste, la place vacante est occupée par Critias). Les grammairiens publient des lexiques des dix orateurs (celui de Valerius Harpocration est conservé, ceux de Ioulianos, Philostrate de Tyr et Diodôros sont signalés par Photius, *Bibliothèque*, 150). Le néo-sophiste Hérode Atticus, à qui ses auditeurs criaient, pour le louer, « Tu es un des Dix », répondit spirituellement : « Je suis assurément meilleur qu'Andocide ! » (Philostrate, *Vies des sophistes*, 564-565) (Andocide, qui pratiqua l'éloquence en amateur, était le moins réputé des orateurs attiques). Au demeurant, cette liste n'a pas nécessairement suivi une évolution linéaire ; elle a pu ne pas s'imposer partout au même moment, et sa composition a pu varier. Quant au terme « canon », il n'est pas d'usage antique à ce propos (bien qu'il existe un mot grec *kanôn* = « règle », « norme »), mais il a été introduit au XVIIIe siècle par l'*Historia critica oratorum Graecorum* de David Ruhnken, qui le tirait du domaine chrétien ; cet emploi (une catachrèse) présente l'inconvénient de suggérer un caractère plus contraignant que ne le comportait la réalité, une liste d'orateurs ne prétendant évidemment pas à la même autorité qu'un canon de livres sacrés.

Le canon des orateurs n'est pas un phénomène isolé : au contraire, l'Antiquité a établi des listes comparables pour les poètes, les historiens, les philosophes, les artistes, etc. Dans chaque cas, il s'agissait de dresser la liste des classiques reconnus dans un genre donné, afin de fixer un corpus de référence pour la critique, pour l'imitation et pour l'enseignement. En littérature, les œuvres retenues comme canoniques ont été plus souvent recopiées et ce sont elles qui nous sont parvenues, tandis que disparaissaient pour la plus large part les œuvres qui ne faisaient pas partie de la sélection. Selon le point de vue que l'on veut adopter, on peut dire que les canons ont joué un rôle « destructeur » (I. Worthington), en ce sens qu'ils ont voué à l'oubli ce qu'ils n'incluaient pas, ou inversement qu'ils ont rendu de grands services en assurant la préservation des œuvres jugées les meilleures.

Dans le cas des orateurs, les auteurs retenus dans le canon s'échelonnent de la fin du Ve siècle à la fin du IVe. Ils étaient soit athéniens (Andocide, Antiphon, Démosthène, Eschine, Hypéride, Isocrate, Lycurgue), soit étrangers mais ayant travaillé à Athènes (Dinarque de Corinthe, Lysias issu d'une famille originaire de Syracuse ; Isée était originaire soit d'Athènes, soit de Chalcis en Eubée). Leurs discours conservés, dont le nombre total se monte à plus d'une centaine, sont principalement des plaidoyers et, en moindre quantité, des harangues ; s'y adjoignent quelques échantillons d'*epitaphioi* (Démosthène, Hypéride, Lysias), de panégyriques (Isocrate, Lysias), de discours fictifs, pédagogiques ou littéraires (Antiphon, Démosthène, Isocrate). La sélection reflète ainsi une prise de parti ; elle met en avant le moment athénien, le dialecte attique et les grands genres de l'éloquence publique.

Ceci n'empêche pas que la diversité des contenus soit très grande, les discours des orateurs attiques portant aussi bien sur des affaires infimes – pensions, injures ou horions – que sur les plus graves crises de l'Etat – la tyrannie des Trente, la guerre contre Philippe – et mettant en scène autant de personnages douteux que de citoyens respectables. Les talents qui se déploient dans cette sélection sont remarquables (outre ceux d'Isocrate et de Démosthène, il y a la simplicité persuasive de Lysias, l'élégance et la verve d'Eschine, etc.) et la langue employée – le dialecte attique dans toute sa finesse – se prête admirablement, suivant les nécessités de la situation, à l'expression des faits, des raisonnements ou des émotions.

Parmi les auteurs d'œuvres rhétoriques qui ont survécu hors canon, on peut citer : Antisthène (env. 445-365), le fondateur de l'école cynique, qui avait fréquenté les sophistes et Socrate, et dont on a conservé deux plaidoyers contradictoires d'Ajax et d'Ulysse revendiquant les armes d'Achille ; Alcidamas (première moitié du IVe siècle), auteur de *Sur les auteurs de discours écrits ou Sur les sophistes* et d'une accusation de Palamède par Ulysse ; ainsi que deux contemporains de Démosthène, Apollodore, dont plusieurs plaidoyers figurent dans le corpus démosthénien, et Hégésippe, dont une harangue a été préservée par la même voie. La littérature offre aussi des discours imaginaires ou recomposés, dans les dialogues de Platon ou dans les ouvrages historiques de Xénophon, et tout particulièrement l'apologie de Socrate chez Platon et Xénophon.

Sur le canon des orateurs attiques, voir deux études récentes par I. Worthington, « The Canon of the Ten Attic Orators », dans Id. (éd.), *Persuasion : Greek Rhetoric in Action*, Londres-New York, 1994, p. 244-263, et par R. M. Smith, « A New Look at the Canon of the Ten Attic Orators », *Mnemosyne*, 48, 1995, p. 66-79 ; ces auteurs divergent quant à l'origine du canon (Caecilius selon Worthington, érudition alexandrine des IIIe-IIe siècles av. J.-C. selon Smith). Sur la notion de canon en général, voir B. M. Metzger, *The Canon of the New Testament*, Oxford, 1987, *Appendix* I ; R. Nicolai, *La storiografia nell'educazione antica*, Pise, 1992, IIIe partie.

ENSEIGNEMENT ET THÉORIE DE LA RHÉTORIQUE

La pratique oratoire s'appuyait sur un enseignement très actif. Nombreux étaient les maîtres de rhétorique à Athènes, depuis les plus réputés jusqu'aux plus modestes. Nombreuses étaient les écoles, caractérisées par des niveaux différents et des finalités différentes. On pouvait apprendre à parler, comme dit Platon, soit en vue de l'« art » (*tekhnê*), soit en vue de l'« éducation » (*paideia*) (*Protagoras*, 312 b), c'est-à-dire soit afin de faire de la rhétorique un métier, soit de manière désintéressée, afin de s'instruire et de se cultiver. Les méthodes étaient certainement variées et en grande partie orales. On peut aisément imaginer qu'elles comprenaient des leçons théoriques, des études de cas, l'apprentissage de discours modèles proposés par le maître, des exercices pratiques de composition, sur des sujets réels ou fictifs, et encore des joutes entre étudiants, sans oublier l'entraînement du geste et de la voix.

L'école la mieux connue est celle d'Isocrate, grâce notamment aux indications données dans le *Sur l'échange* (contrairement à ce qui se disait dans l'Antiquité, Isocrate n'a probablement pas composé de traité de rhétorique). Le cycle d'étude durait jusqu'à trois ou quatre ans. Les étudiants, venus non seulement de l'Attique, mais de tout le monde grec, versaient des honoraires élevés et offraient des cadeaux, moyennant quoi deux modes d'enseignement leur étaient proposés. D'abord, le travail sur ce que le maître appelait les *ideai*, mot très large désignant toutes les « formes » du discours, depuis le contenu (accusation, éloge, etc.) jusqu'aux figures de style, en passant par les idées, les thèmes et les formes de raisonnement, soit tout le spectre de l'art de la parole. Puis l'audition de discours composés par le maître, qui étaient discutés et expliqués en commun, dans une atmosphère de séminaire, comme ce fut le cas du *Philippe* et du *Panathénaïque*. Par-delà les préceptes techniques, Isocrate entendait dispenser une formation complète, à la fois intellectuelle et morale, au nom de la conviction qu'il n'est possible de bien parler qu'à condition de bien penser et d'être homme de bien. Réaliste, au demeurant, le maître soulignait que l'éducation ne peut pas tout et qu'elle ne porte ses fruits que si elle rencontre un terrain favorable : les leçons et les exercices doivent s'appuyer sur les dons naturels. Les nombreux élèves sortis de l'école d'Isocrate illustrent le caractère généraliste d'une éducation qui a formé des orateurs, des écrivains (comme les historiens Théopompe et Ephore), des citoyens actifs dans les affaires publiques et des hommes politiques importants, parmi lesquels le stratège Timothée, fils de Conon.

L'enseignement athénien recourait à des textes écrits : discours modèles, recueils d'exordes et de péroraisons, et surtout ces manuels ou traités qu'on appelait *Tekhnai* (« Arts », sous-entendu « de rhétorique »). Les *Tekhnai*, pour la plupart, portaient sur le genre judiciaire ; utilitaires, elles donnaient les moyens de composer à moindres frais un plaidoyer. Mais les deux exemples que nous avons conservés sont, par chance, d'une tout autre ampleur. Ce sont des cours complets de rhétorique qui, composés dans la seconde moitié du IVe siècle, synthétisent les acquis de l'époque classique et les approfondissent.

La *Rhétorique à Alexandre*, dont la date se situe entre 340 et 300 av. J.-C., a été transmise par les manuscrits sous le nom d'Aristote, mais cette attribution est certainement incorrecte ; l'auteur pourrait être l'orateur et historien Anaximène de Lampsaque. Le cadre du traité est une division du discours rhétorique en sept espèces : exhortation, dissuasion, éloge, blâme, accusation, défense et examen.

— L'auteur présente les sujets et les arguments propres à chaque espèce (1-5 ; ici se trouvent recensés, notamment, les importants critères de l'action constituant l'armature du discours délibératif).

— Puis il analyse les moyens de persuader communs à toutes les espèces, tant au niveau de l'argumentation qu'au niveau du style (6-28).

— Enfin il indique quelles doivent être la structure et les parties du discours dans chacune des espèces considérées (29-37).

Son but est de fournir une méthode aussi détaillée que possible pour permettre aux orateurs de produire dans chaque cas des discours riches, élégants et persuasifs, en parant aux risques du désordre, de la bizarrerie ou du manque d'inspiration. A cet effet, il donne des définitions, des conseils et des règles, qu'il déduit à la fois d'une étude systématique de l'objet et d'un examen des usages et des normes en vigueur à son époque. Si l'on ne peut déterminer avec précision quelles ont été ses sources, il est clair, en tout cas, que la *Rhétorique à Alexandre* s'inspire des recherches antérieures, celles des sophistes et d'Isocrate notamment, par exemple pour ce qui est des espèces oratoires, des preuves, des *topoi* de l'éloge, des parties du discours, des figures de style. Par ailleurs, maintes remarques de détail paraissent s'appuyer sur l'expérience et le métier, par exemple tout ce qui concerne les exordes. On peut donc voir dans la *Rhétorique à Alexandre* une sorte de systématisation de la rhétorique antérieure et contemporaine. Mais en même temps ce traité offre des similitudes avec la *Rhétorique* d'Aristote : ainsi le fait que les sept espèces sont subsumées sous trois genres, ou encore certains aspects du traitement des *topoi* et des preuves. Ces similitudes doivent provenir pour une part de l'utilisation d'un même fonds commun (car Aristote s'appuie lui aussi sur la théorie et la pratique existantes) ; elles peuvent avoir été renforcées par une réfection de la *Rhétorique à Alexandre*, si l'on admet l'hypothèse que ce texte a subi au cours de sa transmission des modifications (en liaison avec sa fausse attribution) destinées à l'aligner sur le traité aristotélicien.

La Rhétorique d'Aristote

C'est donc la *Rhétorique* d'Aristote qui couronne la théorie de la rhétorique grecque classique. Ce traité s'insère dans une série de recherches consacrées par Aristote à la rhétorique et marquées par deux œuvres aujourd'hui perdues, le *Gryllos*, dialogue de jeunesse, et la *Sunagôgê Tekhnôn* (« Recueil d'Arts »), compilation des *Tekhnai* existantes. La *Rhétorique* date environ, admet-on, du deuxième tiers ou du troisième quart du IVe siècle. Comme la plupart des œuvres conservées du Stagirite, ce n'était pas un ouvrage destiné à la publication, mais un écrit de travail, rédigé par le maître en vue de son enseignement, et dont la composition a pu s'étaler sur une longue période de temps : d'où la question, qui se pose, de savoir si l'actuel livre III faisait partie du projet initial ou s'il s'agissait d'un écrit distinct, qui aurait été réuni aux deux livres précédents par un éditeur postérieur. La *Rhétorique* présente de nombreux points de contact avec le reste de l'œuvre d'Aristote, surtout avec la *Poétique*, les *Topiques*, les *Réfutations sophistiques*, la *Politique*, les *Éthiques*.

Aristote aborde le sujet dans un esprit « scientifique », c'est-à-dire en le traitant comme un domaine de la réalité, sur lequel doit porter une investigation spécifique, en vue de la constitution d'un savoir qui sera mis en relation avec les autres savoirs. Le domaine considéré est celui du discours persuasif ; par conséquent, la rhétorique sera, non pas l'art de persuader, comme on le dit ordinairement, mais plus objectivement « la faculté de découvrir spéculativement ce qui, dans chaque cas, peut être propre à persuader » (I, 1355 b 25-26), et le traité aristotélicien donne les moyens d'une telle découverte, en analysant tout ce qui concourt à la persuasion. La rhétorique ainsi conçue est analogue à la dialectique, dans la mesure où l'une et l'autre, chacune à sa manière propre, « portent sur des questions qui sont à certains égards de la compétence commune à tous les hommes et ne requièrent aucune science spéciale » (I, 1354 a 1-3). « Dans toute son étude, la rhétorique ne s'attache qu'à l'opinion » (III, 1404 a 1-2). Dans ces conditions, l'étude de la rhétorique revêt une utilité à la fois intellectuelle et pratique : elle permet de faire triompher la vérité et la justice dans le cadre des jugements ; elle sert à persuader dans tous les cas où un exposé didactique n'est pas de mise et où il faut emporter la conviction en passant par les notions communes (devant les larges auditoires) ; elle confère l'aptitude à soutenir des thèses opposées, ce qui permet « de n'ignorer point comment se posent les questions, et, si un autre argumente contre la justice, d'être à même de le réfuter » ; elle donne le moyen de se défendre par la parole en cas de danger (I, 1355 a 21 – b 2).

Tout en visant l'universel, Aristote raisonne en homme de son temps, à travers les catégories et les formes oratoires de l'Athènes du IVe siècle. C'est pourquoi il privilégie la harangue adressée au peuple, dans laquelle il voit le discours le plus beau, le plus politique et le plus difficile (I, 1354 b 24-25 ; III, 1418 a 22), conformément au modèle institutionnel et idéologique athénien.

Voici, brièvement résumée, l'architecture de la *Rhétorique* :

Livre I :

— Chapitres 1-2. Introduction. Définitions.

— Chapitres 3-15. Les trois genres oratoires : genre délibératif (conseil et dissuasion), genre judiciaire (accusation et défense), genre épidictique (conseil et blâme). Sujets et arguments (« lieux spécifiques ») propres à chaque genre.

Livre II :

Après avoir exposé au livre I les preuves logiques et

objectives propres à chaque genre, Aristote passe aux moyens de persuasion valables pour tous les genres.

— Chapitres 1-17. Preuves subjectives et morales : caractère sous lequel se présente l'orateur (chap. 1) ; passions éveillées chez les auditeurs (chap. 2-11 : colère, amitié, crainte, honte, obligeance, pitié, indignation, envie, émulation) ; adaptation au caractère des auditeurs (chap. 12-17 : caractère déterminé d'après les âges et les conditions sociales).

— Chapitres 18-26. Preuves logiques communes aux trois genres : « lieux », enthymèmes, exemples.

Livre III :

— Chapitres 1-12. Le style : ses qualités, ses procédés.
— Chapitres 13-19. Les parties du discours (exorde, narration, argumentation, péroraison).

Beaucoup de points essentiels sont abordés ou formalisés ici, pour la première fois à notre connaissance : la définition de la rhétorique et de sa place dans le champ du savoir ; la constitution de l'art en système, avec des classifications et une terminologie ; l'identification de trois genres auxquels doivent se ramener tous les discours rhétoriques possibles ; l'identification de deux formes principales de persuasion, la persuasion logique, par la démonstration, et la persuasion morale, par le caractère (*êthos*) et la passion (*pathos*), la psychologie entrant ainsi dans l'arsenal des preuves ; la mise en système des « lieux » (*topoi*) ; la distinction entre preuves techniques (élaborées par le discours) et non-techniques (fournies de l'extérieur, comme par exemple les témoignages) ; la distinction entre raisonnement déductif (enthymème) et inductif (exemple), ainsi que la notion d'amplification ; la liste des qualités du style ; l'analyse de la phrase (période), de la métaphore, des rythmes de la prose.

Aristote a dégagé cette idée fondamentale que, pour persuader, il faut exploiter des ressorts déjà présents chez l'auditeur. Le bon orateur connaît les compétences cognitives et les connexions pertinentes de ceux qui l'écoutent. Il s'appuie sur les idées préexistantes, sur les valeurs reconnues, et c'est ainsi qu'il peut réaliser le mystère de la persuasion (que nous avons signalé plus haut en introduction) : amener autrui à penser ce qu'il ne pensait pas auparavant. L'innovation est introduite dans l'esprit de l'auditeur à partir de prémisses connues et repérées. La *Rhétorique*, dans toutes ses parties, se ramène au fond à l'immense inventaire de ces prémisses et des moyens de persuader en s'appuyant sur elles.

Le paradoxe est que ce traité rempli de vues nouvelles a été relativement peu lu dans l'Antiquité, parce qu'il faisait partie des œuvres non publiées d'Aristote, qui, sans être totalement inaccessibles, connurent une faible diffusion jusqu'aux travaux des « éditeurs » du Ier siècle av. J.-C. : or, à cette date, il était trop tard pour un large succès, d'autres traités s'étant imposés. En outre, la *Rhétorique* est rédigée dans un style elliptique et sans apprêt, qui a pu rebuter par sa difficulté. Cependant, à défaut du texte lui-même, la doctrine de la *Rhétorique* s'est largement répandue, grâce à l'enseignement du maître et aux écrits des disciples. Ainsi les idées d'Aristote ont-elles eu un retentissement important dans les écoles de philosophie et de rhétorique, certaines d'entre elles s'imposant presque comme des dogmes (par exemple la distinction des trois genres), et d'autres donnant matière à des discussions et à des recherches ultérieures.

LE PROBLÈME PHILOSOPHIQUE ET MORAL DE LA RHÉTORIQUE

Les Athéniens n'ont pas seulement pratiqué et théorisé la rhétorique, ils en ont fait aussi la critique. Cela n'est pas pour surprendre, si l'on reconnaît comme une caractéristique de la pensée grecque, et en particulier athénienne, de cette époque, que de ne pas se contenter de la pratique des choses, mais d'y appliquer une réflexion conceptuelle et de les soumettre à discussion. Le génie hellène est là, peut-être. Qu'il s'agisse de politique, de philosophie, de mythologie, les Grecs ont simultanément avancé de nouvelles conceptions, de nouveaux systèmes, et soumis à discussion ces conceptions et ces systèmes en analysant les problèmes qui leur étaient inhérents. La rhétorique fut soumise à pareil traitement.

Tandis que le phénomène rhétorique se développait et prenait une grande ampleur, la société du temps, en effet, manifestait des réserves et de l'inquiétude devant un art nouveau qui recélait des possibilités de subtilité excessive, de manipulation et de tromperie. Hors d'Athènes, nombreux, sans doute, étaient ceux qui se disaient, à l'instar du Spartiate Sthénélaïdas : « Les grands discours des Athéniens m'échappent » (Thucydide, I, 86, 1). Dans la cité elle-même, les critiques s'exprimaient au grand jour : au théâtre, où les personnages tragiques et comiques, on l'a vu, n'hésitaient pas à mettre en question l'art du discours, et jusqu'au tribunal, où c'était un lieu commun utile, pour les plaideurs, afin de se concilier la bienveillance des juges, que de se présenter comme ignorants de la chicane, inexpérimentés et incapables de belles paroles et d'arguments retors. De telles assertions attestent l'existence d'une méfiance diffuse envers la rhétorique.

Platon et la rhétorique

Cette méfiance a trouvé une expression radicale et supérieure dans les dialogues de Platon, qui représentent un chapitre essentiel dans l'histoire de la rhétorique. Platon a souvent traité de la rhétorique ; elle constitue un des thèmes importants de son œuvre.

Le point de départ réside dans la critique des sophistes

par Socrate. Un des buts du dialogue socratique, chez Platon, consiste à dénoncer les faux spécialistes et les fausses valeurs. Dans cette optique, les sophistes offrent une cible privilégiée, en tant qu'ils prétendent posséder une compétence particulière dans les domaines les plus importants, ceux-là mêmes que le philosophe revendique pour son propre compte : l'éducation, la parole, la politique, la vertu. Aussi de nombreux dialogues mettent-ils Socrate aux prises avec les plus éminents représentants de la sophistique. Le philosophe dénonce les sophistes comme de dangereux charlatans et critique notamment leur prétention d'être « habiles à parler » et d'enseigner cette habileté à d'autres (notamment dans *Protagoras*, *Gorgias*, les deux *Hippias*). Bien plus, Socrate/Platon creuse le fossé à plaisir. Il ne se contente pas de dénoncer des personnalités réelles, mais il construit conceptuellement la figure du sophiste, pour faire de celui-ci le double – mauvais – du philosophe (notamment dans *Le Sophiste*). Le sophiste comme le philosophe se réfèrent à la « sagesse » et au « savoir » (deux notions contenues dans le mot grec *sophia*), mais le premier prétend les posséder tandis que l'autre entend les rechercher ; l'un se dit « expert en *sophia* » (*sophistês*), l'autre « ami de la *sophia* » (*philosophos*). Cet antagonisme essentiel a pour conséquence, du point de vue de la rhétorique, d'instaurer une opposition radicale entre l'art sophistique de la parole et la philosophie. Incidemment, il vise à récuser l'amalgame entre Socrate et les sophistes – tel qu'il avait été effectué, entre autres, dans les *Nuées* d'Aristophane –, en traçant au contraire une totale séparation.

Par ailleurs, la critique platonicienne de la rhétorique a un versant politique. En tant qu'adversaire de la démocratie, Platon ne peut que dénoncer l'art oratoire qui est un des ressorts de ce régime.

Enfin, et ce point se relie au précédent, Platon avait une raison personnelle d'en vouloir à la rhétorique, car c'est au cours d'un procès que son maître Socrate avait été condamné à mort par un jury populaire. Socrate s'était défendu et n'avait pas convaincu les juges : pour Platon, ce résultat était au déshonneur des juges, non de Socrate. Le système judiciaire, fondé sur l'audition des plaidoiries, avait ainsi fait la preuve de sa perversité. Aussi Platon a-t-il tenu à publier, en le réécrivant, le discours qu'avait prononcé Socrate en cette occasion : c'est l'*Apologie de Socrate*, qu'on peut lire comme un modèle de plaidoyer, conforme aux exigences philosophiques, et pourtant (ou plutôt : par là même) inefficace sur le plan de la persuasion immédiate dans la cité d'Athènes. Le problème de la rhétorique est posé ici gravement, quoique encore implicitement.

Sur ces bases, à la fois théoriques et personnelles, la pensée de Platon se développe dans plusieurs dialogues, dont les principaux sont le *Gorgias*, le *Ménexène*, le *Banquet* et le *Phèdre*.

Le *Gorgias* porte pour sous-titre *De la rhétorique* (sous-titre dû à des éditeurs postérieurs et non à l'auteur, mais qui est approprié) ; il s'en prend directement au maître de la discipline, qui donne son nom au dialogue. Suivant la méthode qui lui est familière, Socrate entreprend de saper les prétentions du soi-disant spécialiste en lui démontrant qu'il ignore tout de l'objet qu'il croit connaître. L'objet en question est la rhétorique pratiquée dans les réunions de citoyens, c'est-à-dire essentiellement les tribunaux et les assemblées. Puisque Gorgias fait profession d'exceller dans cet art, Socrate lui demande de le définir : cette question se révèle plus délicate qu'il n'y paraissait au premier abord et il faut plusieurs tentatives infructueuses pour parvenir à la définition de la rhétorique comme « ouvrière de persuasion » (453 a). Encore conviendra-t-il d'essayer de préciser de quel genre de persuasion il s'agit et relativement à quoi. Cette première discussion donne déjà l'impression que la rhétorique est une discipline fuyante et mal définie, qui s'occupe des discours et de la persuasion pour eux-mêmes sans s'interroger suffisamment sur leur objet. Il s'agit d'un savoir superficiel, d'une apparence de savoir. La rhétorique, selon Socrate, n'est pas un art, mais un simulacre d'art, en tant qu'elle ne repose pas sur une connaissance effective de son objet.

Ce reproche d'ordre épistémologique conduit à un deuxième reproche, d'ordre moral. En cherchant à préciser l'objet de la persuasion rhétorique, Gorgias a assuré que cet objet devait être conforme à la justice : mais la suite du dialogue montre que cette assurance n'est qu'un faux-semblant. Gorgias ayant quitté le devant de la scène, les personnages qui lui succèdent pour s'entretenir avec Socrate – Pôlos et Calliclès –, pressés par les questions du philosophe, finissent par avouer qu'ils n'ont cure de la justice, sur laquelle ils ne possèdent d'ailleurs aucun savoir, et que l'art de persuader n'est pour eux que le moyen de dominer autrui et de lui imposer leur propre volonté. Par une série de révélations progressives, les masques tombent, et Calliclès dévoile avec brutalité ce qui se cachait en germe dans le discours respectable de Gorgias : la rhétorique est immorale, elle est le moyen de réussir dans la cité, de sauver sa vie, de conquérir une liberté qui n'est que licence et de prendre le pouvoir à tout prix. Derrière la question de la rhétorique se pose donc la question de la politique. La rhétorique est l'expression d'une manière dévoyée d'envisager la politique, celle qui a cours dans la démocratie athénienne.

Le comble de l'habileté est que, pour parvenir à ses fins, la rhétorique se fait toute douceur. Loin de tenir un langage roboratif pour conduire les citoyens vers le bien, ce qui serait le propre du véritable art politique, la rhétorique dit aux auditeurs cela même qu'ils attendent et cherche à leur être agréable, ce qui permet de persuader d'autant plus aisément que les exigences ont été abaissées au départ. « Ce qui plaît [au peuple et aux amis du peuple], c'est de retrouver dans tes discours leur propre pensée : toute pensée étrangère les fâche » (513 c). La puissance tant vantée du *logos* est une fausse puissance, puisqu'elle ne s'exerce que pour aller dans le sens des valeurs établies (succès, biens matériels, etc.) et qu'elle s'appuie sur une fausse conception du bien et du bonheur.

Le problème de la rhétorique, par conséquent, recouvre en dernière analyse le problème du but de la vie : « Il s'agit de savoir quel genre de vie nous devons adopter » (500 c). La réponse, selon Socrate, se présente comme un dilemme. D'un côté, la vie rhétorique, qui consiste à chercher la réussite matérielle pour soi et pour les autres : elle est symbolisée par les grands hommes d'Etat athéniens, Miltiade, Thémistocle, Cimon, Périclès, qui ont développé la puissance militaire et économique de la cité sans se soucier d'autre chose. A l'opposé, la vie philosophique, dirigée vers le bien, qui consiste à prendre soin de son âme et à éduquer ses concitoyens, quoi qu'il en coûte : elle est représentée par le cas de Socrate lui-même, omniprésent en filigrane, qui donne l'exemple à la fois de la réussite morale et – par sa condamnation – de l'échec dans la cité. (L'antithèse entre l'orateur et le philosophe est reprise dans *Hippias majeur*, 304 a-b ; *Théétète*, 172 c et suiv.).

Le *Gorgias* est ainsi une charge terrible contre la rhétorique, dans laquelle Platon ne voit que faiblesse intellectuelle et morale, appétit de pouvoir, ignorance des vrais biens, choix de commettre l'injustice plutôt que de la subir, politique dévoyée et antithèse de la philosophie. Cette dénonciation donne lieu à des images parlantes, comme celle du médecin traduit devant un tribunal d'enfants par un cuisinier, et condamné parce que ses potions sont amères, alors que les mets du cuisinier sont agréables (521 e) : le médecin représente le philosophe, le cuisinier représente l'orateur. Le dialogue est émaillé d'expressions cruelles, appelées à rester, qui stigmatisent la rhétorique : « flatterie » ou « complaisance » (*kolakeia* : 463 b), « empirisme et routine » (463 b), contrefaçon de la politique (plus précisément « d'une partie de la politique ») (463 d), domination du plus fort « selon la loi de la nature » (483 e).

Toutefois, en plusieurs endroits du dialogue, est envisagée la possibilité d'une bonne rhétorique, complètement différente de la précédente, qui consisterait à « améliorer les âmes des citoyens et s'efforcer de toujours dire le meilleur » et qui serait le propre d'un orateur « à la fois expert en l'art et bon » (*tekhnikos te kai agathos*) (503-504). Il semble qu'il n'y ait eu jusqu'ici aucun exemple d'un tel orateur, à moins que l'on ne veuille invoquer Aristide le Juste (526 a-b) et Socrate lui-même (521 d), qui toutefois sont cités du point de vue politique plutôt qu'étroitement rhétorique. Mais enfin, le *Gorgias* ménage une ouverture en reconnaissant l'existence au moins théorique d'une rhétorique utilisée au service de la justice (527 c), « la vraie rhétorique » (517 a).

Le *Ménexène*, dialogue contemporain du *Gorgias* (vers 385 av. J.-C.), vise quant à lui, très précisément, le genre de l'*epitaphios logos*. Il s'agit toujours d'Athènes, de la rhétorique et de la politique (le jeune Ménexène s'apprête à faire ses débuts dans la vie publique), mais cette fois Socrate a changé de tactique, choisissant l'arme du persiflage et du pastiche. L'introduction du dialogue est constituée par une conversation entre Socrate et Ménexène, dans laquelle Socrate vante l'habileté des orateurs qui prononcent les oraisons funèbres. Tout ce morceau (un éloge de l'éloge !) est ironique, et les propos admiratifs de Socrate sonnent en réalité comme autant de critiques : critique du mensonge inhérent à ce genre de discours, qui loue les défunts en bloc et quelle qu'ait été leur valeur réelle durant leur vie ; critique de la flatterie qui consiste à louer Athènes devant les Athéniens ; critique des prestiges du style ; critique des prétentions à l'improvisation, alors qu'en fait les orateurs disposent de discours prêts d'avance. Sur ce, Socrate se met en devoir de réciter lui-même une oraison funèbre, qu'il tient, dit-il, de sa maîtresse de rhétorique, Aspasie (détail doublement sarcastique, parce qu'Aspasie était une femme, et parce qu'elle était la compagne de Périclès, qui se trouve de ce fait mis en cause). Le discours prononcé par Socrate est un pastiche qui illustre les reproches formulés dans le dialogue d'introduction : insincérité, lieux communs, style ampoulé, plan mécanique et artificiel. Ainsi, le *Ménexène* complète la critique du *Gorgias* : après l'éloquence des tribunaux et des assemblées, l'éloge ; après la réflexion sur la rhétorique en elle-même, l'examen d'un genre particulier et l'étude attentive de sa facture ; après la véhémence et la gravité, l'ironie et le persiflage. Il n'en reste pas moins que l'attaque portée dans le *Ménexène* est très grave, en ce qu'elle vise le patriotisme même des Athéniens et leur célébration des gloires nationales. Il est piquant d'observer que toute l'Antiquité s'y est trompée (ainsi que certains Modernes) : les lecteurs grecs et romains ont pris au sérieux l'*epitaphios* du *Ménexène*, sans voir l'ironie, à la fois, sans doute, parce que le pastiche est relativement discret et parce qu'il était difficile d'imaginer un propos aussi résolument iconoclaste.

Dans le *Banquet* (vers 380-375 av. J.-C.), les convives prononcent à tour de rôle des discours sur l'Amour. Le fait que Platon se réfère à la rhétorique dans un dialogue aussi profond et important que le *Banquet* est le signe manifeste de son intérêt pour le sujet : le philosophe a besoin des discours rhétoriques, à titre de points de comparaison et de prolégomènes, pour penser le discours philosophique. Comme dans le *Ménexène*, le genre envisagé ici est celui de l'éloge, avec cette différence qu'il s'agit de prestations dans un cadre privé et non de discours officiels. A nouveau, pratique et théorie sont adroitement associées, sous la forme des discours prononcés par chaque convive et des réflexions critiques sur les discours prononcés ; le discours d'Agathon, particulièrement travaillé, est un pastiche de style gorgianique, que Socrate loue ironiquement. Au total, il se dégage de cet ensemble une série de critiques contre l'éloge rhétorique, qui font écho aux thèmes déjà rencontrés dans le *Ménexène* : sont dénoncés en particulier le mauvais choix des sujets, l'absence de vérité, les plans stéréotypés, les arguments formels, les recherches de style. Mais le *Banquet* va plus loin que le *Ménexène*, en ce qu'il ajoute aux critiques des considérations positives, qui reviennent à définir une sorte de méthodologie du bon éloge. Il importe avant tout, dit Socrate (198-199), de connaître l'objet qu'on veut louer, de savoir quel il est, de dire la vérité à son propos ; les articulations du discours se déduiront de la nature de cet objet, et les mots viendront d'eux-mêmes, « à l'aventure ». Le lecteur qui cherche dans le *Banquet* des illustrations conformes à ces principes pourra les trouver dans les paroles de Diotime et dans celles d'Alcibiade, qui occupent les deux dernières sections du dialogue. Le discours de Diotime est en un sens un éloge de l'Amour (212 c), celui d'Alcibiade est un éloge de Socrate (215 a). La construction de l'ouvrage suggère ainsi (Platon se gardant de le dire expressément) que ces morceaux, en tant que discours philosophiques, sont comme le corrigé des discours rhétoriques tentés plus haut et donc la mise en œuvre, en quelque sorte, de la « vraie rhétorique » entrevue dans le *Gorgias*. D'où le fait que ces morceaux ressemblent extérieurement aux discours rhétoriques, par leur sujet et leur intention affichée, tout en étant radicalement différents dans leur contenu et dans leur présentation. Le *Banquet* accomplit ainsi un pas décisif en direction d'une rhétorique philosophique.

L'étape suivante est franchie dans le *Phèdre* (vers 370 av. J.-C.), un autre dialogue particulièrement profond et complexe, dans lequel reviennent des échantillons de discours et des réflexions théoriques, toujours à propos de l'Amour, ainsi que des critiques contre les *Tekhnai* et contre les orateurs. Lysias et Isocrate sont nommément cités. La nouveauté du *Phèdre* est le développement d'une partie positive, consacrée aux conditions de possibilité d'un véritable art des discours (269-274). Ce changement de perspective est symbolisé par le changement d'attitude à l'égard de Périclès, qui, après avoir été attaqué dans le *Gorgias* et raillé dans le *Ménexène*, est présenté désormais, au contraire, comme un orateur de valeur. Illimité dans son objet, l'art des discours – « s'il existe » – « doit s'étendre à toutes les formes de la parole ». Il aura pour but de produire la persuasion, étant une « psychagogie » (*psukhagôgia*, c'est-à-dire « conduite des âmes »). Son critère essentiel est celui de la vérité : pour bien parler, il faut connaître la vérité sur la question à traiter et dire cette vérité, qui ne peut être atteinte que par la méthode dialectique de division et de rassemblement. D'autre part, puisque la rhétorique est « psychagogie », il faut connaître l'âme des auditeurs (ce qui implique de savoir ce qu'est l'âme en elle-même). A quoi s'ajoutent des conditions subsidiaires, et néanmoins fort importantes, comme la connaissance des différents types de discours, l'alliance des dons naturels, du savoir et de l'exercice, la capacité de discerner le « moment opportun » (*kairos*), le souci de composer le discours « comme un être vivant », afin qu'il présente une unité et forme un tout organique. Si toutes ces conditions sont réunies, alors le discours sera légitime. Ainsi s'achève dans le *Phèdre* le parcours qui avait été commencé dans le *Gorgias*.

Pour résumer ce parcours, on peut employer les termes de dédoublement et de « transposition » (A. Diès). Il y a dédoublement, en ce sens que Platon a fait du problème de la rhétorique le problème *des rhétoriques*, en traçant une distinction entre rhétorique vulgaire d'une part et vraie rhétorique d'autre part. Ce dédoublement est plus qu'une distinction ou une opposition : c'est une transposition, dans la mesure où la vraie rhétorique dépasse la rhétorique ordinaire et la transporte dans le domaine de la philosophie. La vraie rhétorique a peu de chose en commun avec ce qu'on appelle ordinairement rhétorique. Elle est en réalité science et enseignement, elle est le discours du philosophe. A la limite, dans sa perfection, elle n'est même pas faite pour les hommes, mais pour les dieux : « Ce n'est pas pour parler et pour traiter avec les hommes que le sage se donnera toute cette peine, mais pour se rendre capable d'un langage qui plaise aux dieux, et d'une conduite qui leur agrée en toute chose, pour autant qu'il dépend de lui » (*Phèdre*, 273 e). C'est pourquoi Platon laisse totalement à l'écart la rhétorique vulgaire. Dans la cité idéale que décrivent les *Lois*, par exemple, les discours ordinaires n'ont pas leur place. Il n'est pas question que l'Etat soit conduit par des harangues prononcées devant des assemblées houleuses. L'art de plaider est interdit et réprimé par des châtiments qui vont jusqu'à la peine capitale (937-938). En fait d'éloge, seule la poésie est tolérée, sous la forme soigneusement encadrée des hymnes aux dieux, des poèmes rendant hommage aux citoyens méritants – ces poèmes étant soumis à une rigoureuse censure préalable –, des chants funèbres en l'honneur des prêtres et d'épitaphes limitées à quatre vers au maximum (801, 829, 947, 958). S'il y a une rhétorique admise dans les *Lois*, c'est celle des lois elles-mêmes, et notamment des préambules des lois, qui représentent l'usage juste et réglé du discours. On est là fort loin de la pratique oratoire athénienne.

Les textes de Platon ont pesé sur toute l'histoire de la rhétorique, à cause de l'autorité du philosophe, du caractère à la fois fondamental, complet et nuancé de sa critique, et aussi en raison du génie littéraire, et même proprement oratoire, avec lequel ces critiques étaient formulées. Dans une première approche, on peut penser que Platon a fait beaucoup de mal à la rhétorique, en dénonçant impitoyablement ses dangers et ses faiblesses. Il est vrai que le *Gorgias* n'a jamais cessé de fournir des armes aux contempteurs de la *tekhnê*. Mais il serait inexact, d'un point de vue historique, de s'en tenir à cette observation. Si l'on prend en considération l'ensemble de la rhétorique antique, le constat qui s'impose est, bien davantage, celui d'une fécondité de la pensée platonicienne sur le sujet.

Double fécondité : Platon a fait comprendre aux philosophes que la rhétorique les concernait, et c'est pourquoi il n'est pas une seule école philosophique de l'Antiquité qui ne se soit occupée de la rhétorique ; Platon a fait comprendre aux rhéteurs que la philosophie les concernait, et c'est pourquoi les notions et les problématiques philosophiques sont présentes dans la pensée de nombreux orateurs et dans les prescriptions de nombreux traités de rhétorique. L'œuvre platonicienne instaure un dialogue entre philosophie et rhétorique, et ce dialogue est une caractéristique majeure de toute l'histoire de la rhétorique antique.

Echanges entre philosophie et rhétorique

L'influence de la philosophie sur la rhétorique mérite d'être soulignée, car elle est parfois méconnue. On envisage trop souvent la rhétorique antique en termes d'opposition avec la philosophie, ce qui est inexact. Certes, tous les représentants de la rhétorique ne furent pas de grands philosophes. Il a bien sûr existé, et en nombre, des orateurs et des théoriciens qui ne se souciaient guère de morale : plaideurs roués, politiciens cyniques, sophistes paradoxaux, tâcherons à la petite semaine détaillant les ficelles du métier, puits de science sans conscience. Mais, dans leur grande majorité, les orateurs ont reconnu que pour persuader il fallait s'appuyer sur des valeurs plus élevées que la situation précise qui était en cause dans chaque cas ; on n'emportait pas l'adhésion de l'auditoire sans se référer à la justice, à l'intérêt général, à l'utilité supérieure, au bien. La figure du conseiller du peuple, dont il a été question plus haut, résume en elle-même cette notion d'un orateur se réclamant nécessairement de fins supérieures. Par suite, la théorie rhétorique a intégré des valeurs et des concepts empruntés à la philosophie. Cette philosophie d'importation, plus ou moins accordée aux opinions reconnues par la collectivité, et parfois de façade, n'était pas toujours du goût des philosophes, mais il n'en reste pas moins qu'elle a représenté une des sources d'inspiration de la rhétorique. N'a-t-on pas dit et répété durant toute l'Antiquité (à tort ou à raison) que Démosthène avait été l'élève de Platon ?

Revenons, pour terminer, vers deux auteurs qui ont joué un rôle essentiel dans la circulation entre rhétorique et philosophie : Aristote et Isocrate.

Aristote, théoricien de la rhétorique, était un philosophe : constat d'évidence, qui pose l'articulation des deux disciplines. Conformément à son parti pris d'objectivité, Aristote a choisi d'étudier les moyens de persuader en eux-mêmes, abstraction faite de la valeur scientifique et morale des propositions sur lesquelles porte la persuasion. D'où une série d'analyses qui peuvent surprendre et même choquer. Ainsi, Aristote répertorie toutes les formes de preuve, tous les procédés, y compris les plus artificiels. Il explique comment, sur un même sujet, on peut argumenter dans deux sens opposés : par exemple, si l'on veut blâmer un attelage de mules, on appellera celles-ci « filles d'ânes », tandis que si l'on veut les louer, on les appellera « filles de cavales aux pieds rapides comme la tempête » (*Rhétorique*, III, 1405 b). Aristote indique encore que l'orateur doit s'adapter à l'auditoire, même à ses faiblesses et à ses préjugés, et se placer constamment du point de vue de l'opinion. Sur tous ces points, Aristote donne l'impression de jouer le jeu à fond et de multiplier les concessions à la rhétorique vulgaire. Mais il faut bien comprendre qu'il ne s'agit que d'un moment de sa réflexion sur la rhétorique : un moment d'amoralisme méthodique, nécessité par l'étude objective de la *tekhnê*.

Au niveau des fins, l'exigence morale reste intacte, comme le soulignent des déclarations expresses : « Le vrai et le juste ont une plus grande force naturelle que leurs contraires » ; « Les propositions vraies et les propositions plus morales sont par nature plus propres au raisonnement syllogistique et à la persuasion » ; « Il ne faut rien persuader d'immoral » (*Rhétorique*, I, 1355 a). En outre, la rhétorique, selon Aristote, ne constitue pas par elle-même un savoir sur les sujets dont elle traite : elle doit s'appuyer, pour traiter ces sujets, sur les savoirs existant extérieurement à elle, comme l'éthique, la politique, la logique. Par conséquent sont réinjectées dans la rhétorique des notions philosophiques cruciales, par exemple la notion de bonheur, qui constitue le sujet des délibérations, la liste des vertus, qui dicte la topique de l'éloge, l'étude des passions et des caractères, qui est longuement développée au livre II, ou la théorie de l'enthymème, qui transpose dans la rhétorique la logique du syllogisme. Ainsi la *Rhétorique* d'Aristote crée-t-elle une association étroite entre rhétorique et philosophie. Elle ressemble à la fois, par certains côtés, aux *tekhnai* critiquées dans le *Phèdre* (techniques de persuasion, parties du discours), et, par d'autres côtés, à la vraie rhétorique esquissée dans ce même dialogue (rapports avec la dialectique, typologie des discours, rôle de la psychologie). Aristote ouvre une voie originale, qui tend à concilier la « neutralité axiologique » (P. Aubenque) de la technique et les exigences philosophiques. Beaucoup le suivront dans cette direction.

Même souci de conciliation, mais par une autre voie, chez Isocrate (qui, selon la tradition, avait fréquenté Socrate). Tandis qu'Aristote était un philosophe qui récupérait la rhétorique, Isocrate est un orateur et professeur de rhétorique qui récupéra la philosophie. Il s'arrogea ce terme, en désignant sa propre activité, pendant toute sa vie, par le mot de *philosophia*, dont il n'ignorait évidemment pas la charge conceptuelle et symbolique ; c'est que, pour lui, l'éloquence était inséparable de l'intelligence et de la vertu. « Nous faisons de la parole précise le témoignage le plus sûr de la pensée juste ; une parole vraie, conforme à la loi et à la justice, est l'image d'une âme saine et loyale » (*Nicoclès*, 7 = *Sur l'échange*, 255).

En fait, les idées d'Isocrate ne sont pas sous-tendues par un véritable système philosophique ; ce sont davantage des intuitions de morale sociale. Au nombre de ces intuitions, figurent la certitude que le bien est lié au succès, parce que celui qui est juste, et tient des discours justes, est reconnu et réussit « le plus souvent », ou encore le sentiment que la science est hors d'atteinte, que l'opinion domine, qu'il n'y a rien d'absolu.

Appuyé sur de telles convictions, Isocrate a conduit une réflexion sur la notion de *logos*, réflexion exprimée dans des pages célèbres (*Panégyrique*, 47-49 ; *Nicoclès*, 5-9 = *Sur l'échange*, 253-257). Le mot *logos* signifie à la fois, en grec, « parole » et « raison » : pour Isocrate cette ambivalence n'est pas une ambiguïté. Elle indique que le langage met en jeu la pensée. Partant de cette constatation, Isocrate fait l'éloge du *logos*, en soulignant qu'il est un don des dieux, qu'il distingue l'homme de l'animal et qu'il permet la vie en société. Sur le *logos* reposent la civilisation et la vie politique (délibérations, lois, arts, inventions), la justice et la morale, l'éducation, la connaissance et la réflexion. Adoptant une position en quelque sorte réaliste face à la rhétorique, Isocrate affirme en somme que la société humaine ne peut pas se passer de la parole et qu'elle doit au contraire profiter de cette chance dont elle dispose.

Mais profiter ne veut surtout pas dire mésuser. Au contraire, il faut faire bon usage du *logos*. Ce qui revient, pour Isocrate, à prôner une rhétorique soucieuse de vérité et de morale. Tout son enseignement, on l'a vu, reposait sur ce principe, et toute sa carrière fut marquée par une accentuation en ce sens. La première étape consista dans la répudiation des discours paradoxaux et de la rhétorique judiciaire au profit des discours d'intérêt général (cf. *Eloge d'Hélène*, 1-13 ; *Contre les sophistes*, 19-20 ; *Panégyrique*, 188-189), la seconde dans une insistance croissante sur le thème de l'utilité du discours, au point que l'orateur prit à la fin de sa vie une certaine distance même envers l'éloquence d'apparat, l'éloge et les recherches de style, au profit du pur conseil (*Philippe*, 12-13, 27-28 ; *Panathénaïque*, 1-4).

La conception isocratique d'une éloquence « philosophique » a jeté les bases de l'humanisme, de la culture oratoire et littéraire, et a exercé une profonde influence sur l'histoire de l'éducation en Occident.

Quand s'achève le IVe siècle av. J.-C., la rhétorique apparaît fort différente de ce qu'elle était cent ans plus tôt. Athènes, cité géante par comparaison avec la plupart des autres cités de l'époque, était tout de même un petit monde, où les idées se rencontraient et se mêlaient, comme dans un creuset. Aussi la rhétorique s'y est-elle développée avec une grande rapidité, par le moyen de contacts et d'échanges constants entre les personnes, entre les institutions, entre les doctrines, entre les problèmes. Les éléments mis en place dans l'Athènes classique, ce lieu et ce temps circonscrits, ne seront plus jamais oubliés. Ils constituent, dans leur force et leur complexité, un socle pour l'histoire ultérieure de la rhétorique.

CHAPITRE IV

LA GLOBALISATION HELLÉNISTIQUE

La période qui va de la mort d'Alexandre à l'instauration du pouvoir d'Auguste (323-27 av. J.-C.) diffère radicalement de la période précédente. Après la relative brièveté du classicisme grec, s'ouvre une plage de trois siècles, fertile en rebondissements, qui voit la création des grandes monarchies hellénistiques, puis la conquête du Bassin méditerranéen par Rome. Après une phase de relative concentration géographique, l'hellénisme se diffuse dans tout le monde antique et entre en contact avec d'autres civilisations. Les Etats se rencontrent, les Etats s'affrontent, et en particulier le monde grec rencontre Rome. Tous ces bouleversements ont eu des répercussions politiques, sociales, économiques, intellectuelles, religieuses, qui ont affecté entre autres la rhétorique. Changeant d'échelle temporelle et spatiale, la rhétorique a subi l'épreuve de la mondialisation. Elle a dû s'adapter dans un monde en expansion et en mutation, à travers les crises.

Aussi la période fut-elle très riche, contrairement à ce qu'on croit souvent – cette erreur étant due aux lacunes de l'information[1]. Aucun discours d'orateur grec n'a été

---

1. Un manque particulièrement regrettable, qui doit être signalé d'emblée, concerne l'enseignement de la rhétorique. C'est à l'époque hellénistique que sont entrés en vigueur, dans le programme de la formation, les « exercices préparatoires » et la « déclamation ». Mais nous

transmis en tradition directe entre le IV\ua7f0 siècle av. J.-C. et le I\ua7f0\ua7f0 siècle ap. J.-C. Les traités théoriques antérieurs au I\ua7f0\ua7f0 siècle av. J.-C. ont presque tous disparu, éclipsés par les successeurs qui les utilisaient et de ce fait les remplaçaient. L'enquête sur la rhétorique grecque doit donc recourir, ici plus qu'ailleurs, à toutes les sources disponibles, y compris les sources latines, les fragments et témoignages indirects, les documents épigraphiques et papyrologiques. A ce prix, la reconstruction laisse entrevoir des avancées passionnantes.

Ces avancées peuvent être résumées par le mot aujourd'hui en vogue de « globalisation ». Entendons par là l'extension de la rhétorique à l'échelle, sinon du globe, du moins du monde grec et romain, l'élaboration progressive d'un système global de la rhétorique, intégrant des aspects techniques nouveaux, et la définition de perspectives globales, par confrontation de la rhétorique et de la philosophie.

LES AVANCÉES DE LA TECHNIQUE RHÉTORIQUE

Dans le domaine de la théorie, l'heure était au défrichage de nouveaux territoires et à l'articulation des savoirs. Les techniciens, explorant des secteurs seulement entrevus à l'époque classique, ont introduit à l'époque hellénistique des innovations portant sur le style, sur l'argumentation et sur l'action oratoire, et ont mis en réseau ces innovations. La constitution de la rhétorique en système est la grande création de l'époque hellénistique.

---

n'avons pratiquement pas de texte à ce sujet pour la période considérée. Les manuels et compositions conservés datent de l'époque impériale, et c'est pourquoi ce point sera traité au chapitre VI.

Le style

Le « style », l'« expression » se disent en grec *lexis*, *phrasis* ou *hermêneia* ; en latin, *dictio* ou *elocutio*. Aux recherches dans ce domaine est attaché le nom de Théophraste (370-285 av. J.-C. environ), qui fut l'élève d'Aristote et son successeur à la tête du Lycée. On rapporte que, tout en respectant l'autorité de son maître, il ne craignait pas d'être en désaccord avec lui (Quintilien, *Institution oratoire*, III, 8, 62). Parmi les très nombreux ouvrages composés par Théophraste, une vingtaine de titres, tous perdus aujourd'hui, concernaient la rhétorique ; l'un des plus souvent cités est le traité *Du style* (*Peri lexeôs*).

D'après le témoignage de Cicéron (*L'Orateur*, 79), Théophraste avait dénombré quatre qualités du style : la correction, la clarté, la convenance et l'ornementation. Cette quadripartition prolongeait des indications figurant dans le livre III de la *Rhétorique* d'Aristote ; elle fut reprise par des théoriciens ultérieurs, comme Cicéron (*De l'orateur*, III, 37 et suiv.) ou Quintilien (*Institution oratoire*, I, 5, 1 ; VIII, 1-3 ; XI, 1), les quatre rubriques de la liste étant généralement désignées par le mot de « vertus » (en grec *aretai*, en latin *uirtutes*). La constitution d'une telle liste visait à définir des critères objectifs, un résumé de conditions à remplir pour parvenir à l'excellence stylistique. Si l'on examine la nature de ces conditions, on constate qu'il s'agissait avant tout de prôner un usage raisonnable et modéré des moyens stylistiques : l'ornementation était admise et même requise, mais à condition qu'elle ne nuise pas aux autres qualités (correction, clarté, convenance), qui lui servaient de garde-fous. Ainsi, la liste des vertus du style avait pour signification principale de tracer une voie moyenne entre le mépris de la forme et l'abus des recherches, conformément à la conception péripatéticienne de la vertu comme « médiété » (*mesotês*), c'est-à-dire comme sommet d'excellence également éloigné de l'excès et du défaut. Par là-même, Théophraste s'opposait aux sophistes. On n'est pas étonné d'apprendre qu'il blâmait le recours aux antithèses, aux balancements et aux parallélismes (Denys d'Halicarnasse, *Lysias*, 14, 2-4). On relève aussi que la convenance – qui est la troisième des vertus – consistait, dans la stylistique péripatéticienne, à « dire petitement les petites choses et les grandes choses avec grandeur » (Démétrios, *Du style*, 120), ce qui est exactement le contraire de la prétention sophistique à rendre grand ce qui est petit et petit ce qui est grand.

Parallèlement à la liste des « vertus » du style, s'est développée une liste plus importante encore, celle des « genres » de style (grec *kharaktêres tou logou*, latin *genera dicendi*), dont nous avons déjà eu un aperçu plus haut, à propos de la rhétorique d'Homère (chapitre I). Cette liste apparaît pour la première fois dans la *Rhétorique à Herennius* (IV, 11 et suiv.), traité latin du Ier siècle av. J.-C., qui l'emprunte très certainement à des sources grecques antérieures. On discute pour savoir si elle était connue de Théophraste. Adoptée par Cicéron (*De l'orateur*, III, 177, 199, 212 ; *L'Orateur*, 20-21, 75 et suiv.), examinée par Quintilien (*Institution oratoire*, XII, 10, 58-72), elle a joui d'une immense fortune durant le Moyen Age latin. Elle distingue trois genres principaux, dont chacun peut être subdivisé : le style grand ou grave, le style moyen et le style simple ou ténu. L'esprit de cette liste est donc différent de celui de la liste des vertus. Il ne s'agit pas de qualités qui doivent être présentes ensemble, mais d'options entre lesquelles il est loisible de choisir : chacun des trois genres a son mérite propre, ses modèles et ses recommandations d'emploi (ici l'interprétation péripatéticienne, qui consisterait à privilégier le style moyen, est hors de propos, puisque le grand style et le style simple sont des possibilités de valeur égale au style moyen, et non des défauts). La théorie des genres de style va au-delà d'une énumération unique de principes normatifs et reconnaît, en somme, qu'il y a plusieurs manières de bien écrire. Aussi les théoriciens prônent-ils souvent un usage alternatif des trois genres, l'orateur accompli étant celui qui sait utiliser à volonté toute la « gamme des styles » (Denys d'Halicarnasse, *Démosthène*, 2, 4) en fonction de l'effet recherché.

Le traité *Du style* de Démétrios présente un système un peu différent, qui comporte quatre genres : trois correspondant dans une large mesure à la triade précédente (grand, « élégant » [*glaphuros*], simple) et un quatrième, le genre « véhément » (*deinos*), qui se caractérise par la vigueur, la concentration, la spontanéité, les heurts, et qui est illustré par Démosthène et par Démade. Cet ajout original n'est pas le seul intérêt d'un ouvrage mystérieux et important. Mystérieux, parce qu'on ne connaît ni son auteur ni son époque ; les manuscrits l'attribuent au philosophe et homme d'Etat athénien Démétrios de Phalère (350-283 av. J.-C. environ), mais il est probablement dû à un Démétrios plus tardif, vraisemblablement d'époque hellénistique. Important, parce que, si cette datation est juste, il constitue, avec les œuvres de Philodème, le seul traité grec conservé pour l'époque hellénistique et parce qu'il aborde de nombreux sujets, qui ne se limitent pas au seul domaine de l'expression.

L'étude du style implique une étude des moyens du style, c'est-à-dire des différents éléments dont la réunion constitue le style dans son ensemble et qui contribuent, chacun pour une part, à la qualité globale de celui-ci. Théophraste, au dire de Denys d'Halicarnasse (*Isocrate*, 3, 1), distinguait à cet égard trois moyens ou niveaux : « le choix des mots, leur ajustement entre eux, les figures qui les incluent ». Le premier point implique une réflexion sur le vocabulaire, aux confins de la linguistique et de la littérature. Le second vise l'agencement des mots dans la phrase, avec les effets de structure, de sonorité et de rythme qui en découlent. Quant au troisième (quelle que soit l'exactitude avec laquelle Denys rapporte ici la pensée et les mots de Théophraste), il ouvre sur un autre aspect important de la stylistique hellénistique.

C'est en effet à l'époque hellénistique que s'est constituée la théorie des tropes et des figures. La pratique était évidemment très ancienne, et avait été illustrée, dans le domaine oratoire, par Gorgias. Des procédés particuliers avaient été isolés et décrits dès l'époque classique, l'exemple le plus célèbre étant offert par les textes d'Aristote sur la métaphore (*Rhétorique*, III, 2-4 et 10 ; *Poétique*, 21). Après ces amorces, et sous l'influence des recherches grammaticales stoïciennes, les concepts se sont précisés et des listes se sont constituées. Fondamentalement, la théorie des figures repose sur les notions d'écart et d'effet : les procédés répertoriés sont définis comme des changements ou des déviations par rapport à l'usage « naturel » du langage (ce qui suppose une théorie sur la nature du langage), et ces déviations se voient reconnaître une expressivité particulière. On distingua entre « trope » (*tropos*) et « figure » (*skhêma*) : ces deux mots, assez flous dans la langue courante (*tropos* = « tour », « manière de dire », *skhêma* = « tenue », « maintien », « attitude prise »), se spécialisèrent pour désigner, l'un, un effet portant sur un mot isolé, l'autre, un effet portant sur plusieurs mots mis ensemble. La notion de trope s'imposa d'ailleurs moins largement que celle de figure, restant absente ou non explicitement dégagée dans certains traités. Les figures furent subdivisées quant à elles en « figures de pensée » (*skhêmata dianoias*) et « figures d'élocution » (*skhêmata lexeôs*) : dans le premier cas, la figure porte sur le contenu et subsiste si l'on dit la même chose avec d'autres mots, dans le second cas la figure est liée à la matérialité même des mots employés. Par exemple (illustrations empruntées à la *Rhétorique à Herennius*) :

— la métonymie, qui utilise un mot voisin du mot propre, est un trope (« Cérès » pour « la moisson », « les sarisses » pour « les Macédoniens »),

— la prosopopée, qui fait parler un absent ou une abstraction, est une figure de pensée (« Si notre ville, qui n'a jamais connu la défaite, parlait maintenant, ne s'exprimerait-elle pas ainsi : "Moi qui suis parée de tant de trophées..." »),
— l'anaphore, qui répète un même mot en tête de propositions successives, est une figure d'élocution (« C'est à vous qu'il faut attribuer le mérite de cette action, c'est à vous qu'il faut témoigner de la reconnaissance, c'est à vous que cette action apportera de la gloire »).

A l'époque de Cicéron, la doctrine était entièrement constituée, tout en restant encore présentée comme grecque :

> « Ce qui donne de l'ornement au discours, suivant les Grecs, c'est l'emploi des changements de mots, qu'ils appellent "tropes" (*tropous*), et des formes de pensée et de discours, qu'ils désignent sous le nom de "figures" (*skhêmata*). » (*Brutus*, 69.)

Les figures jouent un grand rôle chez Démétrios, dans la mesure où, pour ce théoricien, elles servent à mieux cerner les genres de style. D'autres Grecs s'étaient intéressés au sujet, comme Athênaios (IIe siècle av. J.-C.) ou Apollonios Molon (Ier siècle av. J.-C.), auteurs de définitions de *skhêma*. A présent, la théorie des tropes et des figures nous est connue par le traité *Des tropes* attribué au grammairien Tryphon (Ier siècle ap. J.-C., dans Spengel, *Rhetores Graeci*, III, p. 191-206) et par les sources latines : le livre IV de la *Rhétorique à Herennius*, les œuvres de Cicéron (*De l'orateur*, III, et *L'Orateur*) et le traité *Des figures de pensée et d'élocution* de Rutilius Lupus (Ier siècle ap. J.-C.) ; ce dernier ouvrage est en fait une traduction partielle d'un traité grec de Gorgias le Jeune, rhéteur du Ier siècle av. J.-C. qui fut à Athènes le maître du fils de Cicéron. Tous ces textes offrent des listes, qui n'épuisent pas le sujet, car les distinctions étaient sans cesse discutées et affinées, chaque théoricien cherchant à enrichir et à mieux ranger son herbier. « Les figures de mots et de pensée sont presque innombrables » (Cicéron, *De l'orateur*, III, 201). Ce sujet représenta un progrès considérable vers une meilleure compréhension de la littérature et du langage en général.

Multiples furent ainsi les avancées hellénistiques dans le domaine du style. Il faudrait mentionner encore les recherches de Théophraste sur les rythmes de la prose ou celles de Démétrios sur les espèces de « phrases » (périodes) et de « membres de phrase » (*kôla*). A travers les listes et les systèmes, qui s'articulent les uns sur les autres, c'est la conception même du style qui se met en place, grâce à la rhétorique. Parmi les caractéristiques originales de cette conception, on retiendra qu'elle privilégie le style de la prose ; qu'elle est liée à une réflexion grammaticale et linguistique ; qu'elle présente des aspects de critique littéraire, à travers l'observation du style des auteurs ; et enfin qu'elle se réfère à des valeurs : « vertus », « genres » reconnus, listes d'effets répertoriés. Cette dernière caractéristique tient certainement aux influences philosophiques qui se sont exercées sur la rhétorique. Il s'ensuit que l'acte d'écrire n'est pas apprécié comme l'expression d'une idiosyncrasie, mais référé à des normes et à des modèles. Même si l'on cherche la personnalité d'un auteur à travers son style, cette personnalité est jugée à l'aune de valeurs qui dépassent l'individu. Ainsi se mit en place une approche rationnelle et normative qui fut l'approche dominante tout au long de l'Antiquité.

L'argumentation

Le deuxième secteur dans lequel s'est développée la recherche rhétorique grecque de l'époque hellénistique, après le style, est le secteur de l'argumentation. Il fut illustré principalement par Hermagoras (IIe siècle av.

J.-C.), natif de Temnos, en Asie Mineure, qui mit au point un système fort intelligent et utile pour l'analyse des causes judiciaires. La plupart des affaires, selon Hermagoras, se ramènent à une « question rationnelle » (*logikon zêtêma*), c'est-à-dire reposant sur des raisonnements. Pour mener l'examen de cette question, on détermine l'« état de cause » (*stasis*) en fonction du tableau suivant :

1) Etat de « conjecture » (*stokhasmos*). Cette *stasis* s'applique aux cas où il y a incertitude sur la réalité du fait. Ex. : un homme est surpris à côté d'un cadavre et est accusé de meurtre ; la discussion porte sur le point de savoir si l'accusé a tué.

2) Etat de « définition » (*horos*). Si le fait est établi, il reste à savoir comment le définir du point de vue juridique. Ex. : étant admis que l'accusé a tué, s'agit-il d'un homicide par imprudence, d'un homicide volontaire, d'un meurtre avec préméditation ?

3) Etat de qualité « accidentelle » (*kata sumbebêkos*). L'acte étant défini, on s'interroge sur la manière de le qualifier, d'apprécier les circonstances, le résultat ou les responsabilités. Ex. : un meurtre peut être dit justifié, opportun ou honorable (cas du tyrannicide, du meurtre commis sur l'ordre d'un supérieur, etc.). Cet état est le plus complexe et se subdivise.

4) Etat de « transfert » (*metalêpsis*). Cas où la compétence de la cour peut être discutée et où la question se pose d'un transfert de l'affaire devant une autre instance.

Une autre forme de question était la « question légale » (*nomikon zêtêma*), qui intervient lorsque la discussion se porte sur les textes de lois applicables à l'affaire. On ne sait si Hermagoras employait la notion de *stasis* à ce sujet (d'autres le feront). Les cas qui peuvent alors se présenter sont « le dit et l'exception » (*kata rhêton kai hupexairesin* : opposition entre la lettre et l'esprit de la loi), le « conflit » entre deux lois (*antinomia*), l'« ambiguïté » (*amphibolia*) de la loi, le « syllogisme » (*sullogismos* :

application à l'affaire, par assimilation, d'une loi qui ne s'y rapporte pas directement, faute de texte visant précisément le cas en question).

Enfin était prévue la catégorie des causes « sans état » (*asustata*), c'est-à-dire en fait impossibles à plaider, soit parce que les données sont insuffisantes, soit parce que l'une des deux parties l'emporte évidemment et totalement sur l'autre, soit parce que l'affaire est trop difficile ou obscure pour être élucidée, soit encore parce qu'il y a identité complète entre les positions des deux parties. Ex. : deux hommes étaient voisins et avaient l'un et l'autre une belle épouse ; une nuit, ils se croisent, chacun sortant de la maison de l'autre ; ils s'accusent mutuellement d'adultère. Une affaire pareille, selon Hermagoras, à supposer qu'elle se présente, n'offre aucune prise au raisonnement, car tous les arguments que le plaideur emploiera contre son adversaire se retourneront aussitôt contre lui, les deux parties se trouvant, par hypothèse, dans une situation exactement identique l'une et l'autre.

Tel est, dans ses grandes lignes, le système hermagoréen des états de cause, ainsi qu'on peut le reconstituer d'après des sources postérieures (non sans quelques incertitudes, d'autant plus que Hermagoras a eu des homonymes, théoriciens de la rhétorique comme lui). Bien que les discours délibératifs et épidictiques pussent être inclus dans le tableau (au niveau de la troisième *stasis*), l'ensemble du système visait principalement les discours judiciaires. Selon toute probabilité, Hermagoras ne fut pas à proprement parler l'inventeur des *staseis* (ni du terme technique de *stasis*, qui a pu être employé déjà avant lui, ni de la notion, qui commença à se faire jour dès que l'éloquence judiciaire attique reconnut la nécessité, pour tout plaideur, de choisir une ligne d'argumentation). Mais, quels qu'aient été ses prédécesseurs, ses devanciers peut-être, et ses rivaux (notamment Athênaios, déjà cité, ou Archédêmos), Hermagoras a eu le mérite éminent de construire un système qui a fait époque et qui a influencé les contemporains et la postérité. La réflexion sur l'argumentation judiciaire resta dans le cadre de ce système, qui fut inlassablement repris, discuté, modifié, au point que, deux siècles et demi après Hermagoras, Quintilien sera à même de dresser toute une doxographie sur le sujet (*Institution oratoire*, III, 6). C'est que le système des *staseis* était d'une utilité évidente pour les étudiants (dans le cadre de la déclamation), pour les plaideurs et pour les avocats. Servi par une présentation pédagogique (on aura remarqué par exemple qu'Hermagoras avait poussé le souci de la symétrie jusqu'à prévoir quatre grandes subdivisions dans chaque cas), il offrait des listes de questions préalables qui permettaient de choisir à bon escient la meilleure ligne d'argumentation.

L'« action » et la mémoire

Le troisième et dernier grand secteur de la théorie fut celui de la prononciation et de la mémorisation du discours. Aristote ayant signalé que l'« action » est la partie de la rhétorique « qui a la plus grande efficacité et dont on n'a jamais encore abordé l'étude » (*Rhétorique*, III, 1403 b 21-22), Théophraste entreprit de combler cette lacune en écrivant un traité *Sur l'action* (*Peri hupokriseôs* : il est effectivement probable, bien que cela ait été discuté, que cet ouvrage portait sur l'action rhétorique). Athênaios avait également traité le sujet. C'était un nouveau champ qui s'offrait à la *tekhnê*. Ces recherches débouchèrent sur les exposés de la *Rhétorique à Herennius* (III, 19-27) et de Cicéron (*De l'orateur*, III, 213-227 ; *L'Orateur*, 55-60), qui étudient dans le détail les tons de la voix, les mouvements du corps et les jeux de physionomie par lesquels l'orateur communique les émotions de son âme.

Quant à la mémoire, c'était un sujet d'importance, étant donné que la méthode la plus courante et la plus recommandée pour prononcer un discours était de le réciter par cœur. La mnémotechnie passait pour avoir été inventée par le poète Simonide (vi^e-ve siècle av. J.-C.) et avait été étudiée par les sophistes (Hippias, testim. A 5 a, 11, 12, éd. Diels-Kranz ; *Doubles dits*, 9). Les Grecs de l'époque hellénistique approfondirent la question ; on cite à ce propos les noms de Charmadas et de Métrodore de Scepsis (iie-i^{er} siècle av. J.-C. ; cf. *Rhétorique à Herennius*, III, 38, et Cicéron, *De l'orateur*, II, 360). La théorie qu'ils mirent au point nous est connue, une fois encore, par les sources latines. Le premier texte conservé sur l'art de la mémoire est celui de la *Rhétorique à Herennius* (III, 28-40).

On découvre, dans ce texte, un système subtil fondé sur les notions de « lieux » (*loci*) et d'« images » (*imagines*). Pour mémoriser un discours, il fallait d'abord se représenter des lieux, différents les uns des autres et se succédant dans un ordre déterminé (par exemple les pièces d'une maison, les compartiments des signes du zodiaque ou des emplacements numérotés). Puis l'on formait mentalement des images évoquant, par association d'idées directe ou indirecte, les points que l'on voulait mémoriser. Par exemple, dans une affaire d'empoisonnement, pour se rappeler la victime, on la visualisait, elle ou quelqu'un susceptible de l'évoquer, couchée dans son lit ; pour se rappeler l'accusé, on l'imaginait debout près du lit, tenant une coupe ; pour se rappeler l'héritage, mobile de l'empoisonnement, on plaçait dans la main de l'accusé des tablettes, et, pour se rappeler les témoins, on lui mettait à l'annulaire des testicules de bélier, le mot *testiculus* (« testicule ») évoquant le mot *testis* (« témoin ») et l'objet lui-même, qui servait à fabriquer des bourses de peau, faisant allusion à l'argent au moyen duquel les témoins avaient été achetés. Chacune de ces images était rangée mentalement dans le lieu approprié à sa place dans le discours. Enfin, d'autres images servaient à se rappeler les mots mêmes qui devaient être utilisés (par exemple l'image de Domitius pour l'expression *domum itionem*, « le retour à la maison », qui se prononçait *dom' itionem*) ; chacune était placée à son tour dans le lieu qui convenait.

A première vue, ce système paraît extrêmement compliqué (les Anciens eux-mêmes ont critiqué parfois en ce domaine l'abus des complications). On pourrait avoir l'impression, comme souvent lorsqu'il s'agit de mnémotechnie, que les procédés étaient plus difficiles à mémoriser que ce dont ils étaient censés aider l'orateur à se souvenir. Mais les témoignages sont formels : ce système était utilisé, et il fonctionnait. C'était affaire d'habitude et d'entraînement, très certainement. La mémoire se cultive et a besoin de méthode. Quand elle était jointe à une solide capacité naturelle, la méthode antique de mémoire artificielle pouvait donner des résultats prodigieux, certains orateurs étant capables de retenir immédiatement, au fur et à mesure, le discours qu'ils étaient en train de rédiger et de le garder indéfiniment en mémoire (Sénèque le Rhéteur, *Controverses*, I, Préface, 17-18), ou encore de restituer mot pour mot un discours qu'ils avaient préparé mentalement, sans rien écrire (Quintilien, *Institution oratoire*, X, 6, 4). Par-delà son utilité pratique, le système mnémotechnique des Anciens suppose d'ailleurs une réflexion, à la fois philosophique et poétique, sur la nature même de la mémoire, et met en valeur le rôle des images et de la spatialisation dans les processus cognitifs.

Ne quittons pas la théorie hellénistique sans mentionner encore deux aperçus importants, que nous devons à Démétrios. Le premier concerne la théorie de la lettre (ou épistolographie). Jusqu'à la fin de l'Antiquité, ce problème est presque toujours resté en marge de la théorie rhétorique proprement dite ; dans le traité de Démétrios, qui offre le premier texte conservé sur la question, le sujet est envisagé sous forme d'excursus, à propos du style simple (§ 223-235). Démétrios s'emploie à définir une spécificité du style épistolaire, qu'il conçoit sous les espèces de la lettre familière et qui suppose à ses yeux liberté, grâce, absence de pompe ou de visée didactique, longueur modérée, et surtout amitié, adaptation au destinataire et présence de l'auteur dans son texte, « car c'est presque l'image de son âme que chacun trace dans une lettre ».

Au rebours, le second aperçu est radicalement différent, puisqu'il s'agit d'une méthode de dissimulation, qui vient en appendice à l'étude du style véhément (§ 287-298). Cette méthode est appelée « discours figuré » (*eskhêmatismenos logos*), désignation forgée à partir du mot *skhêma*, qui, dans cet emploi, ne signifie pas « figure de style », mais « forme » donnée au discours. Ce sens du mot *skhêma* remontait à Zoïle (IVe siècle av. J.-C.), mais Démétrios est pour nous le premier à expliciter le procédé. Il s'agit de tourner ses paroles pour se faire entendre à demi-mot lorsque l'expression directe risque d'être inconvenante ou dangereuse pour celui qui parle. La situation que Démétrios a principalement en vue est celle des conseils ou des reproches que l'on veut suggérer sans les formuler explicitement, afin de ne pas paraître mesquin ou – surtout – afin de ne pas encourir le châtiment de l'insolence. Par exemple, s'il faut blâmer un souverain pour ses fautes, le discours figuré consistera, au lieu de parler ouvertement, à blâmer d'autres personnages qui ont commis des fautes semblables, ou à louer ceux qui ont agi à l'opposé. Devant Denys le Tyran, nous critiquerons la cruauté de Phalaris, ou nous louerons la douceur de Gélon. « Le caractère de tout homme au pouvoir appelle au plus haut point ce langage prudent qu'on appelle tour figuré. » Prenant ses exemples dans l'époque classique, Démétrios évoque les rapports de Platon avec Denys ou ceux de Démosthène avec le peuple athénien. Mais il ne fait pas de doute que l'utilité du discours figuré était tout aussi grande à l'époque hellénistique, face aux assemblées, aux monarques ou aux gouverneurs de provinces.

LA RHÉTORIQUE À L'ÉPREUVE DES PHILOSOPHIES

Beaucoup des théoriciens cités ci-dessus étaient philosophes ou étaient marqués par la philosophie. L'époque hellénistique se caractérise en effet par des contacts assidus entre rhétorique et philosophie (sur la philosophie de cette époque, voir dans la présente collection l'ouvrage de C. Lévy, *Les Philosophies hellénistiques*, 1997). Ces contacts furent complexes : à l'égard de la rhétorique, il est impossible de ramener l'attitude de chaque école philosophique à une définition unique, parce que les écoles ont évolué, que les scolarques (chefs d'école) successifs ont multiplié les inflexions doctrinales, et parce que la question de la rhétorique n'admet généralement, de la part des philosophes, que des réponses critiques et chargées d'arrière-pensées, comme « Oui, si... » ou « Non, sauf... ».

La principale pomme de discorde était la question de savoir si la rhétorique méritait le nom d'« art », ce que beaucoup de philosophes niaient. A quoi s'ajoutaient des discussions sur l'utilité de la rhétorique vis-à-vis de la politique et sur les risques de mensonge et d'immoralité inhérents à l'art de la parole. Le souvenir de la condamnation platonicienne était toujours vivace. En outre, le conflit conceptuel se doublait d'une compétition plus terre à terre entre deux disciplines qui rivalisaient pour se poser en matière principale d'éducation et entre des maîtres qui se disputaient les élèves – élèves grecs et plus tard élèves romains. Un tableau remarquable de tels heurts est brossé par Marcus Antonius (chez Cicéron, *De l'orateur*, I, 82-93), rapportant une conversation à laquelle il a pris part à Athènes en 103 av. J.-C. et qui mit en présence le stoïcien Mnésarque, l'académicien Charmadas et l'orateur Ménédème : les deux premiers déniaient toute valeur à la rhétorique et affirmaient que pour être orateur il est nécessaire et suffisant d'être philosophe, tandis que le troisième se considérait au contraire comme détenteur d'une science spéciale et distincte de la philosophie.

La philosophie était ainsi amenée à se démarquer de la rhétorique ou à se mesurer à elle ; en tout cas la question laissait peu de philosophes indifférents. C'est pourquoi il a existé dans toutes les écoles, en rapport avec le jeu sinueux des antagonismes et des récupérations, des penseurs qui ont réfléchi sur la rhétorique et qui ont cherché à l'intégrer, d'une manière ou d'une autre, à leur vision philosophique du monde. Certains péripatéticiens ont mené des recherches, nous l'avons vu, suivant la direction souple et réaliste qui avait été inaugurée par Aristote. Les stoïciens, quant à eux, ont abordé le sujet avec un plus grand rigorisme, considérant l'éloquence comme une vertu et affirmant par conséquent qu'il appartient au Sage d'être orateur accompli. Dans leur système, la rhétorique se fonde sur le vrai et non sur le probable. De pair avec la dialectique, elle est une partie de la « logique » (science du discours humain), l'une et la plus importante – la dialectique – étant la science du dialogue par questions et réponses, l'autre – la rhétorique – étant la science du discours continu. Afin d'exprimer la différence et en même temps la parenté entre dialectique et rhétorique, Zénon, le fondateur de l'école stoïcienne (IVe-IIIe siècle av. J.-C.), usait d'une image célèbre : il fermait le poing pour symboliser la dialectique, puis ouvrait la paume et étendait largement les doigts pour symboliser la rhétorique, manifestant ainsi que ces deux sciences se distinguaient l'une de l'autre par le degré de tension et de concision. Ce qui ne signifiait pas pour autant que les stoïciens fussent partisans de discours copieux : au contraire, ils prônaient et pratiquaient un style aigu, pointu, voire obscur ou épineux, comme a plusieurs fois remarqué Cicéron, qui ne le goûtait guère, et ils avaient ajouté la « brièveté » (*suntomia*) à la liste des quatre vertus du style. Cléanthe et Chrysippe, scolarques de la Stoa (IVe-IIIe siècle av. J.-C.), écrivirent chacun un art rhétorique. Le moyen stoïcisme, avec Panétius et son disciple Posidonius (IIe-Ier siècle av. J.-C.), marqua un approfondissement et un assouplissement dans les conceptions de l'école. Quant à l'Académie, ses positions évoluèrent dans le sens d'une réhabilitation de la rhétorique, à l'époque de Philon de Larissa (IIe-Ier siècle av. J.-C.), qui fut le maître de Cicéron, et qui enseignait, à des heures différentes, la rhétorique et la philosophie (*Tusculanes*, II, 9).

Un autre philosophe d'importance est Philodème (110-40 av. J.-C. environ), qui naquit à Gadara, en Palestine, étudia à Athènes, puis s'installa en Italie, où il eut pour protecteur Lucius Calpurnius Pison, beau-père de César, et où il fréquenta Cicéron et Virgile. Il y avait à Herculanum, près de Naples, une magnifique demeure, appartenant selon toute probabilité à Pison, qui était le siège d'un cénacle épicurien, autour de Philodème, et qui a été préservée par miracle, pour avoir été recouverte par la lave lors de l'éruption du Vésuve qui ensevelit Pompéi et Herculanum en 79 ap. J.-C. Les fouilles, commencées au XVIIIe siècle et encore inachevées aujourd'hui, ont mis au jour sur ce site, qu'on appelle la Villa des Papyrus, de très nombreux rouleaux carbonisés, qu'il a été possible de dérouler et de déchiffrer à grand-peine ; sur ces rouleaux figurent en particulier les œuvres de Philodème, qui n'avaient pas été transmises à la postérité par ailleurs. Elles révèlent un esprit aux multiples curiosités : Philodème avait écrit sur maints sujets philosophiques, mais il s'intéressait aussi à la politique (traités *Sur le bon roi selon Homère* et *Sur la liberté de parole* [*parrhêsia*], qui n'étaient pas sans implications actuelles à l'époque de César), à la poésie (étant lui-même poète), à la musique et enfin à la rhétorique. Nous lisons de lui un long ouvrage *Sur la rhétorique* (*Peri rhêtorikês*), précédé d'un petit traité plus ancien (*Hupomnêmatikon*) sur le même sujet.

Le *Peri rhêtorikês* de Philodème n'est pas un traité systématique, mais une œuvre polémique, dirigée contre les prétentions des rhéteurs et contre les conceptions erronées de philosophes appartenant à différentes écoles. Conformément à la doctrine épicurienne, Philodème est fondamentalement hostile à la rhétorique. Il ne veut voir dans la rhétorique judiciaire et délibérative qu'une routine qui ne mérite pas le nom d'art et il estime que le véritable homme politique n'a pas besoin de l'éloquence. Cependant, au livre II, il fait une exception pour la rhétorique « sophistique », domaine large qui recouvre les compositions écrites en style châtié, c'est-à-dire les discours épidictiques (éloges et blâmes) et les discours d'école, et qui a été illustré selon lui par Isocrate. A cette forme de rhétorique il reconnaît le statut d'art, parce qu'elle repose sur un savoir et sur des règles, et il assure qu'Epicure lui-même en jugeait ainsi – ce que d'autres Epicuriens contestaient (de ces indications il ressort que la rhétorique faisait l'objet d'âpres discussions parmi certains disciples du Jardin). Philodème, cet homme « fort cultivé » (*perpolitus*) dans tous les domaines de l'activité intellectuelle (Cicéron, *Contre L. Pison*, 70), a donc reconnu une dimension esthétique de l'art de la parole. Mais cette position accueillante restait soigneusement circonscrite, car la rhétorique sophistique ainsi définie se voyait privée de toute utilité politique et pratique (ce qu'un Isocrate n'eût pas accepté), et d'autre part Philodème émettait les plus expresses réserves sur la validité morale des éloges décernés par les orateurs épidictiques. Il est à noter par ailleurs que Philodème connaissait une division de quatre formes de style, voisine de celle de Démétrios, indice supplémentaire de la multiplicité des recherches qui furent effectuées à propos du système des *genera dicendi* (Philodème, *Rhétorique*, I, p. 165, éd. Sudhaus).

La philosophie hellénistique a employé largement des formes d'expression qui ne sont pas sans intérêt rhétorique, par exemple le protreptique (exhortation, notamment exhortation à la philosophie), la diatribe (leçon en style vif sur des sujets moraux), la chrie (déclaration ou réponse concise, piquante et instructive), la consolation. La forme la plus rhétorique de toutes était la « thèse » (*thesis*), qui consistait à argumenter sur un problème donné, à des fins d'enseignement ou d'exercice. Cette forme remontait aux sophistes : les lieux communs de Protagoras étaient des *theseis* avant la lettre. L'emploi du mot *thesis* à propos de telles argumentations apparaît chez Aristote, et, à la suite de celui-ci, la *thesis* a été pratiquée dans les principales écoles philosophiques ; on cite des recueils de *theseis*, parfois très volumineux, publiés par des péripatéticiens (Théophraste), des académiciens (Xénocrate, Polémon), des stoïciens (Hérillos, Chrysippe). Il s'agissait par là de développer et d'inculquer les procédés de la démonstration et de la discussion, de la dialectique, car souvent l'exercice consistait à réfuter une position adverse (argumentation *contra thesim*) ou à soutenir successivement deux positions contraires (argumentation *eis hekateron, in utramque partem*). Or, au IIe siècle av. J.-C., Hermagoras fit entrer la *thesis* dans le système de la rhétorique, en divisant la matière oratoire en deux catégories : les questions générales, ou *theseis*, et les questions particulières, ou *hupotheseis*, qui se distinguent des précédentes en ce qu'elles comportent des spécifications de personnes et de circonstances. « Faut-il se marier ? » est une *thesis*, « Caton délibère s'il doit se marier » est une *hupothesis*. Intégrer les *theseis* à la rhétorique, c'était virtuellement étendre le domaine de l'orateur à la philosophie : démarche qui suscita de vives protestations de la part des philosophes. La querelle s'apaisa lorsque fut trouvé un moyen terme, attesté dès l'époque de Cicéron, qui consistait à distinguer deux sortes de *theseis* : les *theseis* « pratiques », débouchant sur l'action, qui pouvaient être du ressort des orateurs, et les *theseis* « théoriques », purement spéculatives, qui demeuraient l'apanage des philosophes. Par exemple, « Doit-on prendre part à l'administration des affaires publiques ? » appartient à la première sorte, « Le monde est-il régi par une Providence ? » appartient à la seconde.

Une éclatante démonstration d'éloquence philosophique fut donnée à Rome en 155 av. J.-C. Comme Athènes avait été condamnée à une amende pour avoir attaqué la ville d'Oropos, les chefs de trois écoles philosophiques, Carnéade, scolarque de l'Académie, Critolaos, scolarque du Lycée, et Diogène de Babylone, scolarque du Portique, furent envoyés en ambassade par les Athéniens pour plaider la cause de leur cité devant le Sénat romain et pour solliciter une remise de la pénalité. Au cours de leur séjour à Rome, ils donnèrent des conférences en ville, avec tant de talent que les auditeurs admirèrent en eux le modèle des trois genres de style que distinguait la rhétorique contemporaine, Carnéade illustrant une forme de grand style, Critolaos un style élégant et Diogène un style plus sobre (selon les contemporains Rutilius Rufus et Polybe, cités par Aulu-Gelle, VI, 14, 10). Carnéade frappa tout particulièrement les esprits, parce que, dissertant avec brio *in utramque partem*, il fit un jour l'éloge de la justice et le lendemain parla contre elle (Lactance, *Institutions divines*, V, 14, 3-5 = Cicéron, *La République*, III, 9). Caton scandalisé pressa le Sénat de rendre réponse au plus vite, afin que Rome fût délivrée des dangereux ambassadeurs ; ce qui fut fait, au bénéfice d'Athènes, l'amende étant ramenée de cinq cents à cent talents. Cet épisode, qui constitue une étape importante dans l'implantation de la philosophie – plus précisément du doute philosophique – à Rome, offre un témoignage révélateur sur la dimension rhétorique de cette philosophie. Il peut être mis en parallèle, *mutatis mutandis*, avec l'ambassade de 427 av. J.-C. qui est censée avoir fait découvrir le style gorgianique aux Athéniens.

Outre le développement des écoles philosophiques, et en rapport avec celles-ci (les liens entre aristotélisme et alexandrinisme, notamment, sont bien attestés), l'époque hellénistique a vu le développement d'un savoir philologique qui a eu des incidences sur l'histoire de la rhétorique. Dans des centres comme Alexandrie et Pergame, des érudits et des savants se sont employés à réunir, à conserver et à interpréter les grandes œuvres littéraires qui représentaient l'identité culturelle des Grecs. A cette fin ils ont réalisé des éditions, des commentaires, des vies d'écrivains, des lexiques, des recueils de proverbes... Ces recherches se sont tournées principalement vers les poètes, Homère au premier chef, mais les orateurs n'ont pas été oubliés. Ainsi, les *Pinakes* de Callimaque, sorte de bibliographie raisonnée de la littérature grecque (IIIe siècle av. J.-C.), comprenaient une section « Rhétorique ». Le biographe Hermippos de Smyrne (IIIe siècle av. J.-C.) avait traité des orateurs attiques. Didyme d'Alexandrie (Ier siècle av. J.-C.), compilateur infatigable, surnommé l'« Oublie-livres » (*bibliolathas*) parce qu'il ne se rappelait plus ses propres ouvrages, tant ils étaient nombreux (on cite le chiffre de 3 500), avait écrit un commentaire de Démosthène dont une partie, concernant les *Philippiques*, a été retrouvée sur un papyrus au début du XXe siècle (Papyrus de Berlin, n° 9780, éd. L. Pearson-S. Stephens, *Didymi in Demosthenem commenta*, Stuttgart, 1983). D'autre part, les progrès de la théorie grammaticale s'accompagnèrent de recherches à portée stylistique, sur les tropes et les figures, comme on l'a vu, et aussi sur les parties du discours, sur les normes de correction de la langue (*hellênismos*) ou sur les dialectes (par exemple, le grand critique et grammairien stoïcien Cratès de Mallos, au IIe siècle av. J.-C., avait écrit un traité *Sur le dialecte attique*).

LA VIE DE L'ÉLOQUENCE EN PAYS GREC

En Grèce propre, à Rhodes, en Asie Mineure, existaient des écoles où la rhétorique était enseignée aux jeunes gens, par l'apprentissage des systèmes théoriques, par l'exercice, par l'étude des grandes œuvres du passé, par le débat avec les philosophes. Cet enseignement comportait à la fois une dimension de culture littéraire générale, qui prolongeait les acquis des cycles précédents, des aspects techniques et un souci de formation éthique et civique. Il préparait les futurs notables à leur rôle, lequel devint de plus en plus important, au fur et à mesure de l'époque hellénistique, dans le fonctionnement des cités, étant donné qu'une aristocratie de la naissance, de la richesse et de l'évergétisme tendait progressivement à s'imposer, en pratique, dans le cadre des institutions démocratiques.

Le cadre principal de la pratique oratoire grecque était la cité, où la rhétorique était utile pour tous les actes de la vie politique qui passaient par le discours public : délibérations, élections, médiations, relations avec les autres cités, avec les structures fédérales et avec les superpuissances. Etant donné l'instabilité générale du monde à cette époque, l'impossibilité d'une politique de longue haleine, les conjonctures sans cesse changeantes, les débats étaient bien souvent ardents, imprévisibles. La rhétorique était utile également dans les nombreuses situations qui exigeaient le traitement de dossiers juridiques et la confection de plaidoiries : procès publics et privés, participation aux collèges de défenseurs choisis par la cité pour représenter ses intérêts, ou encore mission de « juge étranger » – institution typique de l'époque – appelé en renfort de l'extérieur lorsqu'une cité déchirée ne parvenait pas à régler elle-même ses propres conflits ; alors, la connaissance des préceptes hermagoréens ou l'habitude de la déclamation se révélaient certainement précieuses. En outre, différentes catégories d'hommes de lettres donnaient des conférences dans les cités, notamment dans les gymnases, ces institutions civiques qui devenaient de plus en plus, en sus de leur destination gymnique originelle, des lieux voués aux choses de l'esprit.

La rhétorique de l'époque ne se présentait assurément pas comme une technique coupée du monde, mais comme une formation généraliste qui préparait les élites à leur activité publique. Elle contribuait en outre à entretenir les valeurs de l'hellénisme et participait au mouvement de reviviscence des traditions locales, de recherche du passé historique et mythologique, par lequel se construisait ou se reconstruisait l'identité politique et religieuse des cités dans le monde hellénistique.

EXCURSUS N° 4
L'ÉLOQUENCE POLITIQUE GRECQUE
N'EST PAS MORTE À CHÉRONÉE

On disait autrefois que la bataille de Chéronée, qui vit la défaite de Thèbes et d'Athènes face à Philippe de Macédoine (338 av. J.-C.), avait marqué la fin de la liberté grecque et, par voie de conséquence, la fin du régime de la cité. Les historiens ont renoncé aujourd'hui à cette interprétation. Ils constatent, en s'appuyant notamment sur la documentation épigraphique, que la cité est restée un mode d'organisation politique vivant et actif dans le monde grec à l'époque hellénistique. Les travaux de Louis Robert ont joué un rôle majeur dans ce renversement de perspective.

Louis Robert, qui était un helléniste complet, admirable connaisseur de tous les aspects de la civilisation grecque, avait aperçu très distinctement une implication supplémentaire de cette nouvelle approche : l'implication rhétorique. Si la cité a continué d'exister, les pratiques oratoires liées au fonctionnement de la cité ont continué également, et donc l'idée reçue selon laquelle l'éloquence grecque a disparu ou perdu toute importance après Démosthène est à réviser elle aussi. Il vaut la peine de citer les textes dans lesquels Louis Robert, tout au long de sa vie, a souligné ce fait avec force. La leçon n'a pas été entendue de tous ; elle mérite d'être répétée.

« C'est une grande erreur de croire qu'à l'époque hellénistique la vie des cités n'avait plus d'importance, que le citoyen n'avait plus de liens étroits et essentiels avec sa patrie ; comme à l'époque classique, il lui fallait, plusieurs fois au cours de sa vie, participer à des décisions qui engageaient directement sa fortune, sa liberté et sa vie. Et, sous la république romaine, que l'on songe à la situation des villes grecques entre Mithridate et les Romains, et au milieu des guerres entre Romains. L'éloquence du "rhéteur" Hybréas de Mylasa, par exemple, n'engageait pas moins le sort de sa patrie, entre Rome et les Parthes de Labienus, que celle de Démosthène et d'Hypéride. »

(L. Robert, *Etudes de numismatique grecque*, Paris, 1951, p. 36, n. 1.)

« Relevons en passant le mal-fondé de la fable convenue parmi les historiens modernes (histoire politique, des institutions, de la religion), selon laquelle après Alexandre et Démosthène il n'y a plus d'éloquence politique. L'histoire du siège d'Abydos par Philippe [Philippe V, en 200 av. J.-C.] dans Polybe, XVI, 30 et 34, de la résistance héroïque des citoyens et de leur auto-massacre à la chute de la ville, tout cela décidé dans les assemblées et sur l'avis des hommes politiques et orateurs, apporte à cette théorie un démenti sanglant [...]. C'est un fait parmi tous ceux qui jalonnent l'histoire des cités grecques d'Europe et d'Asie depuis Alexandre jusqu'à la paix augustéenne après Actium. »

(Id., *Monnaies grecques*, Genève-Paris, 1967, p. 25.)

« Lorsque, en 41, les Parthes avec Labienus déferlaient sur l'Asie Mineure, c'est un rhéteur Zénon qui décida ses compatriotes à résister, comme fit aussi Hybréas à Mylasa. [...] Ces faits manifestent bien le rôle des orateurs dans la vie politique des cités grecques à l'époque hellénistique, y compris le Ier siècle a. C. [...] C'est la parole et les adjurations et directions politiques qui comptent. [...] Résister aux Parthes ou céder en 41 a. C. a autant de gravité pour la vie de la cité et de tous les citoyens, et d'abord des orateurs eux-mêmes, que décider de lutter à Chéronée. »

(Id., « Les inscriptions », dans *Laodicée du Lycos*, Québec-Paris, 1969, p. 306-307.)

« La cité grecque n'est pas morte à Chéronée, ni sous Alexandre, ni dans le cours de toute l'époque hellénistique. Certes, Athènes et Sparte ne jouent plus le rôle que ces cités jouaient dans la Méditerranée – ou dans l'Egée. Mais cette décadence dans le pouvoir international efficace ne change rien aux rouages de la vie civique, à son activité, à ses responsabilités et à ses dangers. Simplement les quelques grandes cités de la Grèce ont à peu près la même vie qu'ont eue toujours les centaines de cités grecques à l'époque classique : non point importance dans l'histoire générale, mais responsabilité de leur destin au milieu des guerres, des dangers et des puissances adverses. Encore est-il que Rhodes, ou même Byzance, joue dans la politique mondiale un rôle qui n'est pas inférieur à celui d'Athènes antérieurement. Dans le déchaînement des guerres et des rivalités princières qui se sont ajoutées aux conflits entre voisins, le sort – vie, liberté, fortune – de chaque citoyen dépend toujours de la politique que prendra l'assemblée du peuple et l'importance des orateurs et hommes politiques est la même. Plus encore, si possible, lorsque Rome intervient dans les affaires du monde grec et le soumet peu à peu. Au IIe siècle et au Ier se multiplient pour les cités grecques les implications dans des conflits, guerres de Rome dans l'Egée et dans l'Asie Mineure, guerres de Mithridate, guerres civiles entre les Romains ; vie dangereuse et souvent martyres. »
(Id., « Théophane de Mytilène à Constantinople », *Comptes rendus de l'Académie des Inscriptions et Belles-Lettres*, 1969, p. 42 = *Opera minora selecta*, V, p. 561.)

« Les décrets pour Polémaios et pour Ménippos montrent assez que les magistrats et les ambassadeurs de Colophon ne peuvent rien faire sans "persuader" les magistrats romains, *peithein*. Et ce fut le cas tout au long du IIe et du Ier siècle a. C., et auparavant aussi il s'agissait de *persuader* les puissances, et d'abord ses propres concitoyens sur le meilleur parti à prendre [...]. Dans la plupart des cas, la cité était toujours vivante et elle assumait son destin. Il a fallu le dire et le redire... »
(L. et J. Robert, *Claros I : décrets hellénistiques*, I, Paris, 1989, p. 39.)

> Un phénomène complémentaire, relevé également par Louis Robert, est l'évolution du style des documents publics, de plus en plus marqué par la rhétorique. C'est un autre aspect de la présence de cette dernière dans les cités hellénistiques :
>
> « J'ai quelquefois indiqué l'évolution du style administratif telle qu'elle m'apparaît. Après le style proprement hellénistique, [...] la "basse époque hellénistique" a introduit la rhétorique de l'époque. Je crois que cela tient notamment à un fait social. De plus en plus l'évolution de la société enlève les affaires des cités à l'action souveraine de l'assemblée du peuple et de la démocratie et les met aux mains d'une minorité, plus ou moins héréditaire, de notables, qui assurent de leur fortune bien des services essentiels de l'Etat et reçoivent en retour des honneurs de plus en plus nombreux et éclatants. Cette nouvelle aristocratie des cités possède une éducation soignée, elle honore et cultive la *paideia* ["culture"] ; la rhétorique prend de plus en plus de place dans la formation de la jeunesse et des élites ; aussi le "secrétaire", haut personnage qui rédige les décrets et les lettres, les écrit-il au goût rhétorique du jour. Cette évolution se poursuit sous l'Empire. »
>
> (Id., « Recherches épigraphiques, VII », *Revue des études anciennes*, 62, 1960, p. 325-326 = *Opera minora selecta*, II, p. 841-842.)

En 1972, C. W. Wooten recensait une quarantaine d'orateurs grecs de l'époque hellénistique connus par des témoignages ou des citations ; ce chiffre est un minimum et devrait être augmenté aujourd'hui, compte tenu notamment des nouveaux noms livrés par les inscriptions. En fonction de leur date et des sources où ils apparaissent, ces orateurs se répartissent en trois groupes principaux :

1) A la fin du IVe et au IIIe siècle, sont attestés à Athènes des hommes politiques qui continuent la tradition des orateurs attiques : par exemple Démocharès, neveu de Démosthène, Charisios, comparé à Lysias, ou Cléocharès.

2) Pour la fin du IIIe et pour le IIe siècle, nous connaissons par Polybe et par Tite-Live de nombreux hommes

politiques, issus de Grèce propre et d'Asie Mineure, qui participèrent par la parole aux conflits et aux négociations de l'heure, dans le cadre des ligues étolienne et achéenne, des guerres macédoniennes, de la guerre contre Antiochus de Syrie et des relations avec Rome (à cette série s'ajoute Cinéas, Thessalien, orateur brillant, cité par Plutarque, qui fut au IIIe siècle le conseiller du roi Pyrrhus). Polybe rapporte assez souvent des discours qui furent prononcés au cours de la période qu'il traite (harangues devant les assemblées, exhortations de généraux à leurs troupes, discours d'ambassadeurs), et il prend pour principes en cette matière la sobriété et l'utilité : il refuse tout étalage gratuit d'éloquence de la part de l'historien et cherche avant tout à restituer les arguments qui furent utilisés, en les replaçant dans leur contexte pour en faire comprendre le sens et la portée (XII, 25-28 ; XXXVI, 1).

3) Pour le IIe et le Ier siècle, les témoignages de Cicéron et de Strabon prennent le relais et font connaître de nouveaux Grecs, presque toujours en contact avec Rome, impliqués dans les guerres de Mithridate et dans les guerres civiles. Particulièrement célèbre fut alors Hybréas de Mylasa, qui gouverna sa cité au milieu des guerres parthiques et des menées d'Antoine et de Labienus, et qui savait user de formules frappantes dans ses démégories et ses déclamations. De tels hommes déclinaient, à des degrés divers, la figure de l'orateur hellénistique, qui se caractérise par une origine familiale influente, des études effectuées dans un grand centre intellectuel, des actions politiques et diplomatiques, une pratique oratoire articulée avec les recherches théoriques et les controverses philosophiques contemporaines, souvent une activité de professeur et d'homme de lettres.

Un bon exemple est ce Potamon de Mytilène, dans l'île de Lesbos, qui joua un rôle dirigeant dans la vie politique de sa cité (75 av. J.-C.-15 ap. J.-C. environ ; les témoignages à son sujet sont réunis par Jacoby, *Fragmente der griechischen Historiker*, n° 147, et par R. W. Parker dans

Zeitschrift für Papyrologie und Epigraphik, 85, 1991, p. 115-129). De multiples inscriptions l'honorèrent dans sa patrie et dans d'autres villes. Un monument à sa gloire, baptisé Potamoneion, fut élevé sur l'acropole de Mytilène, et toute sa famille – en particulier son fils – fut associée à son pouvoir et à sa réputation. Il conduisit avec succès trois ambassades dépêchées par sa patrie auprès de César et auprès d'Auguste. Il écrivit un *Eloge de Brutus* et un *Eloge de César* – curieux diptyque, dont les circonstances ne sont malheureusement pas connues. Vers 33 av. J.-C., il participa, à Rome, avec Théodore de Gadara et Antipatros, à un concours d'éloquence dont le but était de sélectionner un maître de rhétorique pour le futur empereur Tibère, alors enfant ; ce fut Théodore qui l'emporta. Outre ses éloges, Potamon était l'auteur d'ouvrages historiques et d'un traité *Sur l'orateur accompli* (*Peri teleiou rhêtoros*) qui peut être comparé, en tout cas pour le titre, à *L'Orateur* de Cicéron. Il tenait une école et excellait, dit-on, dans la déclamation. Evergète et orateur, entre Grèce et Rome, Potamon illustre la rhétorique de l'époque.

Les inscriptions, qui ne cessent de faire l'objet de nouvelles découvertes et de publications, permettent d'approcher de près les discours prononcés. Ainsi, un décret datant de 206/205 av. J.-C., trouvé en 1965 dans les fouilles françaises du Létôon de Xanthos, en Lycie, relate la venue à Xanthos d'une ambassade de Kyténion (ville de Doride, au nord de Delphes) et donne un résumé du discours des ambassadeurs (éd. J. Bousquet, *Revue des études grecques*, 101, 1988, p. 12-53). Ceux-ci sollicitaient une aide pour la reconstruction de leurs remparts, détruits par un tremblement de terre. On a là un exemple d'une forme oratoire très répandue à l'époque hellénistique, le discours d'ambassade, et plus précisément le discours d'ambassade destiné à demander de l'aide après un séisme, coutume bien attestée. Les ambassadeurs de Kyténion recoururent aux arguments usuels en pareil cas (appel à la pitié, éloge de la ville sollicitée, promesses de reconnaissance), en y ajoutant une démonstration compliquée visant à établir l'existence d'une parenté entre Xanthos et Kyténion : Létô, déesse patronne de Xanthos, était mère d'Apollon, or Dôros, éponyme des Doriens et donc ancêtre de Kyténion, était le grand-père de l'épouse d'Apollon, Coronis. Ce montage mythologique faisait appel à des ressorts importants dans les mentalités de l'époque (récits de fondation et liens légendaires associant des cités grecques de part et d'autre de la mer Egée), et c'est pourquoi les ambassadeurs y avaient vu un argument de poids. Hélas, les habitants de Xanthos donnèrent seulement cinq cents drachmes, ce qui n'était pas généreux (moins de dix ans plus tard ils donneront quatre cents drachmes pour les seuls honoraires du rhéteur Thémistoclès d'Ilion, venu prononcer chez eux des conférences). A la rhétorique subtile des ambassadeurs répondit la rhétorique non moins subtile des Xanthiens, – une rhétorique éternelle, celle de l'excuse et du demi-refus enveloppé et poli :

> « Assurément, si les finances de notre cité ne s'étaient pas trouvées dans un état grave, les Xanthiens auraient manifesté clairement leur sympathie, en ne laissant la palme à personne pour la génerosité. Toutefois, comme non seulement le trésor public est à sec, mais qu'au surplus l'endettement ne fait que croître, comme il n'est pas possible d'autre part d'imposer aucune taxe supplémentaire aux citoyens à cause du règlement financier établi par décret, pour une durée de neuf ans, comme aussi les citoyens les plus riches se trouvent avoir versé récemment des contributions considérables en raison des difficultés du moment, que nous avons exposées aux ambassadeurs, – pour toutes ces raisons si notre cité se trouve dénuée de ressources, elle n'en trouve pas moins choquant de rester indifférente à la détresse d'un peuple parent frappé de telles infortunes ;

> « *qu'il soit décidé* que les archontes feront un emprunt pour donner aux ambassadeurs 500 drachmes afin de reconstruire les murailles de leur cité, et qu'ils leur feront tenir aussi le présent d'hospitalité prévu par la coutume. »

En 1969, a été découverte à Maronée, sur la côte nord de la mer Egée, une stèle portant un éloge de la déesse Isis, rédigé vers 100 av. J.-C. (éd. Y. Grandjean, *Une nouvelle arétalogie d'Isis à Maronée*, Leyde, 1975). L'introduction explique les circonstances de la composition : atteint d'une maladie des yeux, l'auteur (qui est resté anonyme) a été guéri par Isis, et c'est à titre de remerciement qu'il élève cette louange, gravée dans le marbre, pour célébrer la puissance et les bienfaits de la déesse. Ce texte appartient au genre appelé « arétalogie », qui se définit, au sens strict, comme le récit d'une action miraculeuse accomplie par un dieu. De multiples exemples en sont conservés par des inscriptions et des papyrus d'époque hellénistique et impériale, en l'honneur d'Asclépios, Isis, Sarapis notamment. La particularité de l'inscription de Maronée, dans cet ensemble, est son caractère rhétorique accusé. Le texte est en prose. Le plan, les thèmes et le style sont conformes aux règles de l'« éloge » rhétorique (*enkômion*). Le traitement du sujet manifeste une volonté de généralisation qui fait que l'auteur se contente de mentionner rapidement la guérison dont il a bénéficié pour développer beaucoup plus longuement l'éloge d'Isis en général (cette généralisation peut être observée aussi dans les autres documents isiaques) : ce n'est plus le ton du récit, mais celui de l'hymne. Ainsi, grâce au document de Maronée, l'on aperçoit une facette nouvelle de la rhétorique grecque : la rhétorique religieuse. Tandis que traditionnellement la littérature avait recours à la poésie pour célébrer les dieux et pour communiquer avec eux, la prose, notamment la prose rhétorique, commence à être utilisée à cette fin. Cette innovation importante traduit un double changement, sans doute, qui affecte le rapport avec les dieux, auxquels les fidèles commencent à s'adresser de manière plus directe (dans la mesure où la prose, même élaborée, est plus directe que les vers), et le rapport avec la langue littéraire, au sein de laquelle la rhétorique prend une place croissante.

Au milieu du Ier siècle av. J.-C., Antiochos Ier de Commagène (petit royaume vassal de Rome) se fit élever un mausolée grandiose sur le Nemrud-Dag, une des hauteurs de l'Anti-Taurus (Turquie actuelle). Le monument, fouillé à la fin du XIXe siècle par des archéologues allemands, a livré notamment une longue inscription, gravée en double exemplaire, en grec, et portant les stipulations d'une fondation religieuse créée sur le site en l'honneur des dieux et du souverain divinisé (éd. Dittenberger, *Orientis Graeci inscriptiones selectae*, 383 ; H. Waldmann, *Die kommagenischen Kultreformen*, Leyde, 1973, p. 59-79). En accord avec la solennité du lieu et du propos, ce texte, dans lequel le roi parle à la première personne, est rédigé dans un style extrêmement recherché sur le plan des figures, du vocabulaire et des rythmes. E. Norden le qualifiait de « dithyrambe en prose ». L'inscription du Nemrud-Dag est un document important pour la connaissance du courant stylistique à la mode en ce temps-là : l'asianisme.

La notion de « style asianiste » (en latin *asiatica dictio* [Cicéron], en grec *asianos zêlos* [Strabon]) apparaît au Ier siècle av. J.-C., mais le phénomène qu'elle recouvre était plus ancien et a duré pendant toute l'époque hellénistique et au-delà. Il s'agit d'un style voyant et recherché, qui fut pratiqué par des orateurs et des écrivains d'Asie Mineure et de Rhodes – d'où son nom –, et aussi par des auteurs originaires d'autres lieux : l'Athénien Amphicratès, par exemple, semble avoir été « asianiste ». Selon Cicéron, il existait deux formes d'asianisme : l'une « pleine de traits et de pointes », illustrée par les deux frères Hiéroclès et Ménéclès d'Alabanda, l'autre caractérisée par « la phrase coulante » et « le choix des mots orné et élégant », comme chez Eschyle de Cnide et Eschine de Milet (*Brutus*, 325). D'un côté, phrases « commatiques » (de *komma* = « bref membre de phrase »), courtes et rythmées, aphorismes, jeux de mots, traits ingénieux ; de l'autre, aisance, ornementation, abondance, poétismes, néologismes. Entre ces deux extrêmes, tous les intermédiaires, toutes les combinaisons étaient possibles. Malheureusement, nous ne possédons plus guère de textes qui permettent de juger sur pièces. Le créateur de l'asianisme aurait été Hégésias de Magnésie (IIIe siècle av. J.-C. ; les témoignages à son sujet dans Jacoby, *Fragmente der griechischen Historiker*, n° 142). Auteur d'une histoire d'Alexandre, d'un éloge de Rhodes et de divers discours, il est passé à la postérité pour son style haché, riche en exclamations grandiloquentes et en effets osés. On cite de lui, à propos de la destruction de Thèbes par Alexandre, des expressions comme : « Le malheur a laissé sans voix le lieu qui avait parlé le plus haut » ; « Abattue par la folie d'un roi, leur cité suscite plus de pitié qu'une tragédie » ; « Quel malheur qu'il soit sans semailles, le pays qui a fait naître les Spartes » (jeu de mots *asporon* « sans semailles »/ *Spartous* « Spartes »). Ou encore cette phrase qui surprenait par l'inhabituel ordre des mots : « De Magnésie je suis la grande, citoyen du Sipylos. » Hégésias n'avait pas inventé *ex nihilo* ce style insolite. Il développait en fait, en les exacerbant, des recherches stylistiques qui remontaient aux sophistes et au style gorgianique. Des échantillons d'asianisme commatique apparaissent dans les citations de différents orateurs transmises par Rutilius Lupus et par Sénèque le Rhéteur. L'autre forme d'asianisme est illustrée quant à elle par l'inscription du Nemrud-Dag citée ci-dessus et par des documents de chancellerie des IIIe-IIe siècles av. J.-C.

La plupart des auteurs anciens portent un jugement réservé ou péjoratif sur l'asianisme, auquel ils reprochent ses excès, ses fautes de goût. Hégésias a été la bête noire de la critique, vilipendé dès le IIe siècle av. J.-C. par Agatharchidès de Cnide et assassiné par une formule de Cicéron : « Celui qui le connaît n'a plus à chercher à qui donner le nom d'inepte » (*L'Orateur*, 226). Il est probable que les théories du style qui se développèrent à l'époque, et qui mettaient l'accent sur la mesure, la convenance, le dosage des effets, étaient dirigées en partie contre l'exubérance de l'asianisme : les théoriciens définissaient les vertus pour faire pièce au vice ambiant. Toutefois, Hégésias avait aussi ses admirateurs, parmi lesquels Gorgias le Jeune, qui le citait plusieurs fois dans le traité traduit par Rutilius Lupus, et peut-être Varron, à en croire une plaisanterie de Cicéron. Cicéron lui-même ne laissa pas d'être intéressé et un peu séduit par les asianistes de son temps. Pour nous Modernes, qui n'avons pas à juger, la notion d'asianisme est intéressante parce qu'elle met en vedette un certain type de style, virtuose, théâtral, baroque, voire rococo, qui semble bien être une innovation de l'époque hellénistique. Cette innovation n'est pas sans rappeler le style « baroque » en architecture, l'expressivité en sculpture, l'évolution vers le pathos, la théâtralité, le tragique, tels qu'on les observe par exemple dans l'art pergaménien. Ainsi, l'asianisme entrait en consonance avec les courants artistiques de son époque.

CHAPITRE V

ROME, ROMANITÉ, ROMANISATION

« Carthage doit être détruite » (*delendam esse Carthaginem*, avis que Caton l'Ancien proclamait, dit-on, dans tous ses discours, quel que fût leur sujet : Florus, *Histoire romaine*, I, 31 [II, 15], 4-5).

« Jusques à quand enfin, Catilina, abuseras-tu de notre patience ? [...] O temps ! ô mœurs ! » (*Quo usque tandem abutere, Catilina, patientia nostra ?* [...] *O tempora ! o mores !* : Cicéron, *Première Catilinaire*, 1-2).

« Je suis venu, j'ai vu, j'ai vaincu » (*Veni, uidi, uici*, mots de César résumant sa campagne contre le roi Pharnace : Suétone, *César*, 37, 2).

Ces phrases furent célèbres dès l'Antiquité, et elles le sont encore aujourd'hui dans la mémoire des latinistes. D'où vient donc leur force ? D'abord, de ceux qui les prononçaient : Caton le censeur, Cicéron le consul, César le dictateur, hommes d'Etat revêtus des plus hautes magistratures. Puis, des circonstances dans lesquelles se jouait le sort de la Ville et le sort de ses ennemis, autant dire le sort du monde. Et encore, de leur contenu même, où domine la rigueur. Enfin, de l'énergie propre à la langue latine, qui permet de dire beaucoup en peu de mots ; Plutarque, qui a traduit en grec la phrase de César, observe que l'original est supérieur parce que « en latin ces mots, qui se terminent par la même désinence, sont persuasifs dans leur brièveté » (*Vie de César*, 50, 4). A travers ces exemples se dessine l'image d'hommes politiques qui ne se payent pas de mots et s'appuient davantage sur les actes, les convictions, le crédit personnel. Tel se présente l'idéal du vieux Romain, « beau comme l'antique ». Cet idéal est sous-jacent à toute la rhétorique romaine – même s'il ne la résume pas, évidemment – et c'est par lui qu'il faut commencer. Il résulte de conditions spécifiques, tant idéologiques que linguistiques, sociales, politiques et institutionnelles. Plantons ce décor, qui est profondément différent de ce qui peut être observé dans le monde grec, et qui constitue en quelque sorte la « romanité » en rhétorique ; cette romanité se compliquera plus loin d'une « romanisation » du butin grec.

LES CONDITIONS DE LA RHÉTORIQUE ROMAINE

La Grèce avait, à ses origines, une littérature qui déployait d'emblée l'art du discours, avec variété et souplesse, et qui proposait des modèles de héros beaux parleurs. Cela n'existe pas à Rome : ici, point d'Homère, point d'Ulysse. Le modèle archaïque romain est au contraire celui d'un orateur qui parle à bon escient et qui compte sur son statut – âge, noblesse, prestige – pour garantir la validité de ses paroles. Le « poids » (*grauitas*) et l'« autorité » (*auctoritas*) de l'orateur sont des éléments essentiels du discours ; celui qui parle est écouté non pas tant à cause de ses paroles en elles-mêmes qu'à cause de sa position dans la cité, qui donne à ses paroles une valeur nécessaire, comme l'expriment de nombreuses anecdotes. Ainsi Appius Claudius, assigné devant l'assemblée du peuple, l'année suivant son consulat (470 av. J.-C.), refusa d'argumenter pour sa défense et foudroya au contraire ses accusateurs par la fermeté de ses propos, qui tiraient leur force de son prestige d'ancien consul :

> « Il ne changea pas de visage, il garda son air hautain et son orgueil dans le discours (*in oratione spiritus*), si bien qu'une grande partie de la plèbe tremblait devant l'accusé autant que naguère devant le consul. » (Tite-Live, II, 61, 6.)

Au IIe siècle av. J.-C., Scipion Nasica, ayant à faire face à des protestations populaires, lançait : « Taisez-vous, s'il vous plaît, citoyens, car je sais mieux que vous ce qui est utile à l'Etat » ; de même Scipion Emilien : « Silence, ceux pour qui l'Italie n'est qu'une marâtre ! » M. Aemilius Scaurus, accusé, se défendait par le raisonnement suivant : « Varius Severus, qui est né à Sucro [ville espagnole], déclare qu'Aemilius Scaurus s'est laissé acheter par un roi pour trahir l'Empire romain. Aemilius Scaurus affirme qu'une telle faute ne peut lui être imputée. Qui croyez-vous des deux ? » (Valère-Maxime, *Faits et dits mémorables*, III, 7, 3 ; VI, 2, 3 ; III, 7, 8.) L'histoire rapporte que ces mots furent couronnés de succès, l'auditoire étant chaque fois impressionné par l'autorité de celui qui les prononçait. Ces anecdotes ont été transmises comme illustrant la tradition romaine.

C'est que la parole, à Rome, est une affaire sérieuse. A l'origine, elle est sacrée et elle engage l'ordre du monde. Les deux verbes signifiant « dire » en latin, *fari* et *dicere*, se rattachent à des racines très fortes, qui contiennent respectivement l'idée d'une parole à valeur religieuse, puissante par son existence même (racine *$bh\bar{a}$-, cf. *fatum* = « le destin ») et l'idée de montrer avec autorité ce qui doit être, de prononcer, de fixer (racine *$deik$-, cf. grec *dikê* = « justice ») (à la racine *$bh\bar{a}$- se rattache aussi le verbe grec *phanai* = « dire », ce qui montre qu'il ne faut pas exagérer l'antithèse entre Rome et la Grèce sur ce point). La parole est « performative », en ce sens qu'elle est par elle-même une action, qu'elle possède une efficace et produit une situation nouvelle. Elle sert à ordonner, à promettre, à énoncer les règles, plutôt qu'à échanger ou à débattre. Souvent, elle n'appelle pas de réponse. Mal employée, elle est dangereuse, créatrice d'innovations funestes. C'est pourquoi la communication, surtout celle qui s'effectue dans l'espace public, doit être réglementée, contrôlée, soumise aux hiérarchies. Dans la société aristocratique romaine, chacun a un rang, éventuellement des fonctions, et s'exprime en conséquence. Les déclarations des prêtres et des magistrats ont un poids particulier, accru par le rituel et les signes de prestige qui les entourent (faisceaux, laticlave, chaise curule...).

Il ne s'agit donc pas de prononcer des discours brillants ou subtils, mais des paroles appropriées, auxquelles on peut se fier. La qualité principale est la « confiance » (*fides*). Elle s'accompagne d'énergie et de brièveté.

La nature même de la langue latine allait dans ce sens. Parmi ses principales caractéristiques figuraient l'autonomie phonétique des mots, l'absence d'article, l'aversion pour l'abstrait, la densité. Ces potentialités ont été exploitées dans la poésie, dès le *carmen* prélittéraire, qui joue des rythmes et des allitérations, et dans les formules (juridiques, religieuses), qui sont si importantes en latin archaïque. En revanche, la prose latine ancienne formait difficilement des périodes (Cicéron, *De l'orateur*, III, 198) ; elle présentait plutôt des qualités de force, de gravité, d'abondance par accumulation notamment (Quintilien, *Institution oratoire*, XII, 10, 36).

Pour enseigner cet usage réglé de la parole, il n'était qu'une école : celle de la « coutume ancestrale » (*mos maiorum*). Etant donné l'importance de la structure gentilice et l'omnipotence du *pater familias*, le premier cadre de l'éducation était la famille. Le jeune garçon, pris en charge par son père, apprenait à ressembler à celui-ci, en imitant ses paroles et son comportement. L'éducation oratoire était donc intégrée dans un processus plus complet, qui consistait à former l'être social par les leçons et par l'exemple et à lui transmettre directement les valeurs de sa classe et de sa famille, sources d'*auctoritas*. C'est ainsi que Caton l'Ancien forma son fils, allant jusqu'à se charger lui-même de lui apprendre à lire. Son contemporain Paul-Emile, pourtant d'esprit plus moderne, ou plus tard Cicéron, surveillèrent de même l'éducation de leurs fils.

Après quoi, une fois la toge prétexte déposée pour la toge virile, le jeune homme passait à l'« apprentissage de la vie publique » (*tirocinium fori*). Confié à un citoyen important, il s'attachait à lui et s'instruisait à son exemple :

> « Chez nos ancêtres, le jeune homme qui se destinait à l'éloquence judiciaire et politique, après avoir reçu chez lui un commencement de formation et l'esprit nourri de bonnes études, était conduit par son père ou ses proches à l'orateur qui occupait le premier rang dans la cité. Il devait s'habituer à fréquenter sa maison, à l'accompagner au dehors, à entendre tout ce qu'il disait, soit au tribunal, soit dans les assemblées ; c'était au point qu'il assistait même aux plaidoiries par courtes répliques, qu'il était présent aux discussions violentes, et qu'il apprenait pour ainsi dire à combattre au milieu même de la mêlée. » (Tacite, *Dialogue des orateurs*, 34, 1-2.)

Dans cette sorte d'éducation l'apprentissage du droit occupait une place non négligeable. Cicéron, par exemple, se forma en ce domaine auprès de deux grands jurisconsultes : il fut conduit par son père auprès de Q. Mucius Scaevola l'Augure, puis il passa dans l'entourage de l'homonyme et cousin du précédent, Q. Mucius Scaevola le Pontife (sur la place du droit dans la société romaine, voir dans cette collection le livre de M. Ducos, *Rome et le droit*, 1996).

Telles étaient les conditions traditionnelles, ainsi qu'elles se présentent à travers les documents anciens et à travers les récits des historiens postérieurs. Ce modèle idéologique de la rhétorique faisait écho à un vieux fonds pragmatique (paysan, militaire) dont les Romains étaient fiers et qu'ils cultivaient volontiers. Aussi est-il resté vivace même lorsque des innovations eurent été introduites. Il fut entretenu en particulier dans les familles aristocratiques et conservatrices. Il perdura à travers les évolutions institutionnelles et les vicissitudes historiques.

Dans les premiers temps de l'histoire romaine, sous la royauté, le discours jouait probablement un rôle réduit. C'est le régime républicain qui a développé l'usage institutionnel de la parole, devant deux types d'auditoire principaux, le Sénat et le peuple, qui constituaient les deux piliers de l'Etat (suivant la formule SPQR : *Senatus populusque Romanus*).

Le Sénat comptait 300 membres (chiffre porté à 600 par Sylla, à 900 par César), recrutés à vie parmi les chefs des grandes familles patriciennes et les plébéiens anciens magistrats. Son fonctionnement était celui d'un conseil, appelé à délibérer et à rendre des sénatusconsultes. Bien qu'il eût en théorie peu de pouvoirs décisionnaires, cependant, en raison de son prestige et du jeu des institutions, le Sénat exerçait en fait des attributions essentielles. Il dirigeait la politique étrangère, était doté d'importantes compétences en matière religieuse et financière, et intervenait aussi, par son pouvoir de contrôler et de valider, dans les domaines législatif et exécutif. Ses séances n'étaient pas publiques. Il se réunissait dans la Curie, située sur le Forum (parfois aussi dans d'autres enceintes, tout local pouvant convenir pourvu que ce fût un « temple », c'est-à-dire un lieu inauguré). Le magistrat qui avait convoqué la réunion, et qui la présidait, lisait l'ordre du jour, puis appelait les sénateurs à exprimer leurs « avis » (*sententiae*). Chacun parlait de sa place. Les orateurs se succédaient suivant l'ordre d'une liste hiérarchique, par rang de classe et d'ancienneté, en commençant par le « premier des sénateurs » (*princeps senatus*) ; celui qui avait commencé à parler ne pouvait être interrompu, même s'il s'écartait du sujet. Aussi les derniers de la liste n'avaient-ils pratiquement jamais l'occasion de s'exprimer. Le vote se faisait par déplacement, chacun venant se ranger aux côtés de celui dont il approuvait l'avis. Haut lieu de l'éloquence romaine sous la République, le Sénat représentait une situation de parole tout à fait spécifique, où le discours était encadré par des données préexistantes : orateurs et auditoires hautement expérimentés, poids des hiérarchies sociales, alliances préalables entre les personnes et entre les groupes, esprit de corps. Ces facteurs n'annihilaient pas la puissance du discours, mais ils la conditionnaient, en sorte que la persuasion était précontrainte, et non ouverte, ce qui ne l'empêchait pas d'être réelle.

Le peuple, de son côté, se réunissait dans le cadre d'assemblées nommées « comices » : les comices centuriates, à caractère militaire, organisés suivant les cadres de mobilisation, et les comices tributes, dans lesquels les citoyens étaient répartis en tribus. Ces assemblées avaient pour fonction principale d'élire les magistrats et de voter les lois. Tandis que les comices centuriates se réunissaient au Champ de Mars, les autres assemblées avaient lieu dans un emplacement prévu à cet effet sur le Forum : le Comitium, centre politique de la ville, attenant à la Curie, qui comprenait une place circulaire, une tribune (les Rostres, du nom des éperons de navires – *rostra* – qui y furent accrochés en commémoration de la victoire navale d'Antium remportée en 338 av. J.-C.) et des gradins. Par la suite, on se déplaça vers les abords du temple de Castor et Pollux et vers le Circus Flaminius, qui pouvaient accueillir des milliers, voire des dizaines de milliers de personnes. Au total, les assemblées populaires étaient fort nombreuses, car les élections revenaient fréquemment (la plupart des magistratures étant électives et annuelles) et l'activité législative était considérable. Le citoyen romain était convoqué au moins une vingtaine de fois dans l'année, pour des opérations qui pouvaient durer plusieurs jours. « On exagère à peine en disant que le métier de citoyen [à Rome] est une profession à plein temps » (C. Nicolet).

La tâche principale des assemblées était le vote. Des orateurs choisis à l'avance pouvaient s'y exprimer, sous l'autorité du président de séance. En outre, des discours étaient prononcés dans les multiples assemblées informelles ou préparatoires, meetings et réunions « délibératives » (où l'on ne votait pas). Le contenu de ces discours consistait en particulier dans des déclarations de candidature et des propositions de loi. Ils étaient appelés *contiones* (le mot *contio*, qui est une forme syncopée de *conuentio*, désigne à l'origine un rassemblement, puis la harangue prononcée dans ce rassemblement ; il s'applique aussi aux discours des généraux à leurs troupes). La différence rhétorique entre le discours devant le Sénat et la *contio* était très marquée :

> « Les choses se passent avec un moindre appareil, quand la délibération se produit dans le Sénat ; car on parle devant un conseil de sages, et il faut laisser à beaucoup d'autres leur tour de parole ; il faut éviter aussi le soupçon de vouloir montrer son talent. Devant le peuple une harangue admet toute la force, réclame toute la noblesse et toute la variété de l'éloquence. [...] Comme l'assemblée du peuple est le plus grand théâtre où puisse se produire l'éloquence, il est naturel que l'on se trouve alors porté à déployer toutes les richesses de son art. » (Cicéron, *De l'orateur*, II, 333-334, 338.)

Les assemblées pouvaient être tumultueuses, si l'on en croit Virgile, qui, songeant certainement à la réalité romaine, compare Neptune calmant les flots à l'orateur apaisant la foule déchaînée :

> « Souvent dans un grand peuple, quand une sédition a pris corps, quand une foule sans visage s'emporte en ses

délires, que déjà les torches, les pierres volent, que la fureur se donne des armes, alors s'ils ont vu un homme que sa piété, ses œuvres rendent vénérable, ils font silence, s'immobilisent, l'oreille dressée ; il parle et sa parole gouverne les cœurs, calme les passions. » (*Enéide*, I, 148-153.)

Quant aux institutions judiciaires, la juridiction civile était exercée par le préteur et par les tribunaux des *centumuiri* et des *decemuiri*. La juridiction criminelle, exercée par le peuple (les comices avaient des attributions judiciaires), fut bientôt déléguée à des jurys spéciaux, les *quaestiones* : jurys extraordinaires (*quaestiones extra ordinem*) et surtout jurys permanents (*quaestiones perpetuae*), institués au IIe siècle av. J.-C., qui furent le lieu principal de la grande éloquence judiciaire. Ces jurys étaient présidés par un magistrat, souvent un préteur, et composés de juges, au nombre de plusieurs dizaines, tirés au sort sur une liste préétablie, d'abord parmi les seuls membres de l'ordre sénatorial, puis aussi parmi les membres de l'ordre équestre et les tribuns du Trésor, suivant une répartition variable selon les cas. Les plaintes étaient portées par les particuliers ; il était courant pour un accusé d'avoir plusieurs défenseurs. Après l'instruction, l'audience se composait des plaidoiries et du vote des jurés. Le renvoi était possible si le jury s'estimait insuffisamment éclairé, en sorte que la procédure pouvait durer longtemps. Le domaine de compétence des *quaestiones perpetuae* alla s'élargissant au cours des IIe et Ier siècles av. J.-C., incluant les affaires *de repetundis* (extorsion de fonds aux dépens des cités soumises à l'autorité de Rome), *de peculatu* (détournement de biens publics), *de ambitu* (fraude électorale), *de maiestate* (toute atteinte à l'Etat, entre autres par abus de pouvoir), *de sicariis et ueneficiis* (organisation de bandes armées et empoisonnement)... Etant donné la nature de ces crimes, qui pour beaucoup d'entre eux mettaient en cause la haute administration, les accusés appartenaient le plus souvent aux premières classes de l'Etat. Ils risquaient la peine capitale, l'exil, une amende ou la diminution des droits civiques : en tout cas leur statut et leur pouvoir étaient en jeu, remis entre les mains de leurs pairs – amis ou adversaires. Les membres de l'aristocratie réglaient leurs comptes et délimitaient leurs sphères d'influence par le biais des tribunaux. Aussi les *quaestiones perpetuae* participèrent-elles à toutes les phases du combat politique dans les derniers siècles de la République romaine.

Les cours siégeaient partout dans Rome, et en particulier sur le Forum, qui certains jours était « plein de tribunaux » (Cicéron, *Verrines*, II, V, 143) fonctionnant simultanément. Les audiences se déroulaient en plein air, ou, par mauvais temps, dans une « basilique » (hall de réunion) voisine. La défense et l'accusation prenaient place sur des bancs, les jurés sur des bancs un peu surélevés et le président sur une estrade. Le premier tribunal permanent (le Tribunal Aurelium, sur le Forum), fut construit vers 80 av. J.-C. Ces dispositions permettant la présence d'un nombreux public, les procès revêtaient souvent un caractère spectaculaire, dû à la solennité de la procédure orale, aux imposants cortèges (avocats, témoins, parents, clients, amis) accompagnant les parties, aux effets de mise en scène (vêtements de deuil, images représentant le défunt) et à l'éloquence des *patroni*.

La figure principale de l'éloquence judiciaire était en effet le *patronus* : ici encore, une notion typiquement romaine. Le patronat était une forme de lien social, très ancien et profond, consistant en un échange d'obligations mutuelles entre patron et clients : ceux-ci devaient témoigner du respect à leur patron et tenir leur personne et leurs biens à sa disposition, et en retour le patron devait protéger ses clients, au nom des valeurs de « confiance » (*fides*), de « soin » (*diligentia*), de « tâche » ou de « devoir » (*officium*). Cette protection consistait notamment à défendre les clients en justice. Le patron était donc, par définition, d'un rang élevé, et supérieur au rang de celui qu'il défendait : contrairement au logographe athénien, dont l'activité était fréquemment tenue pour subalterne, le *patronus* romain possédait une autorité, un poids social, qu'il mettait dans la balance au service de son client. Depuis la loi Cincia (204 av. J.-C.), il était interdit au client de rémunérer son patron pour une plaidoirie (clause interdisant les honoraires ou les cadeaux *ob causam orandam* : Tacite, *Annales*, XI, 5, 3) ; mais la loi n'interdisait pas les dons effectués longtemps après le procès, les legs ni les multiples marques de reconnaissance de la part de ceux qui avaient été défendus. Destinée originellement à protéger les gens du peuple contre l'avidité des puissants, la loi Cincia empêchait que les accusés ne soient soumis à des pressions, dans l'urgence, et ne se voient extorquer de fortes sommes. Mais elle n'entendait nullement frustrer les patrons de la récompense normale de l'assistance judiciaire, c'est-à-dire des marques de gratitude prodiguées à loisir, sur le long terme, et constitutives de la *gratia* (notion riche, qui recouvre à la fois la gratitude que l'on manifeste – « reconnaissance » – et celle dont on est bénéficiaire – « crédit »). Dans le cadre du patronat judiciaire, les membres de l'aristocratie romaine étaient donc souvent amenés à plaider pour maintenir leur réseau d'influence, qui reposait sur des liens complexes de parenté, de solidarité, d'obligation, d'inimitié, de vendetta. Il leur fallait être éloquents.

Ainsi, tous les aspects de la vie politique romaine exigeaient la maîtrise de la parole : au Sénat, dans les assemblées, en justice. L'éloquence était une des conditions du pouvoir, un des « charismes » (J.-M. David) nécessaires.

L'éloquence romaine s'exerçait en outre dans l'« éloge funèbre » (*laudatio funebris*) décerné aux morts des grandes familles patriciennes. Lors des obsèques, après un imposant convoi funèbre, le fils ou le plus proche parent du défunt prononçait un discours en l'honneur de celui-ci et de sa famille, sur le Forum, devant le peuple assemblé. Cet usage a duré tout au long de l'histoire de

Rome, jusqu'à l'Empire ; à partir de la fin de la République, l'hommage n'était plus réservé aux hommes, mais pouvait être rendu aussi à des femmes ; à la *laudatio* « privée » (*priuata*) s'adjoignit la *laudatio* « publique » (*publica*), prononcée dans les mêmes conditions que la précédente, mais par un magistrat mandaté. Ces discours, éminemment politiques, jouaient un rôle important dans les stratégies d'affirmation des grandes familles. La coutume de la *laudatio* a vivement frappé les historiens grecs de Rome, Polybe et Denys d'Halicarnasse, ce dernier soulignant la spécificité de la *laudatio* par rapport à l'*epitaphios* athénien (Polybe, VI, 53-54 ; Denys d'Halicarnasse, *Antiquités romaines*, V, 17). Tandis que le discours athénien était collectif, dédié à tous les morts de la cité, le discours romain était gentilice, dédié à une famille ; tandis que le discours athénien louait les soldats morts à la guerre, le discours romain louait les grands personnages qui avaient servi l'Etat pendant leur vie. La différence des formes rhétoriques reflète ici de manière particulièrement frappante la différence des structures socio-politiques et des représentations idéologiques. A Rome, le texte des *laudationes* était conservé par les familles ; ces discours constituèrent à la fois des matériaux pour les historiens et les premiers monuments de l'éloquence latine. Le genre de la *laudatio* a été immortalisé par Shakespeare, qui a recréé, à partir des sources antiques, l'éloge funèbre de César par Marc Antoine (*Julius Caesar*, acte III, scène II).

Toutes ces formes d'éloquence avaient cours aussi dans le reste de l'Italie et dans les provinces, où existaient des sénats locaux, des assemblées, des procès, des éloges funèbres. Mais à Rome même la communication politique avait une force et une densité toutes particulières, parce que la Ville était le centre du pouvoir et le nœud de tous les réseaux. Là le jeu des influences et des allégeances, des groupes et des partis fondés sur le sang, les intérêts, les convictions, donnait à la rhétorique une intensité sans égale.

Cette intensité s'accrut au cours des IIe et Ier siècles av. J.-C., lorsque les luttes sociales amenèrent le développement de formes d'éloquence nouvelles, liées au parti des réformes appuyé sur le peuple (le parti des *populares*), aux interventions des tribuns de la plèbe, ou encore aux coups d'éclat des jeunes ambitieux qui inauguraient une carrière sur la scène de la « Ville » (*Vrbs*) par une accusation portée avec succès contre un sénateur. Le modèle rhétorique traditionnel de l'aristocratie sénatoriale fut battu en brèche par des orateurs qui privilégiaient l'accusation, contrairement à l'idéal du *patronus* davantage tourné vers la défense ; qui, au lieu de s'en tenir à une attitude digne et supérieure, usaient des formes violentes du pathos, recouraient à la supplication pour éveiller la pitié (*miseratio*), gesticulaient. D'où des conflits de rhétoriques et de modèles rhétoriques.

N'oublions pas d'autre part que les IIIe, IIe et Ier siècles sont l'époque de la conquête du Bassin méditerranéen par Rome et que les intérêts économiques, politiques et militaires mis en jeu étaient énormes, plus grands qu'ils l'avaient jamais été dans aucune autre cité du monde antique.

Enfin, dans les derniers temps de la République, régnait une atmosphère de révolution permanente, avec ce que cela impliquait de violences, de corruption, de pressions sur les institutions, sur les assemblées et sur la justice.

Tous ces éléments ont contribué à donner aux luttes politiques une âpreté sans précédent. La différence entre Athènes et Rome est grande de ce point de vue. Par comparaison avec les Athéniens de l'époque classique, les Romains de la République vivaient dans un monde plus difficile à dominer moralement et à comprendre, un monde davantage soumis à des influences extérieures (argent, hellénisme...), un monde en plus rapide mutation (où une unique cité, Rome, était en train de devenir maîtresse du monde), un monde de guerres civiles, de dictatures, de luttes intestines. Cela aussi fit partie des conditions de la rhétorique romaine.

LES GRANDS NOMS DE LA RHÉTORIQUE ROMAINE AVANT CICÉRON

Le recueil des fragments de l'éloquence romaine de l'époque républicaine (par E. Malcovati) compte 176 noms d'orateurs, échelonnés du début du IIIe à la fin du Ier siècle av. J.-C. ; sur ce nombre une moitié environ est antérieure à Cicéron, l'autre moitié lui est contemporaine ou légèrement postérieure. Pour la plupart ces orateurs furent des hommes politiques en vue, dont l'éloquence se déploya dans les formes institutionnelles décrites ci-dessus. Leurs discours (mis à part le cas de Cicéron) n'ont pas été conservés, mais sont connus seulement par des réécritures, des citations et des témoignages, transmis notamment par Cicéron dans le *Brutus*, par les historiens (Salluste, Tite-Live, Denys d'Halicarnasse, Plutarque, Appien), par les collectionneurs d'*exempla* (Valère-Maxime) ou par les érudits de l'époque impériale (Aulu-Gelle). Cette transmission, nécessairement, n'est pas allée sans sélection et sans déformation. Elle permet cependant de distinguer les figures les plus marquantes. Nous envisageons ici celles de la période pré-cicéronienne.

Le premier discours important de l'histoire romaine est l'apologue des membres et de l'estomac, prononcé dans les premières années de la République, en 494 av. J.-C., et rapporté entre autres par Tite-Live (II, 32). Les soldats de la plèbe ayant cessé d'obéir aux consuls et ayant fait sécession sur le mont Sacré (ou sur l'Aventin), le Sénat leur dépêcha, pour parlementer, Menenius Agrippa, « orateur éloquent, que ses origines plébéiennes rendaient populaire ». Introduit dans le camp, celui-ci raconta une histoire : comment les membres, un jour, se séparèrent de l'estomac, lui reprochant de se nourrir oisivement à leurs dépens, et comment ils se mirent à dépérir, ce qui leur fit comprendre que l'estomac, s'il était nourri par eux, les nourrissait aussi en retour. L'effet du discours fut immédiat, et la colère des plébéiens s'apaisa, en sorte qu'il fut possible de trouver un accord (ce fut la création des tribuns de la plèbe). Cette anecdote fameuse a toutes les apparences d'une élaboration légendaire reposant sur un fondement historique difficile à préciser. Rhétoriquement, elle présente deux caractéristiques importantes : celle d'une éloquence politique se déployant dans le cadre de luttes sociales et celle d'une éloquence de type ancien, pré-technique, car reposant sur une simple narration et non sur une démonstration argumentée. C'est ce dernier point qui a intéressé Tite-Live, lequel qualifie l'apologue de « procédé oratoire archaïque et rude » (*prisco illo dicendi et horrido modo*) – ce qui ne veut pas dire qu'il ne soit pas persuasif.

Avec Appius Claudius Caecus, nous entrons en terrain historique plus sûr (c'est pourquoi le recueil de E. Malcovati commence avec cet orateur). C'était un lointain ancêtre de l'Appius Claudius cité au début de ce chapitre. Censeur, puis consul, au tournant du IVe et du IIIe siècle av. J.-C., responsable de mesures relatives aux cultes, à la réforme de l'alphabet, à la divulgation du droit, constructeur de la via Appia, auteur peut-être de vers pythagoriciens, Appius Claudius Caecus était un homme d'Etat ouvert et novateur. Il est resté dans l'histoire de la rhétorique à cause du discours qu'il prononça au Sénat en 280 av. J.-C., déjà âgé et aveugle, afin de faire repousser les offres de paix du roi Pyrrhus, qui avait envahi l'Italie (à juste titre, Pyrrhus devant battre en retraite de lui-même dans les années suivantes). Il semble qu'une version de ce discours circulait à l'époque de Cicéron (outre l'interprétation poétique qu'en avait donnée Ennius dans les *Annales*), mais elle n'était probablement pas authentique.

Caton l'Ancien (Marcus Porcius Cato, dit Caton le Censeur, 234-149 av. J.-C.) fut le premier orateur romain qui publia ses discours, c'est-à-dire qui ne se contenta pas de les conserver privément (comme cela était fait par exemple pour les *laudationes funebres*), mais les mit en circulation, soit sous forme autonome, soit en les insérant dans son ouvrage historique intitulé *Les Origines*. Cicéron dit avoir trouvé et lu plus de cent cinquante discours de Caton (*Brutus*, 65). Nous en connaissons aujourd'hui quatre-vingts, tous réduits à un titre ou à de brefs fragments.

Les discours de Caton accompagnent le cours de sa brillante carrière militaire et politique : harangues aux armées qu'il commanda en Espagne, messages diplomatiques lors de missions, à Athènes par exemple, remontrances sévères au cours de sa censure, nombreuses plaidoiries, adresses au Sénat et au peuple. En 167, il prononça devant le Sénat un discours en faveur des Rhodiens, auxquels certains voulaient déclarer la guerre ; en 149, dernière année de sa vie, il prononça devant le peuple un discours véhément contre Servius Sulpicius Galba, lequel – grand orateur lui aussi – ne dut son salut qu'à la pitié qu'il sut émouvoir chez les juges ; ces deux discours figurent parmi les restes des *Origines* (livres V et VII). Cicéron décerne de grands éloges au talent oratoire de Caton, qu'il caractérise par l'efficacité ainsi que par la variété des tons et des formes (une forme où Caton excellait particulièrement était l'invective), tout en émettant des réserves sur un style encore raide, rugueux, peu rythmique.

Caton fut aussi le premier théoricien romain de la rhétorique, comme l'attestent deux sentences extraites d'un ouvrage, de forme incertaine, adressé à son fils Marcus. La première de ces sentences affirme que « l'orateur est un homme de bien habile à parler » (fragment 14, éd.

Jordan : *Orator est, Marce fili, uir bonus, dicendi peritus*). Profonde dans sa concision, cette définition marque la nécessaire association de deux aspects : d'un côté, la compétence oratoire, qui est maîtrise d'un art ou d'une technique (*dicendi peritus*) ; mais, de l'autre, la qualité morale et sociale de celui qui fait partie des « bons citoyens », membres des hautes classes et attachés aux structures et aux valeurs traditionnelles de la cité romaine (tel est le sens de la notion de *uir bonus*, qui revient ailleurs dans l'œuvre de Caton). La seconde sentence s'énonce : « Possède le sujet, les mots suivront » (fragment 15, éd. Jordan : *Rem tene, uerba sequentur*). Il s'agit d'opposer la maîtrise du cas, dans sa dimension factuelle et juridique (*res*), et la maîtrise des mots qui serviront à le plaider (*uerba*) ; plus largement, il s'agit d'opposer fond et forme, contenu et expression, attitude pratique et attitude verbale, chaque fois au bénéfice du premier terme de l'antithèse. Ces deux formules s'accordent donc pour exprimer non pas le refus de la rhétorique en elle-même, mais le refus d'une rhétorique qui ne serait que technique et langage, pure virtuosité. Caton polémique contre les recherches formelles, mais reconnaît la rhétorique pour légitime si elle s'appuie sur les valeurs et sur la réalité.

Tant dans sa pratique que dans sa théorie de l'éloquence, Caton était traditionaliste et non point archaïque. Tout en se réclamant ostensiblement des valeurs traditionnelles, en réaffirmant la légitimité du patronat, le rôle du *bonus uir*, l'importance de la *fides*, il intégrait les nouveautés, parlant sans relâche, publiant, conceptualisant. Cette attitude était en accord avec sa situation d'« homme nouveau » (*homo nouus*) : n'appartenant pas à l'aristocratie sénatoriale, n'étant même pas originaire de Rome, Caton construisit sa carrière en grande partie grâce à son activité oratoire, mais eut l'intelligence d'habiller ce parcours non classique d'une référence constante aux valeurs fondatrices de la romanité. On retrouve la même alliance de tradition affichée et d'innovation profonde dans d'autres domaines de sa pensée et de son action, où il se posa en gardien des valeurs romaines et en ennemi des nouveautés corruptrices, tout en réfléchissant sur les problèmes de son temps (à propos de l'impérialisme, ou à propos de l'agriculture).

Les Gracques (Tiberius Claudius Gracchus, 162-133 av. J.-C., et Caius Claudius Gracchus, frère du précédent, 154-121 av. J.-C.) représentèrent une démarche inverse de celle de Caton. Appartenant à la plus haute noblesse, leur mère Cornélie étant fille de Scipion l'Africain, ils s'attaquèrent aux privilèges du Sénat, firent adopter, en tant que tribuns de la plèbe, des lois favorables au peuple et aux chevaliers, tentèrent des réformes, notamment agraires, et périrent l'un et l'autre assassinés à l'instigation des sénateurs. A cause de la qualité de leur éloquence, leur sort inspire de grands regrets à Cicéron, qui par ailleurs ne partageait pas leurs opinions politiques : « Si seulement Tiberius Gracchus et Caius Carbo [C. Papirius Carbo, contemporain de Tiberius Gracchus et réformateur avec lui] avaient eu la volonté de bien gérer l'Etat comme ils eurent le talent de bien parler ! » ; « La mort prématurée [de Caius Gracchus] fut un dommage pour Rome et pour les lettres latines » (*Brutus*, 103, 125). Pour comprendre la rhétorique des Gracques, il faut se représenter les assemblées incessantes au cours desquelles furent préparées et discutées leurs lois, non seulement à Rome, mais aussi dans les campagnes, s'agissant de réformes agraires ; il faut se représenter les réunions fiévreuses, les discours enflammés, les rixes autour de la tribune, toute une atmosphère séditieuse ou révolutionnaire. Selon Plutarque, l'éloquence de Tiberius était plus logique et posée, celle de Caius plus entraînante et passionnée (*Vie de Tiberius Gracchus*, 2, 2-3). Le cadet, qui était le meilleur orateur des deux, se distinguait en particulier par une « action » véhémente, se promenant à la tribune et faisant des effets de toge tout en parlant. Il plaçait derrière lui, lorsqu'il parlait en public, un musicien muni d'une flûte et chargé de lui indiquer la note juste (de lui donner le « la », en quelque sorte) afin de lui permettre de poser convenablement sa voix (fait rapporté par plusieurs auteurs, dont Cicéron, *De l'orateur*, III, 225).

La rhétorique révolutionnaire des Gracques suscita, par réaction, un regain de la rhétorique des *boni*. Les deux meilleurs représentants de cette rhétorique sénatoriale, au tournant du IIe et du Ier siècle av. J.-C., furent Marcus Antonius (143-87 av. J.-C.), grand-père de Marc Antoine le triumvir, et Lucius Licinius Crassus (140-91 av. J.-C.), deux personnages que Cicéron a admirés dans son adolescence et dont il a fait les interlocuteurs principaux du dialogue *De l'orateur*. Exemples typiques et éminents d'orateurs romains, avec la dimension politique que cela comporte, ils parcoururent l'un et l'autre la carrière des honneurs jusqu'au consulat et à la censure, exercèrent le pouvoir proconsulaire dans une province, remportèrent le triomphe (Antonius) ou faillirent le remporter (Crassus), prononcèrent toutes sortes de discours et furent en particulier de grands *patroni*. M. Antonius mourut assassiné par ordre de Marius et sa tête fut exposée sur les Rostres, tandis que Crassus fut emporté par une pleurésie contractée en prononçant un discours au Sénat.

D'après le témoignage de Cicéron (*De l'orateur* et *Brutus*), Antonius excellait surtout dans le genre judiciaire, où il se montrait d'une efficacité redoutable grâce à la force de ses démonstrations, à une action persuasive et à une immense mémoire ; en revanche, il ne faisait guère de recherches de style. Il ne publiait pas ses discours, « pour pouvoir un jour nier avoir dit ce qu'il lui faudrait n'avoir pas dit » (Cicéron, *Pour A. Cluentius*, 140 ; Valère-Maxime, VII, 3, 5) : formule qu'il ne faut pas considérer comme une profession de cynisme éhonté, mais plutôt comme une stratégie de grand avocat qui veut garder les mains libres pour défendre par tous les moyens chacun de ses clients successifs. Il avait écrit un petit traité de rhétorique qui abordait notamment les états de cause.

Tandis qu'Antonius croyait surtout à la pratique et à l'expérience, Crassus, au contraire, possédait une vaste culture générale et des connaissances particulières en jurisprudence. Il excellait dans le style, la forme, et dans l'art de la réplique. Il mit ces qualités à profit dans une difficile affaire de succession qui fit du bruit, la *causa Curiana*, où il l'emporta grâce à la solidité de son argumentation juridique et à la richesse de ses ressources rhétoriques.

LA CONQUÊTE DE LA RHÉTORIQUE GRECQUE

Depuis Appius Claudius Caecus, qui ouvrit Rome en direction de l'Italie méridionale et de ses influences helléniques, jusqu'à Crassus, qui parlait parfaitement le grec, tous les orateurs romains ont été confrontés au grec et à la rhétorique grecque. Ce fait eut des conséquences très importantes.

Le temps n'est plus où l'on pensait que dans le domaine intellectuel les Romains s'étaient contentés de traduire et d'imiter les Grecs. La recherche contemporaine a montré que les choses se déroulèrent d'une manière beaucoup plus complexe et plus intéressante. L'image qui exprime le mieux le processus, sans doute, est celle de la conquête. De même que Rome a conquis par les armes l'ensemble du Bassin méditerranéen, de même, et simultanément, elle a conquis les trésors de science et d'intelligence existant dans le monde hellénophone, se les est appropriés, et les a fait servir à sa propre grandeur, d'où découle pour une bonne part la culture de l'Europe occidentale. Tel fut le miracle romain, qui prit le relais du miracle grec, et qui constitua en somme la deuxième naissance de la rhétorique. Si l'on imagine les Romains comme des rustres traduisant servilement des textes grecs trop subtils pour eux, on se trompe du tout au tout. Il faut plutôt se figurer des aristocrates raffinés, bilingues, volontiers fastueux et cruels, prenant possession de la rhétorique et des rhéteurs grecs et s'en faisant des instruments supplémentaires pour dominer le monde ; il faut se figurer des penseurs donnant une vie nouvelle aux concepts grecs.

Inévitablement, en s'incorporant en quelque sorte la culture grecque, Rome se modifiait elle-même. Tel est le sens des vers célèbres d'Horace : « La Grèce conquise a conquis son farouche vainqueur et porté les arts dans le rustique Latium » (*Epitres*, II, 1, 156-157 : *Graecia capta ferum uictorem cepit et artes / intulit agresti Latio*). *Capta... cepit* : en un oxymore fort rhétorique, Horace résume le phénomène complexe de la conquête et du choc en retour.

Les Romains sont partis du principe que l'art de la parole était une spécialité grecque – conviction qui s'exprime encore, même après Cicéron, chez les poètes augustéens :

> « D'autres [que les Romains] forgeront avec plus de grâce des bronzes qui sauront respirer, je le crois du moins, ils tireront du marbre des visages vivants, ils plaideront mieux... » (*orabunt causas melius*) (Virgile, *Enéide*, VI, 847-849).
>
> « Aux Grecs, la Muse a accordé le génie, accordé de parler d'une bouche harmonieuse... » (Horace, *Art poétique*, 323-324).

Selon les stéréotypes nationaux, les Grecs faisaient figure de spécialistes des arts, des sciences, de la philosophie, par opposition à des Romains davantage tournés vers l'agriculture, le droit, l'administration ou la guerre. Effectivement, pour ce qui est de la rhétorique, le décalage était grand. Au IIIe siècle av. J.-C., la rhétorique grecque était parvenue à un degré d'élaboration très important, alors que Rome ne connaissait encore rien de comparable. Les Romains sont donc allés chercher l'art de la parole là où il était, auprès des Grecs.

Au IIe et au Ier siècle av. J.-C., les jeunes Romains faisaient souvent des séjours d'étude à Athènes, en Asie Mineure ou à Rhodes, pour y recevoir l'enseignement des rhéteurs et des philosophes. Les magistrats de passage dans les provinces hellénophones assistaient volontiers à des conférences ou à des débats ; il est question par exemple, dans le traité *De l'orateur* de Cicéron, de Marcus Antonius faisant halte à Athènes, lors de sa traversée vers la Cilicie, ou de Licinius Crassus fréquentant le rhéteur Métrodore lors de sa questure en Asie (le même Crassus, ajoute Cicéron, s'était exercé, dans sa jeunesse, à traduire en latin des discours des plus grands orateurs grecs). Les hommes politiques exilés mettaient à profit leurs loisirs forcés pour se faire les auditeurs de tel ou tel.

Inversement, des rhéteurs et philosophes grecs venaient séjourner à Rome ou en Italie, parfois chassés de leur patrie par les circonstances politiques et attirés par la protection de puissants patrons. Tel fut le cas de Panétius, de Philon de Larissa, de Philodème. Les Gracques eurent pour maîtres des rhéteurs grecs, dont le très éloquent Diophanès de Mytilène, qui forma Tiberius. Paul-Emile entoura ses fils de précepteurs grecs, parmi lesquels « des grammairiens, des sophistes et des rhéteurs » (Plutarque, *Vie de Paul-Emile*, 6, 9). A cette époque, la langue grecque était largement connue à Rome. Apollonios Molon, orateur et théoricien de la rhétorique, maître de plusieurs Romains à Rhodes et à Rome, venu en ambassade dans la Ville en 81 av. J.-C. pour plaider la cause des Rhodiens, fut le premier à s'adresser en grec, sans interprète, au Sénat.

L'enseignement de la rhétorique en grec ne suffisait pas. Pour répondre à une demande croissante de formation dans ce domaine, se développa un enseignement de la rhétorique en latin, par transposition et adaptation des modèles grecs. Dans cette langue, des manuels de rhétorique furent écrits, comme celui de Marcus Antonius ou la *Rhétorique à Herennius*, et des orateurs pratiquèrent des exercices oratoires avec leurs élèves. La première école de rhétorique en latin fut ouverte à Rome en 93 av. J.-C. par Lucius Plotius Gallus, un client de Marius.

L'importation de la rhétorique grecque à Rome ne manqua pas de susciter des résistances. La notion même d'un art de la parole, conçu comme faculté technique utilisable et transmissible à volonté, entrait en conflit avec les valeurs de la « confiance » (*fides*), de l'« autorité » (*auctoritas*) ou de l'« apprentissage du Forum » (*tirocinium fori*). Venant du monde grec, de surcroît, cet art était par définition étranger à la tradition nationale romaine. Par ailleurs, lorsque l'art était enseigné en latin, il représentait un danger supplémentaire aux yeux de l'aristocratie sénatoriale, dans la mesure où cette arme puissante que constituait la rhétorique était dès lors mise à la portée d'un plus grand nombre sous une forme facile à réutiliser. Toutes ces raisons expliquent la méfiance affichée par certains Romains, qui pourtant connaissaient fort bien la culture grecque, comme Caton écrivant qu'il fallait « examiner » la littérature grecque, mais non pas « l'étudier à fond » (*A son fils Marcus*, fragment 1, éd. Jordan : *inspicere, non perdiscere*), ou Crassus et Antonius faisant semblant « l'un de mépriser les Grecs, l'autre de ne pas même les connaître » (Cicéron, *De l'orateur*, II, 4). En 161 av. J.-C., les philosophes et les rhéteurs furent exclus de Rome par un sénatusconsulte. En 92 av. J.-C., Crassus, étant censeur, prit avec son collègue un édit interdisant les écoles des maîtres de rhétorique qui enseignaient en latin (*rhetores Latini*). Cette mesure, qui pourrait sembler paradoxale de la part d'un homme qui était lui-même un grand orateur, paraît avoir obéi à un ensemble complexe de motifs politiques (réaction aristocratique contre un instrument de promotion des *populares*) et intellectuels (défense d'une formation large, étendue à la culture grecque, à la philosophie et à l'histoire, contre un enseignement de contenu contemporain et utilitaire). Cependant les réactions de méfiance et les coups d'arrêt ponctuels n'eurent pas d'effet durable contre l'irrésistible mouvement d'acclimatation de la rhétorique à Rome dans les deux derniers siècles de la République.

Cette acclimatation a comporté la création d'un vocabulaire. La rhétorique rencontrait là un problème général, qui s'est posé aussi dans d'autres domaines, notamment en philosophie, dans les sciences, en architecture (Vitruve), etc. : le problème de la création d'une langue latine spécialisée dans un domaine où existait déjà une terminologie grecque. Les raisons qui poussaient à une telle création sont évidentes : même si le grec était compris par beaucoup de personnes, le passage au latin était indispensable pour assurer l'autonomie et la grandeur intellectuelles de Rome. La difficulté était de savoir comment y parvenir. Tout en se plaignant d'une infériorité initiale du latin par rapport au grec quand il s'agissait d'exprimer des pensées complexes et subtiles (on connaît par exemple les déclarations de Lucrèce sur « l'indigence de la langue paternelle », *De la nature*, I, 832, et III, 260), les Romains ont fort bien su remédier à cette situation. Ils ont pensé, comme le dit Quintilien, qu'« il fallait oser » (*Institution oratoire*, I, 5, 72), même si la création verbale paraissait moins aisée en grec qu'en latin.

Une première voie consistait à se contenter de transcrire. Ennius (IIIe-IIe siècle av. J.-C.) écrit *rhetorica*, calque du grec *rhêtorikê* ; Lucilius (IIe siècle av. J.-C.) écrit *schema*, calque du grec *skhêma*. Une seconde voie, plus complexe et enrichissante, consistait à traduire et à transposer, opération qui faisait surgir des configurations et des champs sémantiques nouveaux. Par exemple, Ennius rendit *peithô* (« persuasion ») par *suada* : tandis que le mot grec se rattachait, par sa racine, à l'idée de « confiance » (comparer *peithô* avec *fido, fides*), le mot latin évoquait l'idée de « plaire » et de « douceur » (comparer *suada* avec *hêdus, suauis*). Appliqués, l'un à Périclès, l'autre à Marcus Cornelius Cethegus (cf. Cicéron, *Brutus*, 57-59), ces deux mots marquaient une différence, d'ailleurs inattendue pour ce qui est de la répartition des rôles, entre l'autorité du Grec, surnommé l'Olympien, et le doux langage du Romain.

Pour désigner la rhétorique, le latin employa notamment *eloquentia* (« éloquence ») et *ars dicendi* (« art de parler »). Pour désigner l'orateur, il employa plusieurs mots : *rhetor* (calque du grec *rhêtôr*), qui s'applique au maître de rhétorique et qui est souvent péjoratif ; *orator*, le terme le plus noble, qui s'appliquait initialement à celui qui parle pour quelqu'un (ambassadeur, porte-parole) et qui s'élargit pour s'appliquer à tout individu capable de bien parler, tout en conservant souvent la nuance de personnage public, de chef de groupe ou de représentant d'une collectivité ; *patronus*, qui, on l'a vu, se réfère à une réalité proprement romaine et vise un lien social autant qu'une compétence rhétorique ; *aduocatus*, qui désigne proprement celui qui assiste un plaideur ; *causidicus*, terme péjoratif.

Pour désigner la « figure » de style (en grec *skhêma*), le latin se rallia majoritairement, à partir de Quintilien, au mot *figura* (au sens de « forme », « aspect »). Mais cette traduction avait été précédée de toutes sortes d'essais : dans la *Rhétorique à Herennius*, *exornatio* (« ornementation ») ; chez Cicéron, *ornamentum* (« ornement », « parure »), *lumen* (« effet brillant »), *conformatio* (« conformation »), *forma* (« forme »), *gestus orationis* (« attitude du discours »). Pour désigner la « preuve » (en grec *pistis, eikos, sêmeion, tekmêrion*), le latin utilisa *argumentum, probabile, signum*, sans faire correspondre systématiquement un mot latin à un mot grec, mais en jouant des ressources propres à la langue latine. L'« évidence » fut exprimée par le mot *euidentia*, terme inventé par Cicéron, et sensiblement plus complexe, d'un point de vue épistémologique, que son correspondant grec *enargeia*. La « convenance » fut exprimée par les mots *aptum* et *decorum* (*quid deceat*) ; ce dernier terme était très riche, car la racine du verbe *decet* évoque simultanément *docere* (« instruire », au sens de « faire bien recevoir »), *dignitas* (« dignité », « capacité de s'imposer ») et *decus* / *decor* (« beauté »). La « pureté de la langue », en grec *hellênismos*, devint *Latinitas* (et non pas *Romanitas* !). Lorsqu'on entre dans le détail de la terminologie, les exemples de cette sorte se multiplient, avec les noms des états de cause, des parties du discours, de chacune des figures, etc., qui tous manifestent une recherche consciente, productive, non sans tâtonnements parfois, dans le sens d'une transposition juste et adaptée de la terminologie grecque (laquelle était elle-même loin d'être unifiée).

Il faut noter que souvent les mots latins, quoique présentant à l'origine un sens distinct du correspondant grec, ont repris les sens du mot grec auquel ils équivalaient, suivant le processus du calque sémantique. Le sémantisme des mots grecs a alors été assimilé – conquis, peut-on dire ici encore. Ainsi le mot *ars*, qui reposait sur une racine différente de celle de *tekhnê* et qui conserva toujours des traits propres (sens d'« habileté », « manières »), se chargea de tous les sens de *tekhnê* et fonctionna comme son exact équivalent. De cette façon se constitua le lexique spécifique de la rhétorique latine, dont l'influence devait être considérable, puisque c'est du latin qu'est issue majoritairement la terminologie rhétorique dans les langues de l'Europe moderne.

La création d'une rhétorique de langue latine est illustrée par un traité majeur, la *Rhétorique à Herennius*, qui repose sur des sources grecques, et les adapte à la réalité romaine. Ce texte est le premier traité latin conservé ; c'est aussi le premier manuel systématique que nous possédions depuis la *Rhétorique* d'Aristote et la *Rhétorique à Alexandre* ; davantage encore, c'est le premier traité complet, en ce qu'il embrasse toutes les parties de l'art et offre, en une synthèse remarquable, un véritable compendium : toute la rhétorique en un volume d'un peu plus de deux cents pages. Le plan de la *Rhétorique à Herennius* est compliqué du fait que le traité suit plusieurs principes d'organisation à la fois (parties du discours, genres oratoires, tâches de l'orateur...). Les deux premiers livres, qui visent principalement le genre judiciaire, étudient les parties du discours et les états de cause. Le troisième livre réunit des préceptes sur l'invention dans le genre délibératif et le genre démonstratif, sur la disposition, l'action, la mémoire. Le quatrième livre, qui occupe à lui seul près de la moitié de l'ouvrage, est consacré au style.

Ce traité a été composé dans les années 86-83 av. J.-C., probablement, par un auteur inconnu (l'attribution à Cicéron, qui apparaît à la fin de l'Antiquité, doit être écartée ; certains modernes ont proposé une attribution à Cornificius). L'auteur s'appuie sur des sources grecques, qu'il connaît tant par lecture directe que grâce à l'enseignement d'un « professeur » (*doctor*), anonyme lui aussi. Cette utilisation de sources grecques explique que nous ayons rencontré plusieurs fois la *Rhétorique à Herennius* au cours du chapitre précédent, à titre de témoignage sur la doctrine hellénistique des genres de style, des figures ou de la mémoire notamment.

De ces sources grecques, l'auteur fait la synthèse, mêlant, combinant et sélectionnant librement, suivant une méthode qui rappelle celle de la *contaminatio* au théâtre (concept important dans l'histoire de l'hellénisme à Rome, et désignant la confection d'une comédie latine à partir de plusieurs modèles grecs). Bien plus, il a à cœur de naturaliser la *tekhnê* grecque, sa démarche étant similaire à celle des *rhetores Latini* dont les écoles avaient été fermées par édit censorial quelques années plus tôt. On devine, à lire entre les lignes, que l'auteur du traité est soit un chevalier, soit plutôt un sénateur, mais proche des *populares*, admirateur des Gracques, ayant exercé des fonctions à la guerre et dans l'administration et se situant dans la mouvance de Marius. Il adresse son traité à un certain C. Herennius, qui, dit-il, le lui a demandé, et il affiche son intention de ne pas se perdre en spéculations – comme font les Grecs –, mais de donner un manuel directement utilisable pour un jeune Romain (I, 1). D'où son traitement des exemples : au lieu de les emprunter à divers auteurs, il les tire de son propre fonds (IV, 1-10), soit en les inventant, soit en puisant dans ses propres discours, de manière à relier les préceptes avec les conditions concrètes de l'histoire récente et de la politique romaines. La *Rhétorique à Herennius* offre ainsi un témoignage complet et abouti sur l'acclimatation de la rhétorique grecque à Rome au début du Ier siècle av. J.-C.

CICÉRON

Cicéron (106-43 av. J.-C.), dont le nom est revenu à maintes reprises dans ce chapitre et dans le chapitre précédent, domine de toute sa stature la rhétorique de l'époque hellénistique et romaine. Il a souvent été comparé à Démosthène, notamment par Plutarque dans les *Vies parallèles*, et il a lui-même suggéré un tel rapprochement en désignant du nom de *Philippiques* ses discours contre Antoine, en écho aux *Philippiques* de l'orateur grec. En effet, il y a lieu de comparer les exceptionnels talents oratoires de Démosthène et de Cicéron, leurs deux carrières politiques appuyées sur la force du discours, leurs combats respectifs pour la liberté, leurs fins de proscrits. Même leurs fiascos peuvent être mis en parallèle, tant il est vrai qu'aucun orateur, si grand soit-il, n'est à l'abri d'une défaillance occasionnelle : telle fut la mésaventure de Démosthène ambassadeur, perdant contenance et restant muet devant Philippe (cf. Eschine, *Sur l'ambassade infidèle*, 34-35), comme aussi celle de Cicéron, avocat de Milon, se troublant devant les soldats de Pompée (cf. Plutarque, *Vie de Cicéron*, 35, 5). Mais la comparaison entre Démosthène et Cicéron est insuffisante, car Cicéron ne se contenta pas d'être homme politique et orateur, à l'instar de son prédécesseur grec, et fut également théoricien, historien et philosophe de l'art oratoire. Dans l'histoire de la rhétorique, il occupe une place sans équivalent, parce qu'il joua simultanément plusieurs rôles, correspondant à ceux qu'avaient joués à Athènes non seulement un Démosthène, mais aussi un Aristote et un Platon.

Né à Arpinum, à environ 120 km de Rome, dans une famille de rang équestre, Cicéron fut un « homme nouveau », le premier des siens à faire une grande carrière : une ascension qui s'explique par son génie personnel et en particulier par sa maîtrise dans le domaine de la langue et de la pensée. A partir de son adolescence, il se forma à Rome, où il acquit une instruction très large, qui couvrait le droit, la philosophie, la poésie, la rhétorique. Pour ce qui est de cette dernière, il fut confié par son père à Marcus Pupius Piso, orateur déjà reconnu ; il pratiqua des exercices de déclamation en latin et en grec, rédigea des traductions d'ouvrages grecs en latin (notamment du *Protagoras* de Platon), écouta les plus grands orateurs de l'époque (Antonius, Crassus) et suivit, comme on l'a vu, les leçons philosophiques et rhétoriques de l'académicien Philon de Larissa. Plus tard, en 79-77, il compléta sa formation par un grand voyage à Athènes, en Asie Mineure et à Rhodes, qui lui permit de fréquenter de nombreux philosophes et orateurs grecs (dont Apollonios Molon, qu'il avait déjà entendu à Rome et qui à Rhodes prit sa formation en main). De ce voyage il revint « changé » (*Brutus*, 316), moins exubérant et plus fort.

La carrière oratoire de Cicéron s'étend sur près de quarante ans, depuis son premier plaidoyer, *Pour Quinctius*

(81 av. J.-C.), jusqu'à sa mort. Le nombre des discours qu'il prononça s'élève à cent cinquante environ, à notre connaissance, dont cinquante-huit sont conservés. Ils se répartissent en discours judiciaires, prononcés pour l'accusation ou pour la défense devant les tribunaux, et en harangues politiques devant le Sénat ou devant le peuple. On a calculé que Cicéron eut gain de cause dans 82 % des cas (J. E. Granrud, dans *The Classical Journal*, 8, 1912-1913, p. 242) ; ce chiffre, qui repose sur des approximations, n'est pas à considérer comme une donnée absolue, mais il traduit bien, cependant, l'efficacité de celui qui fut un avocat (*patronus*) et un orateur politique à succès. Etant donné que Cicéron ne rédigeait pas intégralement ses discours avant de les prononcer, les textes que nous lisons sont des versions révisées, réécrites, augmentées (ou parfois au contraire abrégées, comme le *Pour Murena*) en vue de la publication. L'auteur veillait lui-même à l'édition, aidé par son affranchi et secrétaire Tiron (inventeur d'un système sténographique dit « notes tironiennes ») ; l'ami fidèle, Atticus, se chargeait de faire copier et de mettre en vente les exemplaires. Au Iᵉ siècle ap. J.-C., le grammairien Quintus Asconius Pedianus munit les discours de commentaires historiques d'une grande valeur. Dans ce vaste corpus, trois ensembles se détachent comme particulièrement importants : les *Verrines*, les *Catilinaires*, les *Philippiques*.

Cicéron avait trente-six ans et était déjà connu comme avocat lorsque les cités de Sicile lui demandèrent, en 70 av. J.-C., de les représenter dans l'affaire Verrès. Le cas était sérieux. Verrès était accusé d'avoir commis des vols et des abus de pouvoir au détriment de ses administrés lorsqu'il était propréteur en Sicile (crime *de repetundis*), mais il avait le soutien du Sénat et il était défendu par le grand Hortensius. Les Siciliens choisirent de s'adresser à Cicéron, non seulement à cause de sa notoriété, mais aussi parce qu'il avait été questeur en Sicile et avait laissé un bon souvenir dans l'île. Cicéron accepta, non seulement parce que la *fides* le liait aux Siciliens, dont il se faisait en quelque sorte le *patronus* en prenant en charge leurs intérêts, mais parce que la cause était prestigieuse et orientée dans un sens qui, sans doute, lui convenait (défense d'intérêts hellènes, lutte contre le verrouillage excessif de la vie politique imposé par le Sénat). Dans la phase préliminaire du procès, Cicéron réussit à se faire constituer accusateur de Verrès, contre l'homme de paille, Caecilius, que la partie adverse voulait lui substituer (*Discours contre Q. Caecilius, dit « La divination »*).

Aux termes de la loi, un procès comme celui-là devait faire l'objet de deux actions successives, le jugement étant prononcé à l'issue de la seconde action. Verrès et ses défenseurs espéraient différer cette seconde action jusqu'à l'année 69, où les circonstances seraient plus propices (le président du tribunal serait Marcus Caecilius Metellus, favorable à l'accusé, et le défenseur, Hortensius, serait consul). Tandis que la défense, donc, comptait sur des manœuvres dilatoires, le talent de Cicéron consista à comprendre au contraire qu'il fallait faire vite. Bien qu'un autre procès eût été suscité devant le même tribunal pour retarder celui de Verrès, bien que Cicéron fût lui-même, cette année-là, candidat à l'édilité (et il fut élu), le dossier fut traité tambour battant. Cicéron mena des investigations à Rome, où il examina les livres de compte de Verrès et les archives des douanes, et en Sicile, où il réunit toutes les preuves possibles des exactions du gouverneur. En cinquante jours, l'enquête était terminée, et lorsque la première action fut plaidée, en août 70, l'objectif de Cicéron était de remporter tout de suite une victoire assez écrasante pour que la partie adverse renonce à poursuivre le procès : ce qui se produisit. Au lieu d'une majestueuse ouverture, orchestrée par de nombreux assistants, Cicéron se contenta d'un réquisitoire rapide (la *Première Action contre C. Verrès*) et fit défiler les témoins à charge – une cinquantaine de témoins individuels et une trentaine de délégations envoyées par les cités de Sicile ;

leurs dépositions, qui durèrent huit jours, étaient si accablantes que Verrès renonça à sa défense et partit en exil volontaire à Marseille.

La procédure s'arrêtait là, complétée seulement par un verdict de condamnation et par l'estimation des dédommagements dus aux Siciliens. Mais Cicéron avait préparé ses arguments en vue de la seconde action. Bien que celle-ci n'ait pas eu lieu, il publia tout de même les réquisitoires qu'il aurait pu prononcer à cette occasion, sous la forme de cinq discours, composant la *Seconde Action contre C. Verrès*, dont chacun détaille un aspect des crimes commis par l'accusé : *La préture urbaine*, *La préture de Sicile*, *Le froment*, *Les œuvres d'art*, *Les supplices*. L'ensemble, remarquable à la fois par la puissance argumentative et par le talent littéraire, met en œuvre le pathétique, l'indignation, l'ironie, le pittoresque, et brosse des scènes inoubliables. Par cette publication, Cicéron a voulu justifier l'issue du procès, en faisant connaître les preuves dont il disposait, et agir à long terme sur l'opinion, en dénonçant les excès d'une certaine aristocratie sénatoriale. L'action étant plaidée, et victorieusement, le texte écrit venait la prolonger, avec ses moyens littéraires, et en donner une image durable et fidèle. Incidemment, le discours *Sur les œuvres d'art* apportait de surcroît une contribution importante à la langue latine de la critique d'art.

Après cette victoire, Cicéron était devenu le premier des orateurs et un homme politique en vue. Il fut édile, préteur, enfin consul, et à ce titre il eut à faire face à la conjuration de Catilina, qu'il réprima par la force. La série des quatre *Catilinaires*, prononcées en l'espace d'un mois (8 novembre - 5 décembre 63), marque les étapes de l'action du consul. La première *Catilinaire*, adressée au Sénat, visait à convaincre les sénateurs que la conjuration était bien réelle et à forcer Catilina à quitter Rome ; Catilina, qui était présent en séance, chercha à répondre, mais eut le dessous et fut obligé de quitter la ville. Le lendemain, dans la deuxième *Catilinaire*, Cicéron s'adressa au peuple, sur le Forum, pour dénoncer le complot, expliquer son attitude envers Catilina et menacer les partisans de celui-ci restés à Rome. Trois semaines s'écoulèrent, pendant lesquelles Cicéron trouva le temps d'assurer, avec Hortensius (qui cette fois plaidait du même côté que lui) la défense de Murena, dont il obtint l'acquittement. Sur ces entrefaites, des preuves écrites du complot de Catilina ayant été saisies, Cicéron fit arrêter les conjurés et prononça, à nouveau devant le peuple, la troisième *Catilinaire*, pour relater la séance décisive que venait de tenir le Sénat et pour annoncer que Rome était sauvée, grâce aux dieux et grâce à Cicéron. Le surlendemain, le Sénat se réunit pour statuer sur le sort des conjurés ; Silanus demanda la mort des coupables, César leur détention perpétuelle ; Cicéron, dans la quatrième *Catilinaire*, soutint l'avis de Silanus, et l'emporta, grâce à l'appui de Caton d'Utique. Les condamnés furent exécutés le soir même et Cicéron informa le peuple de leur mort par le mot célèbre : *Vixerunt* (« Ils ont vécu ») ; Catilina, qui ne faisait pas partie des conjurés arrêtés, fut tué les armes à la main un mois plus tard.

Du point de vue de la stratégie rhétorique, les *Catilinaires* sont des discours complexes, car chacun vise simultanément plusieurs destinataires et plusieurs buts différents. Cicéron s'adresse à la fois aux adversaires de Catilina, qu'il veut rassurer et encourager, aux partisans de Catilina, qu'il entend menacer, et aux tièdes, qu'il essaie de mobiliser. Sauf le quatrième, dont le but est clairement affiché, ces discours ne prétendent pas emporter une décision précise, mais plutôt expliquer et justifier l'action du consul. Leur thématique est multiple, comme l'étaient les ressorts de la politique romaine, mettant en jeu à la fois l'intérêt, le patriotisme, des arguments pratiques, des notions morales et des convictions religieuses. Dans ces conditions, la force du recueil tient au fait que, malgré sa richesse, malgré la complexité des situations rhétoriques et des lignes argumentatives, l'ensemble conserve netteté et unité. Cicéron mène l'action pour le plus grand bien de l'Etat : telle est l'impression qu'il donne, qu'il a voulu donner. En outre, ces discours sont émaillés de morceaux d'anthologie, notamment la première *Catilinaire*, qui contient deux célèbres prosopopées de la patrie et une magnifique prière finale à Jupiter Stator (Jupiter qui « arrête », et qui symbolise donc la nécessité d'« arrêter » les menées de Catilina). Même Salluste, qui n'aimait pas beaucoup Cicéron, reconnut la grandeur de ce discours, qu'il caractérisa comme « aussi brillant qu'utile à la République » (*La Conjuration de Catilina*, 31, 6).

Le consulat fut le point culminant de la carrière de Cicéron, qui reçut à cette occasion le titre de « Père de la patrie ». Vingt ans plus tard, il se trouva dans une situation fort différente au moment des *Philippiques*. Entre-temps, il avait connu l'exil, le retour, l'instabilité croissante de la République et l'évolution vers un régime de pouvoir personnel, avec Pompée, puis avec César ; il avait essayé de peser sur la vie politique autant qu'il avait pu, il avait beaucoup plaidé, beaucoup écrit. Et maintenant, le danger venait d'Antoine, qui, après l'assassinat de César, était en passe de prendre le pouvoir à Rome. Les quatorze *Philippiques* (quatorze conservées, sur un total d'au moins dix-sept) s'échelonnent de septembre 44 à avril 43, avec une interruption au cours de l'automne, que Cicéron mit à profit pour écrire les trois livres du traité sur *Les Devoirs*. A l'exception de la première, de ton encore modéré, les *Philippiques* contiennent des attaques extrêmement violentes contre Antoine, que Cicéron présente comme aspirant à la tyrannie et qu'il veut faire déclarer ennemi public, tout en favorisant son rival Octave. Ce recueil constitue un monument dans l'histoire de l'invective rhétorique, Antoine y étant dépeint comme un monstre qui transgresse les lois de la société, de la nature et de l'humanité. Les *Philippiques* offrent aussi une synthèse de thèmes cicéroniens sur le droit, l'histoire, la politique, la liberté. Enfin, comme déjà les discours consulaires, le recueil présente l'intérêt de contenir à la fois des discours au Sénat et des discours au peuple, prononcés le même jour ou à quelques jours d'intervalle (*Phil.*, III et IV, V et VI), ce qui permet de comparer ces deux formes d'éloquence et d'apprécier les variations de ton et d'argumentation apportées par Cicéron en fonction de l'auditoire.

Par ces invectives Cicéron s'attira la haine d'Antoine. Aussi, lorsque fut formé le deuxième triumvirat, alliance tactique entre Antoine, Octave et Lépide, le nom de Cicéron figura dans la liste des dix-sept premiers opposants condamnés à mort par les triumvirs (novembre 43). Rattrapé près de Gaète, au moment où il semblait s'être décidé à quitter l'Italie, Cicéron fut assassiné par un centurion ; sa tête et ses mains furent apportées à Antoine, qui les fit exposer sur les Rostres.

Les *Verrines*, les *Catilinaires* et les *Philippiques* sont évidemment loin d'épuiser l'œuvre oratoire de Cicéron. Il y a beaucoup d'autres chefs-d'œuvre dans le corpus. Il y a également des discours qui présentent Cicéron sous un jour moins favorable, en tout cas moins héroïque, et parfois même flatteur, opportuniste...

Par ailleurs, dans les harangues et plaidoyers, figurent parfois des éléments d'éloge. Cicéron (en accord sur ce point avec les autres Romains de son temps) ne s'intéressait pas particulièrement au troisième genre, le genre « épidictique » ou genre de l'éloge, qui, en tant que discours autonome, se cantonnait pour lui à la *laudatio funebris*. Cependant il a ménagé une place à ce genre dans sa réflexion théorique et il a inséré çà et là des éloges en forme dans ses discours judiciaires et délibératifs : éloge de la Sicile dans les *Verrines* (II, II, 2-9), éloge de Pompée dans le discours *Sur le commandement de Pompée* (27-49), oraison funèbre des soldats de la légion de Mars dans les *Philippiques* (XIV, 31-35). Par là l'œuvre de

Cicéron représente l'amorce d'une acclimatation de l'éloge rhétorique – invention grecque – à Rome.

Si l'on essaie de résumer ce qui fait le génie oratoire de Cicéron, on relève au moins : une langue admirable et portée à sa plénitude, une très grande force dans l'argumentation, des connaissances juridiques étendues, une alliance de rigueur, de pathétique et de verve mordante, la liberté de construction et la capacité de s'affranchir des règles. Quand Cicéron partageait une cause avec plusieurs avocats, il se réservait en général la péroraison, où son talent faisait merveille dans l'appel aux émotions.

Par ses discours Cicéron a défendu un idéal politique que l'on peut dire conservateur et républicain, et qui visait à favoriser les « bons » citoyens (*boni*, *optimates*), c'est-à-dire non seulement les sénateurs, mais aussi, suivant une base sociologique un peu élargie, les chevaliers, les riches propriétaires, les notables des municipes. Il s'est employé à défendre les institutions traditionnelles, fondées sur l'autorité du Sénat, le respect des lois, « la concorde entre les ordres » (*concordia ordinum*) et « l'accord des gens de bien » (*consensus bonorum*), sous la conduite, si possible, d'un homme exceptionnel, qui en soit le garant. La rhétorique est un des lieux où se sont formées et où ont été mises en œuvre ses idées politiques.

Naturellement, ces idées ont subi des inflexions et des variations au fil du temps et au gré des circonstances. Dans les harangues, il y a adaptation à l'auditoire, comme il a été noté ci-dessus : par exemple (d'après les calculs de G. Achard), lorsqu'il s'adresse au Sénat, Cicéron consacre 16 % de son argumentation à montrer la noblesse de l'action qu'il préconise, et lorsqu'il s'adresse au peuple 1 % seulement, tandis qu'inversement l'argument de l'utilité occupe une place deux fois plus grande dans les discours au peuple que dans les discours au Sénat. Dans les plaidoyers, il y a adaptation au client et à la cause, et à ce sujet Cicéron a exprimé toute une déontologie de l'activité de *patronus* (en écho à la réflexion d'Antonius citée plus haut). Selon Cicéron, l'avocat ne doit nullement chercher à exprimer son propre point de vue, mais viser ce qui est utile à la cause :

> « On se trompe grandement en croyant avoir dans les discours que nous avons tenus devant les tribunaux nos opinions autorisées dûment consignées : tous ces discours en effet sont ce que veulent les causes et les circonstances, non les hommes et les avocats eux-mêmes. Car si les causes pouvaient parler en personne à leur propre sujet, nul n'aurait recours aux orateurs. » (*Pour Cluentius*, 139.)

Au reste, Cicéron jugeait la défense plus noble que l'accusation et préférait défendre un coupable plutôt que d'accuser un innocent :

> « Il appartient au juge, toujours, dans les procès, de chercher la vérité, mais à l'avocat, parfois, de plaider le vraisemblable, même s'il n'est pas le plus vrai. » (*Les Devoirs*, II, 51.)

Praticien de l'éloquence, Cicéron fut aussi enseignant. Conformément aux normes de l'« apprentissage du Forum », de nombreux jeunes gens de l'aristocratie équestre ou sénatoriale, amenés par leur père, s'attachèrent à lui pour apprendre à son contact l'art du patronat judiciaire. En outre, son entourage comprenait des admirateurs et des amis, plus jeunes que lui, en compagnie desquels il se livrait à des exercices oratoires, ceci tout au long de sa vie. En 46 et 44 encore, il traitait, avec Hirtius, Dolabella, Pansa, des thèmes comme « les moyens de ramener la paix et la concorde entre les citoyens » (*Lettres familières*, IX, 16, 7 ; *A Atticus*, XIV, 12, 2), entraînement à la technique oratoire qui était à la fois hygiène, dérivatif et travail de réflexion sur l'actualité politique. Quelques années plus tôt, en 49, Cicéron traitait *in utramque partem*, en grec et en latin, des *theseis* politiques en rapport avec les circonstances actuelles, sur le thème « Quelle attitude adopter face au tyran ? » (*A Atticus*, IX, 4).

Cicéron fut également théoricien : théoricien de l'art oratoire en général, et simultanément théoricien de sa propre pratique. Il commença très jeune, puisque son premier traité, *De l'invention*, date du milieu des années 80 (peut-être 84-83 av. J.-C.). Cet ouvrage est contemporain de la *Rhétorique à Herennius*, avec laquelle il entretient des rapports difficiles à préciser (situation qui n'est pas sans rappeler à certains égards les rapports de la *Rhétorique* d'Aristote et de la *Rhétorique à Alexandre*). Le traité *De l'invention* et la *Rhétorique à Herennius* présentent de nombreuses similitudes ; les deux auteurs s'appuient, sinon sur l'enseignement d'un même maître, du moins sur une même doctrine de base, professée à Rome à leur époque. Cependant le traité de Cicéron est moins complet que son jumeau. Comme l'indique son titre, il ne porte que sur l'argumentation, envisagée suivant les différents genres et suivant les parties du discours, avec une insistance particulière sur la théorie des états de cause ; une étude des autres parties de la rhétorique – style, mémoire, *actio* – est annoncée à la fin de l'ouvrage, mais apparemment ce projet n'a pas été exécuté. Par ailleurs, le traité *De l'invention* manifeste, par rapport à la *Rhétorique à Herennius*, des divergences sur des points précis de doctrine, une moindre sympathie pour les *populares*, et une plus grande ouverture à l'hellénisme et à la philosophie. Ce traité témoigne de recherches déjà très fouillées chez un auteur âgé d'à peine plus de vingt ans. Il fut pour Cicéron un instrument de travail, autant qu'une œuvre aboutie, et il lui a servi à préparer l'argumentation de ses plaidoyers. Trente ans plus tard, Cicéron prendra ses distances avec *De l'invention*, qu'il qualifiera d'« essais de mon enfance, ou, plus exactement, de ma première jeunesse, ébauches encore grossières échappées de mes cahiers d'école » (*De l'orateur*, I, 5).

L'état achevé de la théorie cicéronienne se trouve dans

ce que l'auteur désigne comme ses cinq livres oratoires (*De la divination*, II, 4) : c'est-à-dire *De l'orateur* (en trois livres), *Brutus* et *L'Orateur*.

De l'orateur, composé en 55 av. J.-C., est un dialogue, que Cicéron a situé à l'époque de son adolescence (91 av. J.-C.) et dans lequel il met en scène des hommes qu'il a connus et admirés, notamment Crassus, Antonius, Mucius Scaevola l'Augure. Sans s'astreindre à rapporter des propos réellement échangés, Cicéron se contente de respecter le caractère et les grandes tendances de ses personnages, pour leur faire évoquer des problèmes qui lui tiennent personnellement à cœur. Il ne s'agit pas seulement de s'abandonner au plaisir mélancolique de l'évocation des disparus, mais aussi de réfléchir sur le présent à travers le passé : en 55 comme en 91, la stabilité de la République et l'autorité du Sénat pouvaient être considérées comme menacées, et Cicéron, qui croyait profondément que la rhétorique a un rôle à jouer dans la défense des institutions, a mis dans ce dialogue des implications concernant la politique romaine de son temps. Edicter les règles de la rhétorique revenait à envisager les conditions du bon fonctionnement de l'Etat.

La discussion se déroule principalement entre Crassus et Antonius. Le premier livre contient un débat entre les deux hommes sur la définition de la rhétorique et sur les qualités exigées de l'orateur ; le livre II, confié presque entièrement à Antonius, donne les préceptes relatifs à l'invention, à la disposition et à la mémoire ; le livre III, confié à Crassus, porte sur l'élocution et sur l'action. Ainsi l'ensemble contient-il les éléments d'un traité complet, tout en évitant la sécheresse du manuel grâce à l'agrément littéraire du dialogue. Cicéron était parfaitement informé des recherches de ses prédécesseurs, latins et grecs (dans une lettre il dit avoir embrassé ici « toute la doctrine oratoire des Anciens, celle d'Isocrate comme celle d'Aristote » : *Lettres familières*, I, 9, 23). Il repense ces sources, à sa manière, en se fondant sur ses propres conceptions et sur son expérience, et n'hésite pas à donner des préceptes détaillés, parfois porteurs d'innovations techniques, par exemple à propos des états de cause et à propos du style. C'est dans ce dialogue qu'apparaît la célèbre théorie cicéronienne des trois tâches de l'orateur : « prouver la vérité de ce qu'on affirme, se concilier la bienveillance des auditeurs, éveiller en eux toutes les émotions qui sont utiles à la cause « (II, 115 : tripartition résumée ailleurs par les mots « instruire, plaire, émouvoir », *docere, delectare, mouere*).

Mais l'apport principal du dialogue *De l'orateur* réside, plus que dans les analyses techniques, dans la conception même de l'éloquence. Cicéron ne se borne pas aux règles, mais veut tout reprendre à la base, en définissant les études et les réflexions préalables à l'exercice de l'éloquence : c'est le thème de la culture générale nécessaire à l'orateur. Sur ce point, Crassus et Antonius s'affrontent au livre I : Crassus soutient que l'orateur doit posséder des compétences en matière de droit, d'histoire, de politique, de sciences de la nature, de philosophie, puisque le domaine de la rhétorique est universel et que tous ces sujets pourront se présenter dans les affaires qu'on aura à traiter ; Antonius développe la thèse inverse, selon laquelle il suffit à l'orateur de posséder une grande expérience de la vie et d'avoir effleuré beaucoup de domaines, moyennant quoi il n'aura besoin d'aucune compétence particulière et pourra s'en remettre à l'avis des experts sur les questions spécialisées. Mais lorsque la conversation reprend le lendemain, au livre II, Antonius reconnaît qu'il a exagéré pour le plaisir de contredire Crassus (II, 40), et que dans le fond de sa pensée il ne s'oppose pas au traitement de questions générales. Plutôt qu'une antinomie, il y a une différence d'accent entre les exigences très hautes de Crassus et les nuances apportées par Antonius, qui rappelle Crassus au réalisme. Cicéron lui-même penche du côté de Crassus, dont il approuve expressément la thèse (II, 5-6) et auquel il prête au livre III un nouvel exposé sur le même sujet.

Si ce débat prend tant d'importance, c'est qu'il touche selon Cicéron à un problème fondamental. Il s'agit de savoir si la rhétorique est une technique sans contenu, un ensemble de recettes applicables à tout sujet à volonté, ou si elle est un art complet, qui met en jeu toutes les qualités de la personne, qui suppose, à travers l'expression, une sagesse et un savoir, et qui exerce son efficacité persuasive en s'appuyant sur des valeurs. Cicéron choisit la deuxième réponse. Ce dilemme, et ce choix, avaient déjà été aperçus par certains Grecs, mais le dialogue *De l'orateur* est le premier texte de la rhétorique antique qui développe cette idée dans toutes ses conséquences. Les principales sont celles-ci :

— *La connaissance du droit* : c'est là un thème profondément romain, qui va plus loin que la seule compétence juridique ; en soutenant que l'orateur doit connaître le droit, Crassus indique que la problématique de la vérité est insuffisante ; l'orateur ne parle pas pour communiquer le vrai, mais pour faire fonctionner la vie politique et sociale sur des fondements juridiques et moraux solides.

— *Les questions générales (theseis)* : toute cause précise ressortit à une question générale dans laquelle elle est incluse. Par exemple : Milon a tué Clodius, qui lui avait tendu un guet-apens ; la cause consiste à savoir si Milon avait le droit de tuer Clodius ; mais la *thesis* présente en arrière-fond consiste à se demander si l'on a le droit de tuer l'auteur d'un guet-apens, c'est-à-dire dans quelle mesure l'autodéfense est légitime. Cicéron, qui s'était montré réservé envers les *theseis* dans le traité *De l'invention*, les conseille à présent dans le traité *De l'orateur*, en insistant sur la nécessité d'élargir le sujet et de poser les problèmes de fond qu'il contient (cette généralisation devant naturellement rester circonscrite dans des limites raisonnables et subordonnée à la cause précise). Suivant ce raisonnement, la rhétorique ne se satisfait pas d'être une routine et veut être un instrument de réflexion sur le fond des choses.

— *Les rapports avec la philosophie* : la philosophie est l'élément essentiel dans la culture générale de l'orateur. L'art de persuader, tel que le conçoit Cicéron, repose tout entier sur des « fondements philosophiques » (A. Michel) : qu'il s'agisse des moyens de l'argumentation (raisonnement, logique, lieux), du bon usage des passions, de l'esthétique et de la recherche de la beauté, de la philosophie du droit, de la philosophie politique, la sagesse doit se joindre à l'éloquence (III, 142 : *sapientiam iunctam... eloquentiae*). La doctrine philosophique qui a le plus profondément inspiré Cicéron, à cet égard, est celle de la Nouvelle Académie, qui comportait des éléments de doute et de scepticisme propres à s'accorder avec le relativisme et le probabilisme inhérents au discours rhétorique, avec les réalités d'une situation où l'on dit « tantôt une chose, tantôt une autre » (II, 30 : *alias aliud*). C'est Carnéade concilié avec Aristote (III, 71).

— *La figure de l'orateur idéal* : cette conception exigeante de la rhétorique dessine la figure d'un orateur idéal, magnifié, hypostasié, non seulement sur le plan moral et intellectuel (possédant la sagesse, il est à la fois vertueux et capable d'embrasser la doctrine philosophique, ces deux aspects étant liés), mais aussi sur le plan politique (il dirige l'Etat : III, 63, 76 ; sa parole est « royale » : I, 32) et religieux (il est « divin » et semble « presque un dieu » : I, 106, 202 ; III, 53). D'où les titres choisis, pour le *De oratore* comme pour l'*Orator*, qui tendent à dépasser l'art, pour l'incarner dans la figure de celui qui l'exerce. La question qui se pose alors est celle de savoir si pareil orateur existe. Antonius disait qu'il avait connu des hommes « diserts » (*diserti*), mais jamais encore un seul homme proprement « éloquent » (*eloquens*) (I, 94). Dans *L'Orateur* (7-10), l'« orateur suprême » (*summus orator*) est un idéal, au sens des Idées platoniciennes. Mais certainement Cicéron, qui ne péchait pas par excès de modestie, a pensé à sa propre personne pour incarner l'orateur accompli, cultivé, philosophe et capable (il était encore possible de le croire en 55) d'un grand destin politique.

Sur tous ces points (y compris la référence à son cas personnel), Cicéron ne variera plus. Il reste fidèle à ces convictions et les reprend dans les deux œuvres suivantes, *Brutus* et *L'Orateur*. Mais, composés neuf ans après *De l'orateur* (en 46 av. J.-C.), ces deux traités répondent à une situation nouvelle : le développement de l'atticisme (ou néo-atticisme), représenté en particulier par l'orateur et poète Caius Licinius Calvus (82-47 av. J.-C.). Calvus et ses amis prônaient une forme d'éloquence qu'ils appelaient « attique », c'est-à-dire imitée des orateurs attiques et tout particulièrement de Lysias, et qui se caractérisait par la clarté, la correction, voire une certaine sécheresse et un certain dépouillement ; cette esthétique n'était pas sans lien avec les conceptions stoïciennes de la rhétorique ni avec les travaux de quelques grammairiens (dont César dans son traité *De l'analogie*, dédié à Cicéron). Au nom de cette conception, les néo-attiques étaient allés jusqu'à critiquer le style de Cicéron, auquel ils reprochaient son manque de simplicité, son excès d'abondance, ses figures, ses redondances, son pathétique, ses rythmes. C'est dans le contexte de cette polémique rhétorique qu'ont été composées les deux œuvres ; elles sont offertes à Marcus Iunius Brutus (85-42 av. J.-C.), le futur meurtrier de César, philosophe et orateur, ami de Cicéron, lequel lui a dédié plusieurs autres ouvrages. Cicéron aura voulu infléchir les conceptions oratoires de Brutus, s'il est vrai que Brutus penchait en faveur des idées de Calvus ; il aura voulu aussi – car pour Cicéron l'esthétique et la politique, quand il s'agit de rhétorique, ne se disjoignent pas – faire méditer Brutus, au moment où César dominait Rome, sur l'exemple de Démosthène et sur l'idéal républicain véhiculé par la rhétorique.

L'Orateur se compose de trois parties principales : une

définition de l'orateur idéal, un énoncé synthétique des règles de la rhétorique – surtout des règles du style –, enfin l'étude d'un domaine plus précis et très technique, l'« arrangement des mots » (*de uerbis componendis*), partie de l'*elocutio* qui consiste à disposer les mots dans la phrase de manière à atteindre les meilleurs effets d'euphonie et de rythme. Tout en reprenant beaucoup de thèmes du *De l'orateur*, *L'Orateur* apporte donc un approfondissement des questions stylistiques. Cicéron s'élève contre une conception étriquée et monochrome de la prose oratoire. Il défend, et, mieux, théorise la conception ample, riche et presque musicale à certains égards qui a toujours été la sienne en cette matière (les érudits du siècle dernier parlaient à propos de Cicéron d'une prose « copieuse » et « nombreuse », c'est-à-dire fondée sur l'« abondance » – *copia* – et sur le « rythme » – *numerus* –). Il s'insurge également contre l'utilisation du mot « attique » par Calvus et ses amis, en faisant valoir que l'éloquence attique ne se réduit pas à Lysias. Elle comprend aussi Isocrate, elle comprend Démosthène. Il est donc injustifié, selon Cicéron, de confisquer l'épithète « attique » au profit exclusif du style simple ; la véritable manière de se réclamer des orateurs attiques consiste à imiter avec éclectisme les qualités de chacun d'entre eux ou à s'inspirer du grand modèle qui réunit en lui les qualités de tous : Démosthène.

Le *Brutus*, composé quelques mois avant *L'Orateur*, présente une nouvelle facette de la pensée cicéronienne sur la rhétorique : la dimension historique. Stimulé par un manuel de chronologie que lui a envoyé Atticus, et s'appuyant sur ses propres recherches, ses lectures et ses souvenirs personnels, Cicéron trace ici, sous forme de dialogue, une histoire de l'éloquence romaine – la première du genre. En ouverture, il brosse un tableau de la rhétorique grecque, qui est déjà très important (notamment parce qu'il utilise le *Recueil d'« Arts »*, aujourd'hui perdu, d'Aristote). Puis il fait défiler en ordre chronologique tous les orateurs romains, célèbres et moins célèbres, depuis les débuts de la République jusqu'à l'époque présente, en analysant en détail les caractères de leur éloquence. Cet exposé est une source inestimable de renseignements. C'est aussi un hymne à la gloire de la rhétorique, dont il montre la difficulté, l'exigence, et dont il retrace le lent perfectionnement jusqu'à Hortensius et à Cicéron lui-même. Chemin faisant, l'auteur n'oublie pas de répondre, une nouvelle fois, aux critiques des néo-attiques.

Cicéron a écrit encore trois petits traités sur la rhétorique : *Du meilleur genre d'orateurs* (préface à une traduction faite par lui, mais perdue aujourd'hui, des discours *Contre Ctésiphon* d'Eschine et *Sur la couronne* de Démosthène) ; *Divisions de l'art oratoire* (manuel à l'usage de son fils) ; *Topiques* (traité sur les « lieux » de l'argumentation).

L'apport de Cicéron à l'histoire de la rhétorique ne se limite pas à ses discours et à ses traités sur le sujet, si importants soient-ils, et dans le reste de son œuvre apparaissent encore, si l'on considère les choses de plus haut, maintes innovations significatives.

Cicéron a « rhétorisé » la philosophie, si l'on peut dire. Non content d'introduire une dimension philosophique dans la rhétorique, il a aussi, corrélativement, introduit la rhétorique dans la philosophie, au nom de l'idée que la philosophie doit être éloquente, et développé un langage philosophique original, où se mêlent démonstration et persuasion. Cicéron estimait que « en tout sujet, il faut s'appliquer à être lisible pour tous les gens cultivés », et c'est pourquoi il appréciait, en tant que philosophe, les exercices rhétoriques, la *dissertatio in utramque partem* (*Tusculanes*, II, 8-9), tous les moyens propres à faire du discours philosophique, précisément, un discours. A l'époque des *Tusculanes*, Cicéron déclamait le matin et s'adonnait à la philosophie l'après-midi : alliance des deux disciplines, jusque dans l'emploi du temps, dont on trouve des exemples tout au long de l'Antiquité, depuis Aristote jusqu'aux néoplatoniciens. Philosophie et rhétorique sont ainsi complémentaires :

> « L'espèce de philosophie à laquelle je me rallie garde avec l'éloquence une alliance étroite : celle-ci emprunte sa finesse à l'Académie, et lui rend en retour l'abondance du discours et les ornements de la parole. » (*Du destin*, 3.)

Cicéron a réfléchi sur les rapports de l'histoire et de la rhétorique, pour parvenir à la conclusion que la rédaction de l'œuvre historique obéit à des lois de composition, de mise en forme, qui ne sont pas distinctes des lois de la rhétorique (*De l'orateur*, II, 36, 62). D'où la fameuse formule : l'histoire est « un travail particulièrement propre à un orateur » (*Des lois*, I, 5 : *opus oratorium maxime*). Ce thème a repris toute son actualité au cours de ces dernières années, chez des penseurs qui soulignent que l'exposé historique ne peut pas être neutre, et qu'en tant que récit ou argumentation il se conforme à des règles et à des choix d'écriture ; l'histoire, à ce compte, peut être envisagée, au moins pour une part, comme étant elle-même un genre littéraire ou rhétorique, et son épistémologie comprend non seulement ses sources documentaires, mais aussi ses modes d'exposition (voir les travaux de Hayden White, notamment *The Content of the Form. Narrative Discourse and Historical Representation*, Baltimore, 1987, et aussi R. Carpenter, *History as Rhetoric. Style, Narrative and Persuasion*, Columbia, 1995 ; cette problématique est une des pistes envisagées par P. Ricœur dans les trois volumes de *Temps et récit*, Paris, 1983-1985).

Cicéron a également réfléchi au thème de la conversation. Dans le traité *De l'orateur* (I, 32), l'art de l'entretien enjoué et civilisé est considéré comme une des forces de la parole. Ne jugeant pas possible, ni même souhaitable, d'édicter à ce sujet des règles aussi rigoureuses que celles qui gouvernent le discours public, Cicéron n'a pas élaboré de véritable rhétorique de la conversation, mais il a défini une éthique de la conversation (dans *Les Devoirs*, I, 134-137). Et il a mis ses principes en application dans une très riche pratique littéraire : la forme du dialogue, inaugurée précisément avec le *De l'orateur*, lui deviendra de plus en plus chère, parce qu'elle permet de présenter des opinions multiples et de rechercher la vérité sans dogmatisme, et aussi parce qu'elle met en scène une conception des rapports sociaux fondée sur l'urbanité, l'amitié, le loisir lettré. N'oublions pas, enfin, l'épistolographie – autre forme de conversation –, pour laquelle Cicéron a laissé un modèle décisif avec sa monumentale correspondance.

La rhétorique cicéronienne a exercé une influence capitale dans l'histoire de la culture occidentale, à travers la notion d'« éloquence ». Telle que l'a illustrée Cicéron, et telle qu'elle a été reprise après lui, sur la base de ses ouvrages, dans l'Antiquité, au Moyen Age, à la Renaissance, à l'époque moderne, cette notion ne se réduisait pas au seul discours public, mais concentrait en elle les potentialités de la littérature, du savoir, de l'humanisme. C'était une conception très large et conquérante de la rhétorique, qui ouvrait à celle-ci un vaste domaine, et que les institutions éducatives ont contribué à diffuser (avec par exemple, dans l'enseignement secondaire des XIXe-XXe siècles, la « classe de rhétorique » et la « classe de philosophie », dont l'esprit était fort cicéronien).

Un dernier thème cicéronien est celui des rapports entre rhétorique et liberté. Voyant la suprématie toujours croissante du pouvoir militaire, Cicéron revendiqua la supériorité, en droit, de l'orateur philosophe sur le capitaine vainqueur et sur le dictateur. Il osa écrire « Que les armes le cèdent à la toge » (poème *Sur son consulat*, fragment 6, éd. Soubiran : *Cedant arma togae*), et encore « Je fais la guerre [...] à Antoine [...] par la parole contre les armes » (*Lettres familières*, XII, 22, 1 : *contra arma uer-*

bis), en sachant pertinemment que dans le présent les armes l'emportaient, mais en préconisant la rhétorique comme modèle de civilisation et comme moyen de faire prévaloir le droit sur la force.

EXCURSUS N° 5
L'ARME DU RIRE

Le rire n'est peut-être pas la première chose qui vient à l'esprit quand on pense à la rhétorique romaine, et à Cicéron en particulier. Et pourtant : les discours de Cicéron sont parsemés de traits d'humour et d'ironie, destinés à gagner les bonnes grâces des juges en les faisant rire ou sourire, à détourner l'attention d'un point délicat, à discréditer l'adversaire par le ridicule ou la dérision. Voici quelques exemples :

Sourire pour détendre l'atmostphère :
– « Milon rentra chez lui, changea de chaussures et de vêtements, et, tandis que sa femme, selon l'usage, était à sa toilette, il patienta quelque temps » (*Pour Milon*, 28). Ces mots « selon l'usage » (*ut fit*), dans une narration dont les moindres détails sont calculés, forment une incise destinée à amuser les juges et à conférer de la vraisemblance au reste du récit.

Eloge ironique :
– « Rullus, cet homme sans cupidité ni ambition... » (*Sur la loi agraire*, II, 20.)

Jeu sur le nom de l'adversaire :
Dans les *Verrines*, Cicéron joue de manière répétée sur le nom de Verrès, qui en latin est identique à *uerres* (« porc », « verrat »), et qui rappelle aussi les verbes *uerro* et *euerro* (« balayer », « rafler ») :
– [A propos d'un personnage mêlé à l'affaire] : « Comme s'il avait pris un breuvage de Circé, tout à coup, sur-le-champ, le voici devenu un Verrès [Circé, dans l'*Odyssée*, métamorphose en porcs les compagnons d'Ulysse ; [...] cet argent, il en verse (*uerrit*) dans ses caisses la plus grande partie. » (*Discours contre Q. Caecilius*, 57.)
– [A propos des arrêts rendus par Verrès] : « Les uns

déclaraient [...] qu'il n'y avait rien d'étonnant dans une pareille juridiction : mauvais jus de verrat » (*ius... uerrinum* : expression à double sens qui signifie à la fois « justice de Verrès » et « sauce de porc »). Très habilement, Cicéron, après avoir fait sourire en rapportant ce mot, continue sur un ton extrêmement sérieux en affirmant qu'il ne le reprend pas à son compte et qu'il ne le cite que comme témoignage d'immoralité : « Je ne vous aurais pas rapporté ces mots – ils ne sont pas, en effet, bien spirituels et ils ne méritent pas d'être répétés dans des débats aussi sérieux – si je n'avais voulu que vous rappeliez à votre souvenir que la foule avait toujours à la bouche l'immoralité et l'iniquité de cet homme qui étaient passées en proverbes vulgaires. » (*Verrines*, II, I, 121.)

– « Verrès [...], préparé à verser dans ses caisses l'argent de la province » (*paratus... ad euerrendam prouinciam* : II, II, 19) ; « Fut-il jamais pareil coup de filet (*euerriculum*), juges, dans aucune province ? » (II, IV, 53.)

– [A propos de Verrucius, faux nom utilisé par Verrès et dont la fin était raturée] : « Voyez-vous "Verrucius" ? Voyez-vous la dernière partie du nom, cette queue du Verrès (*caudam illam uerrinam*), qui s'abîme, comme dans un bourbier, dans l'endroit barbouillé par les ratures ? » (II, II, 191.)

– [Verrès ayant échoué à voler une statue d'Hercule] : Les Siciliens « disaient qu'il fallait compter parmi les travaux d'Hercule ce très sauvage porc de Verrès (*hunc immanissimum Verrem*) aussi bien que le sanglier d'Erymanthe. » (II, IV, 95.)

Jeu de mots :

– [Antoine a fait cadeau d'un terrain au rhéteur Sex. Clodius, qui lui donne des leçons d'éloquence] : « Voilà pourquoi son maître, de l'art oratoire passé à l'aratoire (*ex oratore arator*), possède dans le domaine public, sur le territoire de Léontium, deux mille arpents sans redevance. » (*Philippiques*, III, 22.)

Pérégrinismes (utilisation de mots d'origine étrangère, qui stigmatisent l'adversaire plus sûrement que des insultes, Cicéron jouant sur les préjugés nationalistes de l'auditoire en même temps que sur ses préjugés moraux) :

– « P. Clodius a quitté une robe safran (*crocota*), un turban (*mitra*), des sandales de femme, des bandelettes de pourpre, un soutien-gorge (*strophio*), une harpe (*psal-

terio), la turpitude, le scandale, pour devenir soudain ami du peuple. » (*Sur la réponse des haruspices*, 44.)

Reparties tantôt souriantes, tantôt cinglantes, qui fusaient au cours des débats, par exemple celles-ci, rapportées par Quintilien :
– L'accusateur de Milon insistait sur l'heure du crime, afin de prouver la préméditation. « Il lui demandait à plusieurs reprises à quel moment Clodius avait été tué : "Tard", répondit Cicéron. » (Quintilien, *Institution oratoire*, VI, 3, 49.) [Le mot latin *Sero*, qui signifie « tard » et « trop tard », suggère que Clodius eût mérité de mourir plus tôt.]
– « Sex. Annalis, en qualité de témoin, avait chargé l'accusé, et l'accusateur ne cessait de presser Cicéron [qui assurait la défense] : "Voyons, M. Tullius, que peux-tu dire de Sextus Annalis ?" Cicéron se mit à citer des vers du sixième livre des *Annales* d'Ennius : "Qui peut donc exposer les causes d'une guerre / considérable..." » (*Ibid.*, 86.) [Cicéron feint de comprendre « sixième » et « Annales » au lieu du nom Sextus Annalis du témoin, ce qui revient en somme à nier l'existence même de celui-ci ; le vers cité n'est évidemment pas pris au hasard, mais choisi pour s'appliquer à la cause.]
– « Cicéron interrogeant un témoin au cours du procès de Verrès, Hortensius lui dit : "Je ne comprends pas ces énigmes." – "C'est étonnant, répliqua Cicéron, car tu as chez toi le Sphinx." De fait, Hortensius avait reçu de Verrès un sphinx de bronze, qui était d'un grand prix. » (*Ibid.*, 98.)

Persiflage :
– « J'attendais la loi et la harangue du personnage. [...] Il convoque une assemblée. [...] On s'y rend en foule avec une grande impatience de l'entendre. Il débite un discours fort long et conçu en très bons termes. Je n'y voyais qu'un défaut, c'est que dans une si grande affluence, on n'aurait pu trouver un seul auditeur qui comprît ce qu'il disait. Etait-ce perfidie de sa part, ou bien a-t-il du goût pour ce genre d'éloquence ? Je ne sais. Toutefois les plus subtils parmi les assistants soupçonnaient qu'il avait voulu parler quelque peu de loi agraire. » (*Sur la loi agraire*, II, 13.)

Dans le plaidoyer *Pour Murena*, c'est l'ensemble du discours qui est conçu de manière à faire rire. Murena était accusé de brigue électorale par Servius Sulpicius Rufus et par Caton le Jeune : la tâche de Cicéron, en tant que défenseur, était difficile, parce que le dossier de l'accusation était solide et parce que les accusateurs étaient des personnalités respectées (l'un, Sulpicius, jurisconsulte intègre, l'autre, Caton, stoïcien reconnu pour sa droiture morale), et qui plus est ses propres amis. Cicéron choisit donc de saper l'accusation, sans attaquer personnellement les accusateurs, mais en se moquant des convictions dont ils faisaient profession et en suggérant que c'était l'excès de ces convictions qui les avait amenés à accuser son client. Avec beaucoup de verve, il railla d'abord la science juridique, ses minuties et son formalisme, puis ridiculisa la philosophie stoïcienne, sa dureté et son intransigeance. Il paraît que pendant qu'il parlait « les éclats de rire passaient de l'assistance jusqu'aux juges » (Plutarque, *Vie de Cicéron*, 50, 5). Et Murena fut acquitté. Certains critiques modernes se sont étonnés que Cicéron ait eu le cœur à plaisanter en pleine conjuration de Catilina : c'est ne pas voir qu'en réalité ces plaisanteries (qui alternent d'ailleurs avec des moments d'émotion) étaient une stratégie rhétorique étudiée à l'intention des juges, à qui il fallait fournir des raisons de ne pas suivre Sulpicius et Caton. Caton ne s'y trompa point, qui commenta, après le procès : « Nous avons un consul... amusant. » Réflexion vipérine et dépitée, qui voulait dénoncer le caractère inconvenant pour un consul d'un tel usage de la plaisanterie, mais qui reconnaissait en même temps que Cicéron l'avait emporté précisément par ce moyen.

Le rire est donc une arme rhétorique, qui concourt à la persuasion par des moyens psychologiques. Cicéron, qui en était parfaitement conscient, a étudié cette arme dans ses œuvres théoriques, en particulier dans un long excursus du *De l'orateur* (II, 216-290).

Or le sujet du rire en rhétorique est plus complexe qu'il n'y paraît au premier abord et se révèle, à l'examen, gros de différents problèmes :

– La rencontre de Rome et de la Grèce. Il existait une tradition grecque du rire, en pratique (la comédie, par exemple) et en théorie (depuis Aristote, analyste de « ce qui fait rire » – *to geloion* – dans la *Rhétorique*, III, 1419 b 3-10, ainsi que dans la *Poétique* – partie perdue sur la comédie – et dans l'*Ethique à Nicomaque*, IV, 14). Il existait aussi une tradition romaine de la satire et de la comédie. Les orateurs romains exploitent ces deux traditions. Et Cicéron va plus loin que Démosthène, trop loin même, selon certains : « Pour beaucoup, Démosthène a manqué à cet égard de talent, Cicéron de mesure » (Quintilien, *Institution oratoire*, VI, 3, 2).

– Le rire pose aussi un problème philosophique. Il sert à critiquer les vices, à signaler la laideur, mais il pose le problème de la convenance, de la mesure, du *decorum*.

– Le rire se lie à l'art de vivre, à la conception de la vie en société, comme l'indiquent les mots, désignant l'esprit et la plaisanterie, qui sont formés sur la racine désignant la « ville » : en grec *asteïsmos*, en latin *urbanitas*. Cicéron faisait des plaisanteries également dans la vie quotidienne (il circulait des recueils de ses bons mots) et dans sa correspondance.

– Le problème politique s'est posé à la fin de la vie de Cicéron : peut-on rire sous la dictature ?

La richesse de la problématique du rire correspond à la caractéristique qui a été dégagée, dans les pages qui précèdent, pour la méthode cicéronienne en général : en liaison avec un usage concret de la parole en situation, Cicéron élargit et approfondit le sujet en direction des problèmes intellectuels, philosophiques, politiques posés par la rhétorique.

Cf. A. Haury, *L'Ironie et l'humour chez Cicéron*, Leyde, 1955 ; M. S. Celentano, « Comicità, umorismo e arte oratoria nella teoria retorica antica », *Eikasmos*, 6, 1995, p. 161-174 ; A. Corbeill, *Controlling Laughter. Political Humor in the Late Roman Republic*, Princeton, 1996 ; M. Trédé-P. Hoffmann (éds.), *Le Rire des Anciens*, Paris, 1998.

LES CONTEMPORAINS DE CICÉRON

Cicéron ne doit pas faire oublier les nombreux orateurs qui furent ses contemporains et qui contribuèrent au développement de la rhétorique romaine à la fin de la République. Rappelons quelques noms : Hortensius (114-50 av. J.-C.), rival et ami de Cicéron, un peu plus âgé que lui, remarquable pour son style asianiste ; Pompée (106-48) et César (100-44), qui joignaient à leurs capacités politiques et militaires un réel talent oratoire et démontraient par là-même comment l'éloquence fait partie des charismes de l'homme d'Etat romain ; Caton le Jeune, dit aussi Caton d'Utique (95-46), arrière-petit-fils de Caton le Censeur, stoïcien, on l'a vu, brocardé dans le *Pour Murena*, défenseur héroïque de la liberté, à propos de qui Cicéron écrivit un jour qu'il s'exprimait « comme si nous étions dans la cité idéale de Platon, et non dans la cité fangeuse de Romulus » (*Lettres à Atticus*, II, 1, 8) ; Calvus, Brutus, cités plus haut ; ou encore Caius Asinius Pollio (76 av. J.-C.-4 ap. J.-C.), homme politique, orateur, poète et historien, qui fait la transition entre la République et l'Empire.

Un nom surtout mérite de retenir l'attention, car c'est celui d'une femme : Hortensia, la fille d'Hortensius. En 42 av. J.-C., les triumvirs ayant voulu instituer une taxe spéciale frappant 1400 matrones romaines, Hortensia, alors veuve de Servilius Caepio, se présenta de force devant eux et plaida avec succès pour faire rapporter cette mesure. Son discours n'a pas été conservé, mais d'après Quintilien il était d'excellente qualité (*Institution oratoire*, I, 1, 6) ; un historien grec du IIe siècle, Appien, en a donné une version qui, à défaut sans doute d'être authentique, présente des réflexions intéressantes sur la cause des femmes en cette affaire et sur la condition féminine en général au milieu des conflits politiques et des guerres qui déchiraient la société romaine (*Les Guerres civiles*, IV, 32-33).

Un discours de femme est un cas exceptionnel dans l'Antiquité. Si le souvenir de celui-là a été retenu et approuvé par la postérité, c'est parce qu'Hortensia était la fille de son père et aussi parce que, si vigoureuse qu'eût été son intervention, au fond elle ne sortait pas de son rôle, matrone parlant en faveur des matrones (Valère-Maxime, VIII, 3, citant deux autres exemples de discours prononcés par des femmes devant les magistrats, les signale au contraire comme déplacés, « androgynes »). Par son caractère rare, l'épisode d'Hortensia fait donc ressortir ce qui est par ailleurs la norme : l'absence des femmes dans l'histoire de la rhétorique antique. Cette absence découle directement du fait que les femmes étaient largement exclues des activités politiques, institutionnelles, intellectuelles et de la vie publique en général, ce qui évidemment leur laissait très peu d'occasions de prononcer des discours ou d'écrire des traités. La philosophie, qui était moins directement liée à la vie publique, était peut-être un peu plus accueillante aux femmes que ne l'était la rhétorique.

Qui s'intéresse à la rhétorique féminine de l'Antiquité risque donc d'être déçu par les discours réellement prononcés par des femmes, car il y en a eu très peu et ils sont très mal connus. Restent alors les tirades que différents auteurs littéraires – pratiquement tous masculins – ont mises dans la bouche de personnages féminins, par exemple dans les pièces de théâtre, dans les romans, dans les ouvrages historiques, en s'efforçant de rendre, à travers ces paroles fictives, l'idée qu'eux-mêmes et leur public se faisaient des caractéristiques du discours féminin. Il s'agit en somme de « peinture des caractères » (éthopée), « à la manière de ». Un bon exemple, parmi beaucoup d'autres, d'une telle rhétorique « féminine » se lit dans le livre VIII des *Antiquités romaines* de Denys d'Halicarnasse, où sont présentés de longs discours de femmes romaines, en particulier de Veturia, mère de Coriolan. L'imaginaire masculin du discours féminin mériterait à n'en pas douter une investigation rhétorique approfondie.

Pour conclure l'ensemble formé par les chapitres IV et V, si l'on tire le bilan de la période qui s'étend entre Alexandre et Auguste, les innovations, tant grecques que romaines, apparaissent nombreuses et importantes par rapport à la situation qui prévalait à la fin de la période grecque classique. La théorie rhétorique a été enrichie et systématisée, la pratique de l'éloquence a été expérimentée dans des contextes politiques variés et nouveaux, des évolutions du goût se sont produites, la Grèce et Rome se sont rencontrées. La rhétorique est devenue un des piliers de la civilisation gréco-romaine, ce que va confirmer son statut sous l'Empire.

CHAPITRE VI

L'EMPIRE, OU L'INNOVATION DANS LA TRADITION

Succédant à une longue période de guerre civile, l'Empire a représenté l'instauration d'un pouvoir fort et stable sous l'autorité du « prince » (*princeps*). Ce régime dominait l'ensemble du Bassin méditerranéen, c'est-à-dire à la fois les provinces occidentales, de langue latine, et les provinces orientales, de langue grecque. L'Empire, structure immense et centralisée, était solidement installé et accepté par la très grande majorité des sujets. Régnait la fameuse « paix romaine », qui apportait au monde antique sécurité et cohérence, et qui en particulier assurait une osmose entre aire latine et aire grecque.

Cependant, en contrepartie de l'ordre et de la paix, le monde gréco-romain connaissait l'absolutisme. Sous le nom de principat, le régime impérial était une monarchie. C'était un système autoritaire, qui réduisait l'initiative laissée aux cités et aux citoyens et qui changeait le jeu des institutions héritées des époques antérieures. La première question qui se pose dès lors, et que les contemporains ont eux-mêmes posée, est de savoir quel espace s'ouvrait à la rhétorique dans ces conditions nouvelles.

L'Empire, ou l'innovation dans la tradition 171

DÉCLIN OU RENAISSANCE DE LA RHÉTORIQUE ?

Le texte qui domine la réflexion à ce propos est le *Dialogue des orateurs* de Tacite. Avant de se consacrer à l'histoire, Tacite fut un orateur de talent. En compagnie de son ami Pline le Jeune, il plaida avec succès, pour l'accusation, dans le procès en concussion et abus de pouvoir intenté à Marius Priscus, gouverneur d'Afrique, devant le Sénat, sous la présidence de l'empereur Trajan (100 ap. J.-C.). Vers le même moment, il publia le *Dialogue*, qui, à la manière du dialogue *De l'orateur* de Cicéron, rapporte une conversation sur la rhétorique, censée s'être déroulée des années plus tôt (vers 75 ap. J.-C.), entre des orateurs réputés de l'époque. Le principal sujet soulevé par les interlocuteurs est celui du déclin subi par la rhétorique entre la période républicaine et le moment présent. A partir du chapitre 27, il paraît établi que les Modernes sont inférieurs aux Anciens (en dépit des efforts déployés par Aper pour soutenir le contraire), et la discussion porte sur les causes de ce déclin, pour lequel deux explications sont avancées. Suivant la première explication, l'infériorité des orateurs actuels tient au caractère défectueux de l'enseignement (28-35 : exposé de Messala) : alors qu'autrefois on éduquait les futurs orateurs en leur inculquant une solide culture générale et en les formant par la pratique, au contact d'un grand *patronus*, l'éducation d'aujourd'hui repose sur l'apprentissage du discours fictif, ou « déclamation », exercice étroit et artificiel, qui encourage seulement les recherches de style. Suivant la seconde explication, l'infériorité présente est due aux conditions politiques (36-41 : exposé de Maternus ou de Secundus, la répartition des interlocuteurs étant douteuse à cause d'une lacune, et conclusion de Maternus) : alors qu'autrefois, sous le régime républicain, les enjeux de la vie publique donnaient lieu à d'importants discours, le régime actuel, en imposant l'ordre, a privé la rhétorique de ses plus grands sujets, en sorte qu'elle n'a plus matière à se déployer.

Ces deux explications sont liées l'une à l'autre, car c'est précisément faute d'enjeux politiques réels que la rhétorique d'époque impériale, selon Tacite, s'est rabattue sur la déclamation. L'explication politique est donc première par rapport à l'explication pédagogique. Elle constitue la principale leçon du *Dialogue*, qui met ainsi en place un schéma d'interprétation simple et frappant, dans lequel fin de la liberté politique et déclin de la rhétorique vont de pair. Cette conclusion étant tirée à propos de la rhétorique romaine, l'auteur va jusqu'à suggérer qu'elle pourrait être étendue à la rhétorique grecque, en mettant en parallèle l'après-Démosthène et l'après-Cicéron (15, 3 ; 37, 6).

Des considérations analogues se retrouvent chez de nombreux auteurs du Ier siècle ap. J.-C. Pétrone (*Satiricon*, 1-5, 88) dénonce une décadence qui frapperait entre autres la rhétorique et qui se marquerait dans la déclamation. Sénèque (*Lettres à Lucilius*, 114) et Quintilien (*Institution oratoire*, par ex. I, 8, 9 ; II, 10, 3, et traité perdu *Sur les causes de la corruption de l'éloquence*) critiquent la vogue du style « corrompu ». Le Pseudo-Longin (*Du sublime*, 44) met en scène un personnage professant une doctrine semblable à celle de Tacite et expliquant la disparition des génies oratoires par l'absence de liberté et de « démocratie ». Sénèque le Rhéteur, quant à lui (*Controverses*, I, Préface, 6-10), se tourne vers des explications philosophiques et morales, en incriminant la fatalité, qui veut que tout ce qui est parvenu au faîte se mette un jour à décliner, et la dépravation des contemporains, qui sont dominés par les vices et ont perdu l'amour du travail et de l'honneur qui fait les grands orateurs. Cette explication morale, souvent reprise, est celle à laquelle se rallie notamment le Pseudo-Longin (*ibid.*) pour son propre compte.

Selon les cas, l'accent est plus ou moins pessimiste.

L'Empire, ou l'innovation dans la tradition 173

Certains voient dans le déclin de la rhétorique le symptôme d'une corruption profonde de la société ou d'un étouffement de la vie politique, quand d'autres considèrent qu'il s'agit seulement du prix à payer en échange du bénéfice beaucoup plus conséquent que constitue un régime stable et paisible.

Mais, face aux constats de déclin, voici qu'une autre source rend un son tout différent. Denys d'Halicarnasse, un Grec vivant à Rome à la fin du Ier siècle av. J.-C., dans la préface de son traité *Sur les orateurs antiques*, fait l'éloge de sa propre époque, parce qu'elle marque selon lui une renaissance de la rhétorique. Un déclin a eu lieu autrefois, écrit-il, après la mort d'Alexandre, lorsque s'est répandue une forme de rhétorique inculte et vulgaire (Denys pense à l'asianisme). Mais sous Auguste revient une rhétorique classique, « philosophique » (au sens isocratique du terme) et de bon aloi, la cause de cette mutation étant le pouvoir de Rome et la qualité de ses dirigeants, qui favorisent la culture. Contrairement à Tacite et au Pseudo-Longin, Denys d'Halicarnasse voit dans l'Empire romain (ou plus largement dans la domination romaine, l'Empire étant aux yeux de Denys l'aboutissement du processus de conquête commencé sous la République) la cause d'une renaissance et non d'une décadence de la rhétorique. Dans la seconde moitié du Ier siècle, l'idée que l'art oratoire est encore en progrès et permet de grandes réussites dans le présent est soutenue par Marcus Aper dans le *Dialogue* de Tacite ; elle apparaît chez Quintilien (cf. *Institution oratoire*, II, 16, 18 ; XII, 10, 11) et chez Pline le Jeune (cf. *Lettres*, II, 11, 1 ; VI, 11 ; VI, 21, 1 ; VI, 23), qui ont eux-mêmes œuvré en ce sens.

Ces textes mériteraient des examens séparés, parce que, tout en traitant un même problème, ils se situent sur des plans différents. Chacun est inscrit dans un contexte particulier, se réfère à une périodisation et à une problématique propres, utilise des critères spécifiques pour définir l'état « bon » ou « mauvais » de la rhétorique et ne représente qu'un regard partiel sur la réalité. Les uns visent principalement la rhétorique romaine, les autres la rhétorique grecque. Les uns voient une régénération là où d'autres, jugeant d'après d'autres critères, voient un déclin : les renaissances des uns sont les décadences des autres. Et les plus empressés à dénoncer la corruption du style, comme Sénèque, sont ceux-là mêmes à qui d'autres, comme Quintilien, reprochent un style corrompu.

Pour en rester aux grandes lignes, on voit s'opposer fondamentalement deux thèses, celle du déclin et celle de la renaissance. Traditionnellement les savants, s'appuyant sur Tacite, ont adhéré à la thèse du déclin, expliqué par la situation politique. D'où la vulgate, dans l'historiographie moderne, selon laquelle la rhétorique sous l'Empire n'existerait plus ou se réduirait à des déclamations, des *recitationes* et de vains éloges (vulgate qui prolonge et redouble celle de la décadence de l'éloquence politique grecque à l'époque hellénistique, examinée plus haut). Une telle vulgate, d'ailleurs, pousse la thèse jusqu'à la caricature, en allant plus loin que ne le faisaient les auteurs tenants du déclin, car ceux-ci reconnaissaient que même à leur époque il existait encore de bons orateurs (*Du sublime*, 44, 1 ; Tacite, *Dialogue*, 36, 2). Les assertions pessimistes du *Dialogue* n'ont nullement empêché Tacite de prononcer des plaidoiries et des oraisons funèbres.

Ce qui est vrai dans cette analyse est qu'il y a eu effectivement un recul de certaines formes oratoires à l'époque impériale : Tacite énumère à ce propos les séances des assemblées populaires, du Sénat et des tribunaux, qui auparavant appelaient des discours persuasifs et qui désormais se déroulent beaucoup plus simplement ou sont supprimées, la volonté du prince ayant remplacé la persuasion oratoire. Mais il ne s'ensuit pas que la thèse du déclin puisse être acceptée aujourd'hui telle que l'avançaient les auteurs anciens. Sans parler des considérations morales, pour nous obsolètes, qui souvent l'accompagnent, elle présente l'inconvénient d'être comparative, de juger la rhétorique de l'époque impériale uniquement par rapport à ce qui l'a précédée, et par conséquent de ne pas chercher à apercevoir les traits originaux de la nouvelle période qui commence. C'est un raisonnement passéiste d'hommes qui n'ont pas, et ne peuvent pas avoir encore, une vision synthétique de l'époque impériale. Les auteurs latins du Ier siècle ap. J.-C. n'en finissent pas de porter le deuil de Cicéron. Ils prennent la Rome républicaine comme point de référence absolu, au risque de juger trop vite le présent et, par ailleurs, de ne pas distinguer suffisamment entre la situation à Rome même et la situation dans les provinces.

La thèse inverse, celle d'une renaissance de la rhétorique, contient une part de vérité elle aussi, en tant qu'elle souligne à juste titre une floraison, qui a eu lieu non seulement à l'époque d'Auguste, mais aussi au siècle suivant, avec la « Seconde Sophistique », dont il sera question ci-après. Cependant cette thèse se heurte à son tour à des objections, parce qu'elle est, comme la précédente, tributaire d'un schéma comparatif, qui juge le présent suivant le modèle du passé.

Les sources antiques n'offrent donc pas une réponse unitaire qui puisse être adoptée en l'état aujourd'hui. Les analyses des Anciens contiennent des éléments intéressants et justes : l'erreur a été de considérer que ces analyses résumaient le problème, qui est en fait très complexe, et de croire que Maternus avait tout dit. Il faut en fait prendre en compte l'ensemble des sources, et alors, par-delà les faux problèmes, se dessine une convergence. En effet, qu'ils parlent de déclin ou de renaissance, tous les textes s'accordent sur le fait qu'il y a eu un changement, pour ainsi dire une « nouvelle donne », dans le domaine rhétorique. Il était impossible aux contemporains de cerner complètement ce phénomène, qui se déroulait sous leurs yeux. Mais ils l'ont observé et ont cherché à l'interpréter par rapport au passé qu'ils connaissaient. Reste à le définir plus précisément.

A cette fin, un texte supplémentaire doit être versé au dossier. Les *Préceptes politiques* de Plutarque, composés vers 100 ap. J.-C., sont des conseils adressés au jeune Ménémachos de Sardes, qui entreprend une carrière dans la vie publique. Or, souligne Plutarque, la cité de Sardes est soumise à l'autorité de Rome. Les formes d'action politique qui impliquent l'indépendance, comme les déclarations de guerre, les changements de régime ou les alliances, sont donc exclues. Mais il reste d'autres formes d'action par lesquelles un homme public peut être utile à ses concitoyens :

> « Aujourd'hui que les affaires des cités n'offrent plus de guerres à diriger, de tyrannies à abattre, de grandes alliances à conclure, où trouver le principe d'une carrière politique illustre et brillante ? Il reste les procès publics et les ambassades auprès de l'empereur, qui demandent des hommes ardents, doués à la fois de hardiesse et d'intelligence. On peut attirer l'attention sur soi en restaurant bien des coutumes excellentes, tombées en désuétude dans les cités, en corrigeant bien des abus qui se sont introduits par suite d'une mauvaise habitude, non sans honte ou sans dommage pour la cité. » (805 a-b.)

Certes, cette analyse demeure rétrospective. Tout comme les auteurs cités précédemment, Plutarque examine le présent à la lumière du passé, en se référant au modèle de l'Athènes classique et de la Rome républicaine. Il cherche « ce qui reste ». Son souci de marquer la différence entre les conditions d'autrefois et celles d'aujourd'hui s'explique par le fait que Sardes venait de connaître une insurrection, durement réprimée par Rome, et que Plutarque veut inciter Ménémachos au réalisme et à l'acceptation du pouvoir romain. Cela étant, ce passage, avec ses intentions propres, offre un premier catalogue de formes rhétoriques en vigueur dans les cités grecques de l'époque impériale : plaidoiries dans les procès publics, discours d'ambassade, harangues devant le conseil et l'assemblée pour faire passer toutes sortes de mesures et de réformes. Plus loin, Plutarque ajoute les discours d'exhortation à la concorde, particulièrement utiles pour apaiser les troubles civils (chap. 32).

Il ne s'agit là que de politique municipale, la seule qui intéresse Plutarque dans les *Préceptes politiques*. Pour compléter le catalogue, il faut ajouter les discours que les orateurs prononcent dans les cités étrangères, devant les assemblées provinciales et à Rome même, ceci dans les trois genres – judiciaire, délibératif, épidictique –, ainsi que l'enseignement et la recherche théorique qui soustendent la pratique. En prenant en compte tous ces aspects, qui seront examinés plus loin en détail, on s'aperçoit qu'il ne faut parler ni de déclin, ni de renaissance, mais de redéploiement. L'Empire n'a pas provoqué une mutation radicale, mais une série de transformations, de déplacements d'accent et d'innovations qui composent un paysage différent, bien que les éléments n'en soient pas tous nouveaux.

Aussi le thème du déclin de l'éloquence disparut-il pratiquement, à part quelques échos tardifs, après le Ier siècle. Le débat entretenu sur ce sujet reflétait le choc subi par les esprits face à la nouveauté du régime impérial. Une fois le choc absorbé, la rhétorique évolua et prospéra dans un nouveau contexte auquel les contemporains étaient désormais accoutumés.

CARACTÈRES GÉNÉRAUX DE LA PÉRIODE

Le présent chapitre envisage la période païenne de l'Empire, depuis la consécration d'Auguste jusqu'à l'abdication de Dioclétien (27 av. J.-C.-305 ap. J.-C. ; la date de 305 offre un repère, parce qu'à partir de 306 régna Constantin, qui instaura le christianisme et ouvrit de ce fait une nouvelle ère). Les trois cents années, ou un peu plus, que couvre cette période, se caractérisent, du point de vue de l'histoire de la rhétorique, par la richesse sans précédent des sources. De très nombreux textes et documents sont conservés, en grec et en latin, et permettent de mesurer sur pièces l'ampleur du phénomène rhétorique dans la société de l'époque impériale.

Mais cette profusion recèle aussi une grande diversité. Du point de vue politique, l'Empire passa par des phases très dissemblables : par exemple, l'apparence des formes républicaines sous Auguste, la tyrannie à Rome sous Domitien, l'apogée sous les Antonins, l'« anarchie militaire » au IIIe siècle, la reprise en main administrative par Dioclétien... Lorsqu'on envisage la rhétorique à l'époque impériale, il faut garder à l'esprit les variations très importantes qui ont existé entre les différentes périodes, et également entre les différents lieux de l'Empire (différence entre aire latine et aire grecque, situation propre à chaque province, écarts entre petits villages et grands centres urbains, etc.).

En particulier, se pose la question du IIIe siècle. On considérait autrefois ce siècle, à cause des usurpations militaires et des invasions barbares qui l'ont marqué, comme une époque de régression dans la plupart des domaines. La recherche actuelle, plus nuancée, préfère parler de mutation à travers les crises. Et de fait, on verra dans ce chapitre, ainsi que dans la conclusion qui suit, des éléments montrant que la rhétorique a continué d'exister et de se transformer au cours du IIIe siècle.

LA CRITIQUE LITTÉRAIRE

Revenons au début de l'Empire : ce fut un moment important dans l'histoire de la critique littéraire, et particulièrement pour ce qui est des rapports entre critique et rhétorique.

Théoriquement, critique littéraire et rhétorique ne se confondent pas. Tandis que la rhétorique est une technique précise visant à l'analyse et à la production des discours, la critique littéraire, qui a pour but de juger les ouvrages (« critique » vient du grec *krinein* = « juger »), s'applique à toutes les sortes d'œuvres littéraires et utilise des méthodes multiples. La critique littéraire est donc, dans son principe, un concept plus large que la rhétorique. Dans l'Antiquité, la critique littéraire a commencé par s'appliquer aux poètes, et elle les a gardés ensuite pour objet, parallèlement ou de préférence aux prosateurs (Aristophane, *Grenouilles* ; Aristote, *Poétique* ; Horace, *Art poétique*...). Elle a recouru, pour étudier les œuvres, à différentes approches : textuelles (établissement du texte par critique interne et confrontation des variantes), biographiques (vies des auteurs), « grammaticales » (commentaire linguistique, historique, géographique, de type érudit), allégoriques (recherche de vérités cachées dans les récits des poètes).

La « poétique », au sens où l'entend Aristote dans la *Poétique*, peut être définie comme une forme de critique littéraire, qui consiste à étudier les éléments constitutifs de l'œuvre poétique (structure de l'intrigue, caractères, style, etc.). Elle ne se confond pas, elle non plus, avec la rhétorique.

Cependant, il existe des terrains de rencontre, comme on le constate chez Aristote. Celui-ci, qui a consacré deux traités parallèles à la poétique et à la rhétorique, a clairement distingué ces deux arts en fonction de leurs domaines respectifs : à l'un, la poésie, qui vise l'imitation ; à l'autre, le discours, qui vise la persuasion. Mais il a signalé aussi des chevauchements importants, à propos de secteurs qui sont communs aux deux arts. Il note que tout ce qui, dans la poésie, concerne la « pensée » (démontrer, réfuter, émouvoir, agrandir et rabaisser) relève en fait de la rhétorique (*Poétique*, 1456 a 34-b 2) ; inversement, il renvoie aux analyses de la *Poétique* pour l'étude des métaphores (*Rhétorique*, III, 1405 a 3-6) ou du comique (*Rhétorique*, I, 1372 a 1-2 ; III, 1419 b 6-7) en rhétorique. La ressemblance d'esprit et les points de contact précis entre la *Poétique* et la *Rhétorique*, chez Aristote, sont la manifestation des ponts existant entre rhétorique et poétique, et plus largement entre rhétorique et critique littéraire, dans l'Antiquité.

En somme, ces ponts sont de deux sortes, car la critique littéraire rencontre la rhétorique dans deux cas : lorsque cette critique porte sur des œuvres oratoires ou lorsqu'elle utilise des concepts empruntés à la rhétorique. Le premier cas est illustré par les commentaires anciens sur les orateurs attiques ou sur Cicéron, ou encore par les *Controverses et suasoires* de Sénèque le Rhéteur, ouvrage consacré à la critique des déclamations ; le second, par les études sur la rhétorique d'Homère, évoquées plus haut (chapitre I), par les commentaires de Servius sur les « états de cause » (*status*) dans les discours de l'*Enéide*, ou encore par le traité de Lucien *Sur la manière d'écrire l'histoire*, qui critique des historiens contemporains et définit les qualités et les défauts de l'œuvre historique en s'appuyant entre autres sur des catégories issues de la rhétorique (invention, disposition, élocution, vertus du style, théorie de l'éloge, etc.). Les deux démarches sont réunies lorsqu'il s'agit d'étudier un orateur suivant une méthode rhétorique, comme c'est le cas dans les traités portant sur Démosthène (par exemple Tibérios, *Les Figures chez Démosthène*) : ici, la critique littéraire se fait entièrement rhétorique. A l'époque impériale, de telles rencontres entre critique littéraire et rhétorique furent par-

L'Empire, ou l'innovation dans la tradition 181

ticulièrement fréquentes, à cause de la place éminente prise par la rhétorique dans la culture du temps. Deux auteurs grecs, au début de l'Empire, ont joué un rôle essentiel à cet égard : Denys d'Halicarnasse et le Pseudo-Longin.

Denys d'Halicarnasse

Denys d'Halicarnasse, né vers 60 av. J.-C., s'installa en 30 à Rome, où il vécut durant la seconde partie de son existence ; il fut en relation avec la famille patricienne des Aelii Tuberones, dont les membres étaient versés dans le droit et l'histoire ; sa mort se situe après 8-7 av. J.-C. L'œuvre de Denys comporte deux versants : les *Antiquités romaines*, ample histoire de Rome, depuis les origines jusqu'à la première guerre Punique, dont seule la première moitié est conservée intégralement, et les *Opuscules rhétoriques*, recueil formé d'une douzaine d'essais critiques (il y en eut davantage, mais certains ont été perdus) dont la composition s'est étalée sur plusieurs lustres, parallèlement à celle des *Antiquités romaines*, et qui sont tantôt des traités mûris à loisir, tantôt des lettres circonstancielles répondant à la demande d'un correspondant. Sept essais portent sur les orateurs attiques (*Prologue des orateurs antiques*, *Lysias*, *Isocrate*, *Isée*, *Démosthène*, *Lettre à Ammée* sur Démosthène et Aristote, *Dinarque*), trois sur les historiens (*Thucydide*, *Seconde Lettre à Ammée* sur Thucydide, *Lettre à Pompée Géminos* sur Platon et les historiens), deux sur des problèmes théoriques (*La Composition stylistique* et *L'Imitation*, ce dernier traité n'étant transmis que sous forme de fragments). Le versant historique et le versant critique de la production de Denys, malgré la différence des sujets traités de part et d'autre, entretiennent des relations étroites sur deux plans : d'une part, Denys exprime dans les deux groupes d'œuvres les mêmes sentiments d'admiration et de reconnaissance envers Rome ; d'autre part, il élabore dans les *Opuscules rhétoriques* une théorie de l'écriture historique qui fait écho à sa propre pratique d'historien dans les *Antiquités romaines*.

Les *Opuscules rhétoriques* sont le premier corpus critique conservé qui mette en avant l'imitation des auteurs classiques, trait qui sera fondamental tout au long de l'époque impériale. Le but de Denys est éducatif. Adhérant à un idéal isocratique de rhétorique entendue comme « philosophie politique » (c'est-à-dire comme discipline morale convenant au citoyen), il veut proposer des modèles qui aideront les lecteurs à former leur éloquence et en particulier leur style. L'analyse minutieuse des textes et la caractérisation des auteurs visent à mettre en lumière « les qualités à prendre chez chacun, ou les défauts à éviter » (*Prologue des orateurs antiques*, 4, 2).

A cette fin, Denys a constitué un corpus de référence composé uniquement d'auteurs anciens, au nom de l'idée que la période la plus brillante de la littérature grecque fut l'époque archaïque et classique, surtout l'Athènes des Ve-IVe siècles, et que c'est d'elle qu'il faut s'inspirer. Précisant et systématisant la critique littéraire plus qu'on ne l'avait fait avant lui, Denys applique à ce corpus des méthodes multiples et raffinées : recherches érudites sur les auteurs (biographie, influences subies et exercées, questions d'authenticité), longues citations et analyses d'extraits, « comparaison » (*sunkrisis*) entre des auteurs ou des passages, travaux pratiques de transposition consistant à modifier l'ordre des mots dans une phrase donnée ou à changer le mètre employé (en transformant par exemple des hexamètres homériques en tétramètres), afin de mieux faire apparaître la qualité propre du texte original. L'imitation résultera ainsi de la familiarité avec les auteurs et d'une imprégnation de leur style. Mais elle sera critique et éclectique. Denys ne craint pas de faire des reproches à Platon et à Thucydide. Il estime que les grands auteurs ont brillé par des qualités différentes les unes des autres et qu'il faut s'inspirer de ce qu'il y a de bon chez chacun. Parmi les classiques, selon lui, la palme de la virtuosité oratoire revient à Démosthène, modèle principal, envers lequel Denys a éprouvé, au long de sa vie, un enthousiasme croissant, « tant pour le choix des mots que pour la beauté de la composition stylistique » (*La Composition stylistique*, 18, 15).

Ce concept de « composition stylistique » (*sunthesis onomatôn*), développé dans *La Composition stylistique* et dans le *Démosthène*, est le plus intéressant de la pensée dionysienne ; il prolonge avec originalité des analyses comme celle que Cicéron avait donnée dans *L'Orateur*. Par « composition », Denys entend l'agencement des mots et des membres de phrase, en tant qu'il produit une impression auditive par la succession des sons qui frappent l'oreille. Le style est envisagé comme une suite d'effets phonétiques et même musicaux, et c'est là, selon Denys, une dimension très importante des œuvres littéraires en général et des discours rhétoriques en particulier :

> « C'est une musique que la science de l'éloquence publique ; elle ne se distingue de la musique vocale ou instrumentale que par une différence de degré, non de nature. » (*La Composition stylistique*, 11, 13.)

Les facteurs qui confèrent beauté ou agrément à la « composition » d'un texte sont la mélodie, le rythme, la variété et la convenance. Cette grille se combine avec deux autres classifications, celle des caractères du style (style élevé, style simple, style moyen) et celle des « harmonies » (*harmoniai*) (harmonie « austère » [*austêra*], harmonie « élégante » [*glaphura*], harmonie moyenne). Dans tous les cas Denys privilégie la forme moyenne ou mixte, qui réunit (en les faisant alterner plutôt qu'en les mélangeant) les qualités appartenant aux deux autres formes et qui est spécialement illustrée par le style démosthénien.

L'œuvre de Denys d'Halicarnasse est instructive parce qu'elle essaie de rendre compte conceptuellement des impressions ressenties intuitivement à la lecture des textes. L'auteur se flatte que son œuvre soit « le fruit de [s]a culture et de [s]on âme » (*La Composition stylistique*, 1, 3). Ses analyses ont exercé une influence importante sur les théoriciens ultérieurs, dont Hermogène. Elles sont précieuses pour qui veut essayer d'imaginer aujourd'hui la dimension auditive de la rhétorique grecque. On ne s'étonne pas que Racine – un maître de la musique des mots – ait relu le traité sur *La Composition stylistique* « avec un grand plaisir », ainsi qu'il l'écrivait à Boileau (Lettre de 1693).

Le traité Du sublime

Mais Boileau préférait le traité *Du sublime*, qu'il a traduit en 1674 et auquel il a conféré une notoriété considérable en France et dans toute l'Europe (cf. la Querelle des Anciens et des Modernes, Burke, Kant, Hugo...). Cet opuscule mystérieux est un des sommets de la critique littéraire antique. Transmis par les manuscrits sous le nom de « Denys Longin », avec la variante « Denys ou Longin », il est l'œuvre d'un inconnu, qu'on appelle traditionnellement le « Pseudo-Longin » pour le distinguer de Cassius Longin, rhétoricien et philosophe du IIIe siècle ap. J.-C. Sa date de composition se situe selon toute probabilité au Ier siècle ap. J.-C. Dédié au Romain Postumus Terentianus (inconnu lui aussi), il veut être utile aux « hommes politiques » (1, 2 : *andres politikoi*), en tant que ceux-ci ont besoin de savoir écrire et parler, mais son propos va au-delà de l'utilité pratique ; il vise à définir l'excellence en matière littéraire ainsi que les moyens d'y parvenir.

Cette excellence a nom « sublime » (*hupsos*, littéralement : « hauteur », « élévation »). Le Pseudo-Longin avait eu un devancier, à ce propos, en la personne de Caecilius, auteur lui aussi d'un traité intitulé *Du sublime* (il s'agit de Caecilius de Calê-Actê, contemporain et ami de Denys d'Halicarnasse, auteur de nombreux ouvrages historiques et rhétoriques, notamment d'un traité *Sur les figures* et de l'étude *Sur le caractère des dix orateurs*). Le Pseudo-Longin reproche à Caecilius d'avoir été inférieur à son sujet et reprend l'étude sur de nouvelles bases, en dégageant ce qui constitue à ses yeux le caractère propre du sublime, à savoir le fait qu'il est d'un autre ordre que les qualités ordinaires :

> « Le sublime est, peut-on dire, l'excellence et la souveraine perfection du discours [...] ; grâce à lui seul, les plus grands parmi les poètes et les prosateurs occupent un rang si éminent, et [...] à leur gloire ils ont attribué l'éternité. » (1, 3.)

Le sublime est donc supérieur à la simple persuasion :

> « Ce n'est pas à la persuasion que le sublime mène l'auditeur, mais au ravissement ; toujours et partout l'admiration mêlée d'étonnement l'emporte sur ce qui ne vise qu'à nous persuader et à nous plaire [...]. [Le sublime] confère au discours un pouvoir, une force irrésistible qui domine entièrement l'âme de l'auditeur. » (1, 4.)

Le sublime fait fi de l'exactitude et de la correction :

> « Les natures supérieures sont le moins exemptes de défauts, car le souci d'être correct en tout expose à la minutie, et il en est des grands talents comme des immenses fortunes : il faut y laisser quelque place à la négligence. [...] Ces esprits divins [...], visant à ce qu'il y a de plus grand dans l'art d'écrire, ont eu un suprême dédain pour une exactitude scrupuleuse en tout point. » (33, 2 ; 35, 2.)

Le sublime transcende la condition humaine :

> « Ces grands génies, s'ils sont loin d'avoir été exempts de défauts, ne laissent pas tous de s'élever au-dessus de la

condition mortelle ; toutes les autres qualités qu'ils mettent en œuvre dénoncent l'homme, mais le sublime l'élève près de la majesté divine. » (36, 1.)

Pour parvenir au sublime, ou du moins pour essayer de s'en approcher, il existe des préceptes techniques, car c'est affaire d'art et non pas seulement de dons naturels. D'abord, il convient de ne pas se tromper d'objectif et de ne pas prendre pour sublime ce qui n'est qu'enflure, affectation, froideur, mauvais goût ; l'auteur dresse à ce sujet une liste des défauts à éviter et critique le style de Gorgias ainsi que l'asianisme. Ensuite, il faut imiter les Anciens. Les modèles du Pseudo-Longin sont en particulier Homère, Démosthène et Platon (ce dernier étant cité contre Caecilius, qui avait osé mettre Lysias au-dessus de Platon : « tout en aimant Lysias plus que lui-même, néanmoins il [Caecilius] hait Platon plus qu'il n'aime Lysias », 32, 8). Le Pseudo-Longin exprime son admiration pour les grands modèles et cite de nombreux extraits, qu'il étudie de près ; ses comparaisons de l'*Iliade* et de l'*Odyssée* (9), de Démosthène et de Cicéron (12, 4), ou son analyse de l'ode de Sappho décrivant les tourments de la passion (10), sont restées célèbres. Enfin, il faut connaître et rechercher les cinq sources du sublime, que l'auteur énumère et qui constituent le plan de son traité :

1) la faculté de concevoir des pensées élevées ;
2) les passions (le développement de ce point manque dans le traité, probablement par suite d'une lacune) ;
3) les figures ;
4) les tropes, notamment la métaphore ;
5) la « composition » (arrangement des mots).

On reconnaît aisément dans cette grille la division, usuelle en rhétorique, entre ce qui relève du contenu (n° 1-2) et ce qui relève de la forme (n° 3-5) ; tous les concepts de la liste appartiennent à la rhétorique (pensées, passions, figures, tropes, composition).

L'Empire, ou l'innovation dans la tradition 187

Le sublime tel que le conçoit le Pseudo-Longin ne résulte donc pas d'une invention *ex nihilo*, mais est profondément ancré dans le système de la rhétorique. Essentiellement, il se rattache à ce que les théoriciens des « genres de style » avaient défini comme le style « grand », « élevé », « véhément ». Par ailleurs, sur de nombreux points, le Pseudo-Longin se rencontre avec les concepts et méthodes critiques de Denys d'Halicarnasse (dénonciation de l'asianisme, admiration pour les Anciens, insistance sur la *sunthesis*...). Dans ces conditions, d'où vient l'originalité du traité *Du sublime*, si frappante lorsqu'on le compare aux autres traités rhétoriques et critiques de l'Antiquité ? Elle tient à la conception à la fois philosophique et mystique que l'auteur se fait de la littérature. Marqué par le platonisme et par le stoïcisme (on a pensé qu'il avait pu subir l'influence de Posidonius), le Pseudo-Longin s'appuie sur des concepts philosophiques (par exemple 7, 1 : vrais et faux biens ; 15, 1-2 : imagination [*phantasia*] et évidence [*enargeia*]), et, fondamentalement, il pense que l'on ne peut être un grand écrivain que si l'on est doué d'une grande élévation morale : « Le sublime est la résonance d'une grande âme » (9, 2). Par conséquent, sa conception de la littérature fait une large part à l'individualité de chaque auteur, à l'idiosyncrasie. Contrairement à l'approche purement rationnelle qui était dominante, le Pseudo-Longin ménage une place à la spontanéité, à l'enthousiasme, au mystère. Il n'est pas jusqu'à l'imitation qui ne soit présentée, dans le traité, comme un phénomène inspiré et surnaturel :

> « Beaucoup d'écrivains sont inspirés d'un souffle étranger, de la même façon que, suivant la tradition, est possédée la Pythie lorsqu'elle s'approche du trépied ; il y a, en effet, dans la terre une crevasse d'où s'exhale, dit-on, une vapeur divine qui féconde la prêtresse d'un pouvoir surnaturel et qui lui fait rendre sur-le-champ des oracles inspirés. Pareillement, du génie des Anciens s'échappent, comme de l'ouver-

ture sacrée, certains effluves qui pénètrent l'âme de leurs rivaux, même des moins doués d'inspiration, et les font s'exalter de la grandeur d'autrui. » (13, 2.)

Le Pseudo-Longin a cherché à percer le mystère du génie. Et il rend sa doctrine dans un style éloquent, imagé, puissant à l'image de son sujet même, comme l'avait noté Boileau (dans la préface de sa traduction) : « Souvent il fait la figure qu'il enseigne ; et, en parlant du Sublime, il est lui-même très sublime. »

ARCHAÏSME ET ATTICISME

Le choix de modèles retenus par Denys d'Halicarnasse et le Pseudo-Longin atteste la prédilection de l'époque impériale pour les « classiques ». L'Empire fut une époque de grande culture littéraire et intellectuelle – une culture digérée, maîtrisée et ancrée dans le respect du passé. Nombreuses furent à cette époque les encyclopédies, les sommes, les recherches érudites de toute sorte. Le livre était à l'honneur dans d'innombrables bibliothèques, tant publiques que privées, ainsi qu'à travers le commerce bibliophilique, les manuels de bibliographie, les commentaires des auteurs. L'heure était aux listes de lecture, à « la fréquentation des Anciens » (Lucien, *De la danse*, 2) et à l'autorité des grandes œuvres. Tout ceci formait un climat dont la rhétorique a bénéficié et qu'elle a contribué à créer pour une large part.

Dans le monde romain, le goût archaïsant fit fureur au IIe siècle ap. J.-C., notamment chez Fronton, dont la correspondance révèle un amoureux de la langue latine, toujours à la recherche de l'expression juste, et particulièrement sensible au charme des vieux mots et des anciens auteurs qui les ont employés. Plutôt que vers Virgile et

L'Empire, ou l'innovation dans la tradition 189

vers Cicéron, le goût de Fronton va vers Ennius, Plaute, Lucrèce, Caton. Des tendances archaïsantes comparables se manifestent chez un autre grand orateur et écrivain de l'époque, Apulée, dont on reparlera plus loin, et aussi chez Aulu-Gelle, auteur des *Nuits attiques* (milieu du IIe siècle ap. J.-C.) : cet ouvrage érudit, succession de chapitres portant sur les thèmes les plus divers, dans toutes les branches du savoir, aborde avec prédilection les problèmes relatifs à la grammaire et au vocabulaire latins et les explications de formes rares tirées de la littérature archaïque. Sans aller aussi loin dans l'archaïsme, beaucoup prenaient modèle sur Cicéron. Un des beaux éloges qui pouvaient être décernés à un orateur romain consistait à dire qu'il méritait d'être compté « au nombre des Anciens » (Quintilien, *Institution oratoire*, X, 1, 118) ou qu'il utilisait « un vocabulaire antique » (Pline le Jeune, *Lettres*, I, 16, 2).

Dans le monde grec, l'admiration pour les Anciens prenait la forme de l'« atticisme », phénomène encore plus largement répandu que l'archaïsme romain. L'atticisme est une notion que nous avons déjà rencontrée plus haut, à propos des néo-attiques romains contemporains de Cicéron (chapitre V), et qui se charge ici de significations supplémentaires. Pour les Grecs de l'époque impériale, l'atticisme consistait à parler et à écrire une langue inspirée du dialecte attique des Ve-IVe siècles av. J.-C. et donc nettement différente des langues et dialectes usités dans la vie de tous les jours (ceux-ci étant le grec courant ou *koinê* [« langue commune »], qui présentait des formes plus ou moins littéraires, les parlers locaux et les langues vernaculaires). Les cours, les conférences, les publications d'ouvrages empruntaient ainsi un truchement linguistique qui leur était propre et qui les caractérisait comme objets culturels. Le but était atteint lorsque tous les éléments du discours – vocabulaire, morphologie, syntaxe – paraissaient sortis de Platon ou de Démosthène.

A première vue, l'atticisme peut paraître vain et artificiel, mais deux considérations permettent de le comprendre. D'une part, le phénomène d'une langue littéraire, ne se confondant avec aucun dialecte vivant, a toujours existé en grec, au moins en poésie, depuis Homère et Pindare. Dans l'histoire récente, le grec moderne a connu une situation de « diglossie » (double usage linguistique) faisant coexister une langue « épurée » et une langue « populaire ». De même, l'atticisme représentait la recherche d'une langue de culture, fondée sur un corpus de textes anciens et distincte de la langue contemporaine.

D'autre part, il y avait des degrés dans l'atticisme, depuis la rigueur des puristes jusqu'à la pratique plus souple de ceux qui visaient simplement un niveau de langue élevé ou qui se contentaient de quelques mots et tournures élégantes. Certains auteurs parvenaient à une imitation presque parfaite de la prose attique, comme Lucien ou Aelius Aristide, tandis que d'autres étaient moins stricts, comme Plutarque, ou comme le médecin Galien (lequel s'est beaucoup intéressé au sujet). Tous les auteurs littéraires de la période ont été touchés, peu ou prou, par l'atticisme. En règle générale, plus ils étaient proches de la rhétorique et de la sophistique, plus leur atticisme était prononcé, le milieu rhétorique ayant joué le rôle d'un conservatoire de la belle langue et du bon usage.

L'atticisme supposait une pratique assidue des auteurs considérés comme modèles, une imprégnation par la lecture et un travail philologique et grammatical pour relever les tours et les mots caractéristiques. Aussi l'époque impériale a-t-elle connu une floraison de lexiques atticistes, par exemple celui de Phrynichos (IIe siècle ap. J.-C.), en 37 livres, qui était intitulé *Préparation sophistique*, parce que la connaissance de l'usage attique était le premier degré dans la formation rhétorique des sophistes. La *paideia* (« éducation », « culture ») reposait sur la *mimêsis* (« imitation », « innutrition »)[1].

L'atticisme, dans sa dimension linguistique, est le symptôme d'un phénomène plus large : l'attachement des Grecs de l'époque impériale aux grands écrivains d'autrefois (y compris les écrivains archaïques et ioniens, comme Homère ou Hérodote, statufiés dans le même mouvement que les Attiques), et, par-delà la littérature, leur attachement à l'histoire ancienne de la Grèce, en particulier d'Athènes, et aux gloires intellectuelles, artistiques, politiques, militaires des VIIIe-IVe siècles av. J.-C. (V^e-IVe surtout). Corrélativement, l'époque hellénistique était relativement négligée. Ce thème de l'identité hellénique avait déjà pris corps auparavant (dès la période classique, puis pendant la période hellénistique, qui fut une grande époque d'histoire locale et d'archéomanie en tout genre), mais il connut sous l'Empire un développement sans précédent. Dans le domaine rhétorique, la fixation sur l'Athènes classique se marqua par l'importance extraordinaire accordée à Démosthène, qui devint à l'époque impériale une référence absolue, l'Orateur par excellence, symbole et modèle de l'art oratoire.

Dans ces références au passé, il n'entrait point de nostalgie, car les Grecs de l'époque impériale étaient parfaitement conscients des avantages du présent. Rome garantissait la paix à l'extérieur et à l'intérieur, une posi-

---

[1]. Bien qu'il soit courant d'opposer atticisme et asianisme, les indications qui précèdent montrent que ces deux notions ne se situent pas sur le même plan. L'asianisme est une forme de style (voir plus haut, chapitre IV). L'atticisme est un phénomène linguistique et plus largement un ensemble de références culturelles. Par conséquent les deux notions ne sont pas antinomiques : il est parfaitement possible qu'un discours soit rédigé à la fois en style asianiste et dans une langue atticisante marquée par des références aux auteurs des Ve-IVe siècles (par exemple Aelius Aristide, *Monodie sur Smyrne*). Il n'y a opposition que si l'on transforme l'atticisme en concept stylistique synonyme de simplicité et de sobriété (comme le voulaient les néo-attiques romains, qui faisaient de Lysias le parangon de l'atticisme : mais Cicéron leur a répondu).

tion privilégiée pour les notables et les élites urbaines, un statut même pour les petites cités – tous traits qui empêchaient les classes supérieures (auxquelles appartenaient les hommes cultivés et les orateurs) de regretter sérieusement le temps des guerres, des impérialismes, des excès de la démocratie. Le souvenir de la Grèce d'antan, si appuyé qu'il fût parfois, n'était pas une rêverie passéiste, mais – ce qui n'est nullement la même chose – un mythe nationaliste, une exhibition de racines, une affirmation de l'identité grecque à l'intérieur de l'Empire romain. Les Grecs (c'est-à-dire les habitants des provinces hellénophones) se soumettaient à la domination politique et militaire de Rome, tout en demandant en contrepartie à être respectés et reconnus en tant que Grecs. En affirmant leur culture, ils énonçaient une revendication : revendication non d'indépendance (cela était exclu), mais de respect et de privilèges. Les Romains, de leur côté, acceptaient cette affirmation et cette revendication, parce qu'elles ne remettaient pas en cause leur empire, et parce que les élites romaines étaient bilingues et ouvertes à la culture grecque. Ainsi, l'insistance sur les valeurs de l'hellénisme servait la stabilité de l'Empire romain.

En latin comme en grec, la rhétorique affrontait les tâches de l'heure en s'appuyant sur un passé qui n'était pas vu comme une entrave, mais comme une source et une force.

LA RHÉTORIQUE, FILIÈRE REINE DE L'ENSEIGNEMENT

Schématiquement, l'enseignement comportait, à l'époque impériale, trois niveaux : l'instruction primaire, assurée par un précepteur à domicile ou par un instituteur, au cours de laquelle les enfants apprenaient principalement à lire et à écrire ; l'enseignement secondaire, dispensé par le « grammairien » (en grec *grammatikos*, en latin *grammaticus*) ; enfin l'enseignement supérieur, dans lequel la rhétorique, enseignée par le « rhéteur » (*rhêtôr*, *rhetor*), constituait la principale filière, à côté de matières plus spécialisées comme la philosophie ou la médecine. La rhétorique était la formation la plus suivie, à titre d'enseignement généraliste. Elle ne préparait pas seulement au métier d'avocat, mais aux responsabilités de fonctionnaire, d'administrateur, de politique. Par elle passaient, dans leur très grande majorité, les notables et les dirigeants de l'Empire.

Les grammairiens avaient pour tâche l'enseignement de la langue et l'explication des poètes. Ils posaient les bases de la culture classique, si importante dans la pensée et dans la société de l'époque. Parfois, empiétant sur le domaine des rhéteurs, ils commençaient à traiter par anticipation le programme du niveau suivant, en expliquant des auteurs de prose et en enseignant les premiers exercices préparatoires de la rhétorique (Quintilien se fait l'écho de querelles de frontière à ce sujet : *Institution oratoire*, I, 9, 6 ; II, 1).

Les rhéteurs, présents dans de très nombreuses cités, tenaient école à titre privé ou occupaient une chaire publique – municipale ou impériale. Les chaires les plus prestigieuses étaient celles de Rome et d'Athènes. Les professeurs, dont les classes étaient parfois très nombreuses, avaient des « assistants » (*hupodidaskaloi*, *adiutores*). Ils donnaient des leçons théoriques et faisaient faire des travaux dirigés, en écoutant les étudiants réciter leurs compositions ou leurs déclamations, puis en fournissant à leur tour un corrigé. Plus rare était le cas des professeurs qui se bornaient à déclamer eux-mêmes et refusaient d'écouter les étudiants, tel le Romain Marcus Porcius Latro, qui disait « qu'il était, non pas un maître, mais un modèle », et qui faisait commerce « non de sa patience, mais de son éloquence » (Sénèque le Rhéteur, *Controverses*, IX, 2, 23).

Si on laisse de côté la théorie, dont il sera question par la suite, l'essentiel de l'enseignement rhétorique était constitué par les « exercices préparatoires » (en grec *progumnasmata*, en latin *praeexercitamenta*), puis par la « déclamation » (en grec *meletê*, c'est-à-dire littéralement « entraînement », en latin *declamatio*).

Les exercices préparatoires

Les exercices de rhétorique sont un usage très ancien, qui remonte fondamentalement à la Première Sophistique. Le mot *progumnasmata* figure dans la *Rhétorique à Alexandre* (28, 4), sans que le contexte permette de savoir ce qu'il recouvre exactement. Des exercices isolés, qui par la suite ont fait partie de la série canonique, sont attestés à l'époque hellénistique et dans la Rome républicaine : par exemple la « thèse » (*thesis*), pratiquée par les philosophes et par les rhéteurs, l'éloge (sur un papyrus du IIIe siècle av. J.-C. : *P. Mil. Vogliano*, III, 123, éd. I. Cazzaniga-M. Vandoni, dans *Studi italiani di filologia classica*, 29, 1957, p. 133-173), la paraphrase (Cicéron, *De l'orateur*, I, 154). A l'époque impériale, les exercices de cette sorte furent organisés en une série graduée, qui nous est connue, pour les trois premiers siècles, par des sources latines (Quintilien, *Institution oratoire*, I, 9 ; II, 4 ; Suétone, *Grammairiens et rhéteurs*, 4, 7 ; 25, 8) et grecques (*Exercices préparatoires* d'Aelius Théon et d'Hermogène ou Pseudo-Hermogène). D'autres traités, perdus, sont connus par leur titre, le nom de leur auteur et éventuellement quelques fragments. A ces textes – manuels destinés aux maîtres –, s'ajoute une riche documentation papyrologique, qui offre des spécimens de compositions scolaires. On entrevoit ainsi une pratique pédagogique très largement répandue sur toute l'étendue

L'Empire, ou l'innovation dans la tradition 195

de l'Empire. S'il y a eu, comme il est naturel, des variations dans le nombre, l'ordre et la définition des exercices, on reste frappé par la convergence des sources, qui permet de parler d'*une* doctrine des exercices préparatoires sous l'Empire et qui atteste de l'homogénéité de l'éducation grecque et romaine de l'époque.

Voici la série des exercices préparatoires telle qu'elle se présente chez Aelius Théon (Ier ou IIe siècle ap. J.-C.), suivant l'ordre de l'édition de M. Patillon. Nous donnons le nom et, si nécessaire, la définition des exercices, ainsi qu'un exemple des sujets que les élèves ou étudiants étaient invités à traiter (le manuel ajoute des indications détaillées sur la manière de les traiter).

— « Chrie » (*khreia*). La chrie est une parole ou une action, brève et significative, attribuée à un personnage célèbre ; les élèves devaient l'expliquer et la commenter. Ex. : « On demanda à Alexandre, roi de Macédoine, où étaient ses trésors : "En eux", dit-il en montrant ses amis ». D'autres théoriciens mentionnent la « maxime » (*gnômê*), exercice du même type.

— « Fable » (*muthos*). L'exercice consiste à raconter une fable, à y ajouter une morale (ou inversement, à partir d'une morale donnée, à imaginer une fable qui lui convienne), à réfuter ou à confirmer une fable donnée. Ex. : « Fable du chien portant de la viande ». N. B. : la réfutation (*anaskeuê*) et la confirmation (*kataskeuê*) sont présentées tantôt, ainsi que c'est le cas ici, comme des procédures applicables aux exercices, tantôt, chez d'autres théoriciens, comme des exercices autonomes.

— « Récit » (*diêgêma*). Composition d'un récit, notamment sur un thème tiré d'un historien classique, ou travail de réécriture et de commentaire d'un récit existant (présentation, mise en contexte, abrègement, allongement, changement de l'ordre, réfutation, confirmation). Ex. : « Récit de l'entrée des Thébains dans Platées en 431 av. J.-C. » (d'après Thucydide).

— « Lieu » (*topos* ; on dit aussi « lieu commun », *koinos topos*). Développement dirigé contre un criminel, à la manière des péroraisons de discours d'accusation. Ex. : « Contre un pilleur de temple ».

— « Description » (*ekphrasis*). On peut décrire des personnes, des actions, des lieux, des saisons, des œuvres d'art... Ex. : « Description d'une guerre » (la description, quand elle porte sur une action, recoupe dans une certaine mesure la narration).

— « Prosopopée » (*prosôpopoiia* ; on dit aussi « éthopée », *êthopoiia*). Cet exercice consiste à composer un discours, mis dans la bouche d'un personnage donné, en une circonstance donnée, l'important étant que les paroles soient appropriées au locuteur et au sujet. Il inclut la consolation, l'exhortation, la lettre. Ex. : « Quelles paroles un mari dirait à sa femme au moment de partir en voyage ».

— « Eloge » (*enkômion*) et « blâme » (*psogos*). Ex. : « Eloge de Démosthène ».

— « Parallèle » (*sunkrisis*). Le parallèle porte sur des personnes ou sur des choses, soit bonnes (on cherche quelle est la meilleure, en utilisant les arguments de l'éloge), soit mauvaises (on cherche quelle est la pire, en utilisant les arguments du blâme). Ex. : « Parallèle d'Ajax et d'Ulysse » ; « Parallèle de la sottise et de la souffrance ».

— « Thèse » (*thesis*). Ex. : « Le monde est-il gouverné par la providence des dieux ? » (thèse théorique) ; « Doit-on se marier ? » (thèse pratique).

— « Loi » (*nomos*). Il s'agit de composer un discours pour proposer une loi, ou inversement pour combattre une proposition de loi. Ex. : « Combattre la proposition suivante : "l'auteur de coups et blessures versera dix mille drachmes, sinon il sera déchu de ses droits de citoyen" ».

La fin du traité de Théon, qui a disparu dans la tradition grecque, mais qui a été transmise en traduction arménienne, présente en outre cinq exercices d'accompagnement :

— « Lecture » (*anagnôsis*). Le maître fait lire aux étudiants les œuvres des orateurs et des historiens ; il introduit et explique les textes, puis demande aux jeunes gens de les réciter à voix haute, de mémoire, avec les gestes appropriés.

— « Audition » (*akroasis*). Les étudiants écoutent la récitation d'une œuvre, par exemple d'un discours (classique ou contemporain), et s'efforcent progressivement de mémoriser le texte, jusqu'à être capables de le reproduire par écrit.

— « Paraphrase » (*paraphrasis*). L'exercice peut se pratiquer oralement ou par écrit. Il procède par permutation des éléments, addition, soustraction et substitution. Ex. : Prendre un discours de Lysias et en exprimer les pensées à la manière de Démosthène.

— « Elaboration » (*exergasia*). Reprendre un texte de façon à l'améliorer, pour la pensée et pour l'expression, en présentant mieux la même idée ou en soutenant mieux la même thèse.

— « Contradiction » (*antirrhêsis*). Par référence à un discours donné, composer le discours adverse.

Il existait des exercices supplémentaires, dont Théon ne fait pas état. Par exemple Fronton, qui a fait pratiquer à Marc Aurèle des exercices canoniques (narration, maxime, lieu commun), l'a aussi fait travailler sur l'« image » (grec *eikôn*, latin *imago*), thème qui lui tenait particulièrement à cœur, en lui donnant notamment un devoir consistant dans une série de dix images à développer. Le sujet énonçait une image, et l'élève devait trouver une application à cette image et la développer (ce qui inverse adroitement la situation habituelle de l'orateur, lequel part des faits et cherche une image pour les illustrer). Marc a achoppé sur le neuvième sujet, qui était libellé ainsi : « A l'intérieur de l'île d'Ischia, il y a un lac, et à l'intérieur de ce lac, à nouveau une île, qui elle aussi est habitée. Tirer de là une image. » Fronton propose un corrigé, selon lequel l'île intérieure est Marc lui-même, et l'île d'Ischia, son père adoptif, l'empereur régnant Antonin. L'île intérieure bénéficie de tous les avantages d'Ischia (climat, habitants), sans en connaître les inconvénients (assaut des vagues, des pirates, etc.). L'image signifie donc que Marc jouit de tous les avantages d'une situation protégée, au cœur du palais impérial, tandis qu'Antonin se charge de la conduite de l'Empire. Marc pourra recourir utilement à cette image dans le discours de remerciement qu'il doit bientôt prononcer à l'occasion de sa nomination au titre de César. L'exercice aura ainsi une application directe, en sus de sa portée politique et philosophique (Fronton, *Correspondance avec Marcus César*, III, 7-8, 2ᵉ éd. Van den Hout).

Si la prose était dominante, certains exercices pouvaient cependant être rédigés en vers, comme cette éthopée en vers grecs, improvisée, qui fut récitée au concours capitolin par le jeune Quintus Sulpicius Maximus, âgé de onze ans, en 94 ap. J.-C. Le texte, qui compte quarante-trois hexamètres, portait sur le sujet suivant : « Quelles paroles Zeus dirait à Hélios pour lui reprocher d'avoir confié son char à Phaéton ». Le garçon étant mort de maladie peu de temps après le concours, ses parents ont fait graver sur sa tombe le texte de sa composition (éd. Moretti, *Inscriptiones Graecae Vrbis Romae*, 1336).

La série canonique, qui va de la fable à la proposition de loi, et à laquelle on réduit trop souvent les exercices préparatoires, n'épuise donc pas, en réalité, le sujet. Elle constitue l'axe, ou comme la colonne vertébrale, d'une pratique pédagogique encore plus riche et diversifiée, qui visait simultanément plusieurs objectifs.

Dans le prolongement de la formation commencée avec l'instituteur et le grammairien, les exercices préparatoires avaient une finalité linguistique et littéraire. Ils approfondissaient la fréquentation des classiques, en vue du perfectionnement de la langue et en vue de l'imitation des grands auteurs. Ils représentaient un apprentissage des structures discursives, effectué au moyen de travaux d'écriture créatrice (et en même temps encadrée par des règles heuristiques précises) et de manipulations orales et écrites de textes variés. Un tel entraînement ne pouvait que donner aux élèves le sens de l'écriture, de la souplesse, de la virtuosité. Après cette formation, les plus doués étaient armés pour composer toutes les formes d'écrits : rapports administratifs, lettres, ouvrages historiques ou philosophiques, mémoires, poèmes... Les narrations et les dissertations de l'enseignement moderne ont conservé jusqu'à nos jours un écho, parfois affadi et sclérosé malheureusement, de ce type de pédagogie ; les *Exercices de style* de Raymond Queneau offrent un exemple brillant d'un tel travail de plume.

La finalité morale n'était pas absente, en particulier dans les premiers exercices. La chrie, par exemple, était par nature édifiante. Ce qui n'empêchait pas les pédagogues antiques d'aborder des sujets réalistes et de faire intervenir des affaires de meurtre, d'adultère, etc., la règle étant, pour Théon, qu'il convenait de s'exprimer en termes décents et d'éviter les mots vulgaires ou crus.

Enfin, les exercices préparatoires, comme leur nom l'indique, étaient conçus comme une préparation en vue de la composition de discours complets. Suivant une progression soigneusement étudiée, les élèves se familiarisaient avec les différentes parties de la rhétorique : lieux de l'invention, schémas d'argumentation (tant pour prouver que pour réfuter), plans et parties du discours, style, mémorisation et prononciation. Ils touchaient à chacun des genres oratoires (éloge, conseil, plaidoyer). Ils apprenaient à rédiger des morceaux susceptibles de devenir des parties de discours. Lorsqu'ils parvenaient enfin aux derniers exercices, la thèse et la proposition de loi, ils étaient tout proches du discours entier. Ils étaient prêts pour la déclamation.

La déclamation

La déclamation se définit comme un discours fictif, c'est-à-dire une composition destinée à l'entraînement des orateurs et ayant l'appparence d'un discours réellement prononcé ; elle roule sur des faits appartenant à la mythologie ou à l'histoire, ou bien elle est située à une époque et en un lieu non précisés. Suivant la terminologie latine, on distingue les « controverses » (*controuersiae*), appartenant au genre judiciaire, qui imitent une plaidoirie prononcée devant un tribunal pour l'accusation ou pour la défense, et les « suasoires » (*suasoriae*), appartenant au genre délibératif, qui imitent un avis donné devant une assemblée ou devant un conseil pour proposer ou repousser une mesure ou une action. Les déclamations épidictiques, imitant un discours d'éloge ou de blâme, sont très rares et marginales.

Les discours fictifs ont existé dès l'époque des sophistes, le *Palamède* de Gorgias, par exemple, étant l'imitation d'un plaidoyer, prêté à Palamède au moment de la guerre de Troie. Dans le monde grec hellénistique, la déclamation fut pratiquée sur des thèmes historiques, comme l'attestent des vestiges papyrologiques ; à Rome, elle fit son entrée au 1er siècle av. J.-C. C'est alors, à partir de la fin de la République, que la déclamation connut une véritable explosion, au point de devenir une des formes rhétoriques les plus en vogue de l'époque impériale – et, pour nous aujourd'hui, une des mieux connues, grâce à de nombreuses sources. Deux auteurs donnent une idée de ce phénomène : le Latin Sénèque le Rhéteur et le Grec Aelius Aristide.

Sénèque le Rhéteur, qu'on appelle aussi Sénèque le Père (pour le distinguer de son fils homonyme, le philosophe Sénèque), a vécu entre les années 50 av. J.-C. et les années 30 ap. J.-C. A la fin de sa vie, il a réuni en un gros recueil les meilleurs passages des déclamations dont il avait eu connaissance au cours de sa vie, certaines pour les avoir entendues lui-même, d'autres d'après des sources orales ou écrites. L'ouvrage comporte dix livres de controverses et un livre de suasoires. Chaque sujet de déclamation constitue la matière d'un chapitre, dans lequel Sénèque rapporte des extraits de multiples discours, afin de montrer comment avait procédé chacun des déclamateurs qui avaient traité le sujet en question. Il cite les « traits » ou formules brillantes (*sententiae*) prononcés par les uns et les autres, ainsi que quelques échantillons plus étendus ; il analyse les « divisions » adoptées (*diuisiones*), c'est-à-dire les articulations de l'argumentation, formées de « points » à examiner (*quaestiones*) ; enfin il précise les « couleurs » (*colores*), c'est-à-dire les motivations particulières prêtées aux personnes et aux actes de la cause (ceci seulement dans les controverses). D'où le titre que les manuscrits donnent à l'ouvrage : *Traits, divisions et couleurs des orateurs et des rhéteurs*.

Au total, Sénèque le Rhéteur présente un peu plus de soixante-dix sujets de controverse et sept sujets de suasoire. Il nomme cent vingt déclamateurs, dont trois quarts de Romains et un quart de Grecs ; au reste, il arrivait à des Romains de déclamer en grec, et à des Grecs de déclamer en latin. Sur un même sujet, il cite plusieurs déclamations d'auteurs différents, parfois une dizaine ou une vingtaine ; les sujets étaient traditionnels et passaient d'un déclamateur à l'autre. Souvent, par virtuosité, les déclamateurs traitaient le pour et le contre sur un même sujet.

L'ouvrage de Sénèque constitue ainsi un document de premier ordre sur la déclamation grecque et romaine au tournant de l'ère chrétienne. L'auteur, qui a de l'esprit, émaille son recueil de réflexions intéressantes, non seulement sur la déclamation, mais sur la rhétorique en général, sur les problèmes du style, sur les rapports avec la poésie.

Ce qui frappe, à la lecture des *Traits, divisions et couleurs*, est le caractère excessif et violent, pour ne pas dire extravagant, des situations évoquées. Ce ne sont que femmes violées, fils déshérités, jeunes gens enlevés par les pirates, empoisonnements, mutilations, marâtres, tyrans, parricides, crimes et fausses accusations de toute sorte. Les déclamateurs cités par Sénèque, ou peut-être Sénèque lui-même dans le choix qu'il a opéré, privilégiaient les cas difficiles et les sujets romanesques, au mépris parfois de la vraisemblance et de la vérité historique. Voici des exemples :

— « Loi : La femme séduite pourra choisir que son séducteur soit exécuté ou qu'il l'épouse sans dot. Sujet : Un homme prit de force deux femmes la même nuit : l'une choisit de le faire mourir, l'autre de l'épouser » (*Controverses*, I, 5). Il ne semble pas qu'une pareille loi ait existé réellement où que ce soit ; les déclamateurs auront joint deux stipulations séparées, de manière à poser une alternative dramatique. Mais peu importe. L'intérêt de ce sujet célèbre, qu'on retrouve chez d'autres auteurs, tient dans sa difficulté, car les demandes des deux parties sont aussi fondées l'une que l'autre et néanmoins inconciliables : d'où des discussions épineuses pour savoir lequel des deux droits doit prévaloir. Parmi les traits, Sénèque cite celui de Latron, qui plaidait la cause de la première femme : « Il allait s'attaquer à une troisième, si la nuit ne lui avait fait défaut. »

— « Cicéron délibère s'il brûlera ses œuvres, sur la promesse d'Antoine de lui laisser la vie sauve, s'il le fait » (*Suasoires*, VII). Le déclamateur prend ici la pose du conseiller, s'adressant à Cicéron pour l'éclairer sur le parti à prendre. La situation est fictive, Antoine n'ayant en vérité jamais fait cette proposition. Après avoir cité des exemples d'argumentation visant à dissuader Cicéron d'accepter, Sénèque commente avec un humour froid : « Personne, à ma connaissance, n'a, dans cette suasoire, soutenu la thèse opposée. Tous se préoccupèrent des ouvrages de Cicéron, aucun de Cicéron ; pourtant ce point n'était pas si mauvais à développer, car Cicéron, si on lui avait offert la condition dont on parle, aurait hésité. »

Si l'on se tourne à présent vers Aelius Aristide, orateur grec du IIe siècle ap. J.-C., on rencontre des déclamations d'une tonalité différente, visant par-dessus tout l'exactitude dans la reconstitution historique, appuyée sur les meilleures sources, ainsi que la force et la subtilité dans l'argumentation. Sur les douze discours conservés (restes d'une production beaucoup plus abondante), onze se situent dans la Grèce des Ve-IVe siècles av. J.-C. L'utilisation d'une langue strictement atticiste contribue à l'effet de pastiche, au point qu'en lisant certaines de ces déclamations, on pourrait presque s'y tromper et se croire en présence d'un authentique discours de l'époque classique (voir le cas du discours *Sur la constitution*, transmis sous le nom d'Hérode Atticus, à propos duquel les philologues déroutés se demandent s'il s'agit d'une déclamation du IIe siècle ap. J.-C. ou d'un discours du Ve siècle av. J.-C.). Exercices de culture classique, d'argumentation et de style, les déclamations aristidiennes confinent au tour de force, d'autant plus que l'auteur traite le pour et le contre (*in utramque partem*), compose deux discours différents allant dans le même sens (*retractatio*), ou pousse la virtuosité dialectique (dans les *Leuctriennes*) jusqu'à combiner ces deux méthodes. Les sujets (tous des suasoires) sont les suivants :

— *Discours siciliens* : pour et contre l'envoi de renforts à l'expédition de Sicile en 414-413 av. J.-C. (d'après Thucydide).

— *Discours pour la paix* : l'un prononcé par un Athénien pour la paix avec les Lacédémoniens en 425 av. J.-C., l'autre prononcé par un Lacédémonien pour la paix avec les Athéniens en 404 av. J.-C.

— *Discours sur l'alliance avec les Thébains* : deux discours allant dans le même sens, d'après un épisode de la carrière de Démosthène, en 338 av. J.-C.

— *Discours leuctriens* : sur un débat qui eut lieu à

Athènes après la bataille de Leuctres (371 av. J.-C.), pour savoir quelle ligne diplomatique la cité devait adopter. Aristide a orchestré un ensemble de cinq discours : un pour l'alliance avec Sparte, un pour l'alliance avec Thèbes, puis à nouveau un pour Sparte, un pour Thèbes, enfin un cinquième en faveur de la neutralité.

— *Discours d'ambassade à Achille* : s'inspirant des trois discours sur ce thème qui figurent dans le chant IX de l'*Iliade*, Aristide en compose un quatrième de son cru.

Nous possédons encore, en latin, des recueils de déclamations transmis sous le nom de Quintilien et de Calpurnius Flaccus et, en grec, des textes de Lucien (*Phalaris* I et II, *Le Tyrannicide*, *Le Fils déshérité*), Lesbonax, Polémon, Hadrien de Tyr, ainsi que des témoignages abondants dans les *Vies des sophistes* de Philostrate et le traité *Sur les fautes commises dans les déclamations* du Pseudo-Denys d'Halicarnasse (chapitre X de la *Rhétorique*). L'importance du phénomène de la déclamation à l'époque impériale n'est pas à démontrer. La déclamation était si prisée qu'elle sortait du cadre étroitement scolaire pour devenir un genre littéraire et un divertissement mondain. Elle n'était pas pratiquée seulement par les étudiants, mais aussi par les professeurs, y compris les plus célèbres, par les orateurs confirmés, qui continuaient de s'entraîner suivant cette méthode, par de grands personnages et même par les empereurs. Quand un déclamateur en vue donnait une séance, dans une école ou dans un lieu public de la cité (odéon, salle du Conseil, théâtre), l'affluence était grande et le public comprenait, outre les étudiants et les collègues, des personnes de qualité extérieures au monde de l'école. En ce cas, l'audition n'avait rien d'un exercice terne et ennuyeux. C'était au contraire un spectacle, où se déployaient les ressources de l'intelligence et du beau langage, alliées parfois à des démonstrations de virtuosité : improvisation sur un sujet donné par l'auditoire, déclamation « figurée » consistant dans un

L'Empire, ou l'innovation dans la tradition 205

discours entièrement à double entente. Le style asianiste était souvent de mise, avec ses traits d'esprit, ses passages pathétiques, son action oratoire appuyée, sa diction chantante. Pour fixer le souvenir de telles séances, les orateurs publiaient régulièrement leurs déclamations.

Cependant, le phénomène de la déclamation a suscité des critiques et des mises en garde. Les auteurs qui croyaient au déclin de l'éloquence (Tacite, Pétrone : cf. *supra*) considéraient la déclamation comme un des principaux symptômes de ce déclin et n'avaient pas de mots assez durs contre un exercice qu'ils jugeaient artificiel et nuisible. Les élèves protestaient parfois, comme Marc se plaignant que Fronton lui ait donné un sujet « sans crédibilité » (*apithanos* : Fronton, *Correspondance avec Marcus César*, V, 38, 2e éd. Van den Hout), ou le futur poète Perse se faisant porter malade :

> « Souvent dans mon enfance, je me le rappelle, je me touchais les yeux avec de l'huile, quand je ne voulais pas adresser à Caton sur le point de mourir des paroles grandiloquentes destinées à être couvertes d'éloges par un maître insensé et écoutées par un père en sueur venu en amenant ses amis. » (*Satires*, III, 44-47.)

Plus sérieusement, les professeurs et les spécialistes eux-mêmes dénonçaient les dangers inhérents au caractère irréel et passéiste des sujets. Dans la déclamation, il n'y a pas d'auditoire à convaincre, pas de vote à emporter. L'orateur qui ne fait que déclamer risque donc d'oublier les exigences de la persuasion véritable, de perdre de vue les réalités du Forum, des tribunaux, du Conseil et de l'Assemblée, de composer des œuvres d'art ayant leur fin en soi, de se complaire dans les subtilités et la recherche de l'originalité au détriment des moyens simples de la persuasion. Ce risque existait bel et bien ; nombreuses sont les anecdotes mettant en scène de brillants déclamateurs dont les plaidoiries réelles s'avéraient décevantes ou inefficaces. Pour parer à ce risque, il fallait que la déclamation restât un entraînement. La déclamation est une bonne chose à condition de ne pas s'en contenter, affirment en somme, unanimes, Sénèque le Rhéteur, Quintilien, Aelius Aristide (*Discours aux villes sur la concorde*, 1, 4). Elle ne doit pas prendre le pas sur l'éloquence réelle.

Mais alors, comment s'explique l'immense succès de la déclamation tout au long de l'Antiquité ?

D'abord, à n'en pas douter, par sa valeur formatrice. La déclamation permettait l'apprentissage du discours sous tous ses aspects : argumentation, style, prononciation. En sus de cette utilité rhétorique directe, elle avait un contenu culturel et intellectuel. Elle mettait en œuvre la culture classique (linguistique, littéraire, historique), ainsi que des connaissances juridiques. Elle développait l'aptitude à raisonner et enseignait à faire la synthèse de dossiers complexes et délicats.

Comme les exercices préparatoires, la déclamation était une méthode pédagogique active. Elle faisait appel à la créativité des étudiants, en les conviant à composer eux-mêmes des discours, au lieu de se borner à analyser les ouvrages des grands auteurs. Elle leur offrait la possibilité d'inventer les détails de la cause, non spécifiés par le sujet, et de jouer un rôle, comme au théâtre, en se coulant dans la peau d'un personnage historique ou imaginaire.

Il ne faut d'ailleurs pas exagérer le caractère fantaisiste de la déclamation, même si les sujets nous surprennent parfois. Les tyrans et les pirates constituaient une réalité du monde antique, non seulement à l'époque hellénistique, quand la déclamation commença à se développer, mais encore sous l'Empire. Les crimes, les violences, les tortures existaient, dans les actions et dans les discours. Il n'est pas jusqu'à l'adultère (voir la *lex Iulia de adulteriis*) qui ne fît partie des sujets portés devant les tribunaux. Même si des libertés étaient prises avec le droit, avec l'histoire et avec la simple vraisemblance, afin de corser les exercices, tout n'était pas inventé, loin de là.

Les déclamations pouvaient même recéler des allusions à l'actualité. Par exemple, Latro déclama devant Auguste et Marcus Agrippa sur une affaire d'adoption, alors que les fils d'Agrippa, Lucius et Caius, étaient justement sur le point d'être adoptés par Auguste ; chacune des paroles prononcées par le déclamateur prenait alors un sens précis et lui faisait courir le risque de déplaire au prince (Sénèque le Rhéteur, *Controverses*, II, 4, 12-13). Des cas de ce genre ont dû se produire fréquemment au cours de l'histoire de la déclamation, le voile de la fiction permettant d'aborder les problèmes contemporains.

Par-delà les allusions ponctuelles, la déclamation était porteuse d'une idéologie qu'elle inculquait aux étudiants et dans laquelle elle confortait les adultes. A travers les rôles stéréotypés qu'elle mettait en scène, elle convoyait des valeurs et des préjugés relatifs à la morale et à la société, sur les rapports entre riches et pauvres, entre parents et enfants, entre maris et femmes, sur la politique, la guerre, les relations humaines, sur les caractères du tyran, du preux, du misanthrope... La cité imaginaire des déclamateurs – « Sophistopolis », comme l'a appelée D. A. Russell – était le théâtre d'une comédie humaine qui figurait des problèmes réels et suggérait le moyen de les interpréter, ou de les exorciser. Par ailleurs, la reconstitution historique du passé dans la déclamation grecque, marquée par la focalisation sur les grandes heures de l'Athènes classique, participait du mouvement d'affirmation de l'identité hellénique.

En outre, la déclamation, en tant que spectacle, offrait aux gens cultivés un divertissement littéraire de bon aloi, comparable par certains côtés aux représentations dramatiques (tant aux comédies de mœurs qu'aux drames historiques ou mythologiques), et ce fait a contribué à son succès hors de l'école.

LES TRAITÉS THÉORIQUES

L'époque impériale a produit une très grande quantité de traités de rhétorique. Il s'agissait d'abord de répondre aux besoins de l'enseignement, qui réclamait des manuels et des ouvrages approfondis pour la formation théorique des étudiants et de leurs professeurs (ce qui explique que beaucoup de traités soient en liaison avec les exercices préparatoires et avec la déclamation). Une fois sortis de l'école, les anciens étudiants continuaient de se reporter aux traités pour y recueillir l'inspiration en vue de leurs prestations oratoires, occasionnelles ou professionnelles. Par ailleurs, la recherche dans le domaine de la rhétorique se développa aussi pour elle-même, de façon scientifique et spéculative, donnant lieu à des analyses toujours plus complexes et plus raffinées.

Les traités conservés se répartissent en quatre grandes catégories, présentant une riche variété de sujets (les dates – parfois approximatives – sont après J.-C.) :

1) Manuels d'exercices préparatoires : Théon (Ier-IIe s.), Hermogène ou Pseudo-Hermogène (IIe-IIIe s.).

2) Cours complets de rhétorique, couvrant les différents domaines de l'art, sous une forme plus ou moins développée, qui pouvait aller du simple abrégé jusqu'à l'ouvrage en plusieurs volumes : Quintilien (Ier s.), Rufus (IIe s.), Anonyme de Séguier (IIe-IIIe s.), Apsinès (IIIe s.), Cassius Longin (IIIe s.).

3) Traités spécialisés, portant sur divers aspects :

— de l'argumentation : Hermogène (IIe-IIIe s.) sur les états de cause, Minucianus le Jeune (IIIe s.) sur les moyens de prouver ou « épichérèmes » (*epikheirêmata*), Pseudo-Denys d'Halicarnasse (IIIe s.) et Apsinès (IIIe s.) sur les discours figurés ;

— du style : Pseudo-Aelius Aristide (IIe s.) et Hermogène (IIe-IIIe s.) sur les *ideai* ; Rutilius Lupus (Ier s.),

Alexandros fils de Slewménios (IIe s.), Aquila Romanus (IIIe s.) et Tibérios (IIIe-IVe s.) sur les figures.

4) Traités sur le genre épidictique : fragment d'Alexandros fils de Slewménios (IIe s.), Pseudo-Denys d'Halicarnasse (IIIe s.), Ménandros le Rhéteur (IIIe s.).

A quoi s'ajoutent les œuvres de Denys d'Halicarnasse et du Pseudo-Longin étudiées plus haut. Au surplus, d'autres traités, des études de cas (menées à partir de sujets de déclamation) et des commentaires, souvent copieux, ont été perdus et leurs auteurs ne sont plus pour nous que des noms, cités par Quintilien, Suétone, Philostrate, par les commentateurs grecs tardifs ou encore par le dictionnaire byzantin intitulé *Souda*. L'époque a connu un foisonnement, qui, il faut le souligner, n'est pas allé sans dommage pour la transmission des textes. Les traités techniques étaient faits pour servir et n'étaient pas protégés par le statut de grande œuvre littéraire ; à force d'être copiés, commentés, utilisés de toutes les manières, certains d'entre eux ont perdu leur intégrité ou le nom de leur auteur, ce qui explique la proportion élevée de textes mutilés, anonymes ou d'attribution douteuse dans la production théorique de l'époque.

Avant d'examiner les deux corpus majeurs – celui de Quintilien et celui d'Hermogène –, signalons les noms d'Apollodore de Pergame et de Théodore de Gadara, actifs à Rome dans la seconde moitié du Ier siècle av. J.-C., qui connurent la célébrité en leur temps et furent les maîtres d'éloquence, respectivement, du futur empereur Auguste et du futur empereur Tibère. Ils étaient à la tête de deux écoles concurrentes, sur lesquelles nous sommes mal renseignés. Les savants des XIXe et XXe siècles ont surestimé pendant longtemps leur opposition, en présentant les « Apollodoréens » comme les tenants d'une conception rigide et quasi-scientifique de la rhétorique, et les « Théodoréens » au contraire comme les adeptes de la liberté et de la variété. En réalité, on reconnaît de nos jours que cette opposition doit être ramenée à de plus justes proportions. La principale divergence entre les deux écoles, à notre connaissance, semble avoir porté sur le plan et les parties du discours, à propos desquels les Apollodoréens recommandaient l'application d'une structure ferme et prédéfinie, tandis que les Théodoréens acceptaient une certaine souplesse. Mais pour le reste on ne sache pas qu'il y ait eu divergence fondamentale sur la conception même de la rhétorique. Théodore était rhétoricien et auteur d'une *Tekhnê* ; tout autant qu'Apollodore, il croyait en l'utilité des règles, et ce serait une erreur de faire de lui le parangon d'une sorte de pensée libertaire sur la rhétorique. L'attitude radicale consistant à répudier le principe même des règles et des systèmes n'existe pas chez les rhéteurs de l'Antiquité ; elle ne se présente qu'en dehors de la rhétorique elle-même, par exemple dans les dénonciations extérieures dues à certains philosophes extrêmes (cyniques, sceptiques).

L'Institution oratoire *de Quintilien*

L'*Institution oratoire* de Quintilien constitue le meilleur panorama existant de la rhétorique antique et le principal ouvrage qu'il convient de lire si l'on veut comprendre en profondeur cette discipline. Le titre français traditionnel est un calque du titre latin *Institutio oratoria*, qui signifie proprement « L'éducation de l'orateur ». Comme l'indique cet intitulé, l'ouvrage couvre la totalité de la formation, depuis l'enfance jusqu'à l'âge adulte. Il se compose de douze livres, division qui remonte à l'auteur lui-même. Le livre I traite de l'éducation dispensée aux enfants au niveau primaire et secondaire, avant leur entrée dans la classe du rhéteur. Le livre II est consacré aux premiers rudiments, aux exercices préparatoires et au problème de la définition de la rhétorique. Vient ensuite le corps de l'ouvrage, formé de deux ensembles : cinq livres (III-VII) sur les méthodes permettant de trouver les idées (*inuentio* = « invention ») et de les ordonner (*dispositio* = « disposition », plan du discours), quatre livres (VIII-XI) sur la mise en forme (*elocutio* = « expression », style), la mémorisation (*memoria*) et la prononciation (*pronuntiatio*). L'*Institution oratoire* est donc organisée suivant la liste des cinq parties de la rhétorique (invention, disposition, élocution, mémoire, action), liste traditionnelle à l'époque, et remontant à la période hellénistique, tout en regroupant ces parties en deux blocs qui correspondent schématiquement, l'un au fond, l'autre à la forme.

En entrant davantage dans le détail de ces deux blocs, on trouve d'abord, au livre III, des considérations historiques et des définitions, puis la distinction des trois genres oratoires (délibératif, épidictique, judiciaire), avec une analyse assez poussée des lieux de l'invention dans les deux premiers genres cités ; l'invention dans le genre judiciaire n'est pas développée ici, car il en sera question abondamment par la suite. Le livre IV examine les parties initiales du discours (exorde, narration, diverses sortes d'annonce du plan). Le livre V traite de la partie essentielle, les preuves (confirmation et réfutation, c'est-à-dire démonstration positive de la thèse soutenue et réponse aux arguments de la partie adverse). Le livre VI porte sur la dernière partie du discours (péroraison) et sur les émotions que l'orateur excite chez les auditeurs (pitié, indignation, etc.), ce dernier sujet s'expliquant par le fait que la péroraison est le lieu privilégié (mais non unique) de l'appel aux émotions ; ce livre contient un important développement sur le rire. Le livre VII est consacré à la théorie des états de cause.

La simple description de ce premier ensemble montre le caractère extrêmement précis et fouillé des divisions théoriques, mais aussi quelque souplesse dans leur articulation mutuelle. Un premier facteur de souplesse tient au traitement des trois genres oratoires : alors qu'en principe les genres constituent chacun un tiers de la rhétorique et sont justiciables d'un traitement égal, en réalité le genre judiciaire est privilégié, et l'étude de l'invention et de la disposition vise en majeure partie les plaidoyers (accusation et défense). Cette situation n'est pas propre à l'*Institution oratoire*, mais se retrouve à toutes les époques dans de nombreux textes théoriques ; elle traduit le rôle pilote joué par le genre judiciaire, depuis toujours, dans la réflexion sur la rhétorique et nuance l'apparente symétrie du schéma tripartite.

Un second facteur de souplesse naît de l'interpénétration entre invention et disposition. En principe, ces deux opérations, consistant l'une à trouver les idées, l'autre à les ordonner, représentent deux phases distinctes de la création oratoire. Mais dès lors que l'on recense, sous forme de liste, les « lieux » (types d'arguments) auxquels l'orateur pourra recourir, l'ordre de la liste, conçu primitivement comme un ordre heuristique, tend à devenir aussi l'ordre d'exposition qui sera retenu pour le discours lui-même. Tel est le cas, par exemple, des lieux de l'éloge, qui n'offrent pas seulement un répertoire d'arguments, mais bien un plan-type. Quintilien est conscient de ce problème. Sans pouvoir l'éviter totalement, il souligne que la disposition bien comprise ne se réduit pas à l'application mécanique des listes et qu'elle met en œuvre des principes spéciaux et supplémentaires.

Pour ce qui est du second bloc, le livre VIII traite des qualités du style et des tropes, le livre IX des figures et de l'arrangement des mots, le livre XI de la mémorisation et de la prononciation. Le livre X, qui s'insère entre l'élocution d'une part, la mémoire et l'action de l'autre, est consacré à des conseils sur les lectures à faire, sur les auteurs à imiter et sur les moyens de s'exercer à rédiger. Ici encore, le système de la rhétorique est envisagé souplement. Quintilien a constaté une certaine insuffisance de la doctrine traditionnelle concernant l'expression, et, pour y remédier, a jugé nécessaire d'ajouter, avec le livre X, des considérations de critique et de méthode littéraires – qui s'avèrent du plus haut intérêt pour connaître l'horizon intellectuel des orateurs et les conditions matérielles de leur art d'écrire.

Le livre XII, enfin, qui est conçu comme le point culminant de l'édifice, dégage deux exigences, sans lesquelles il n'est point de grande éloquence : la valeur morale et la culture générale. L'orateur formé par Quintilien est désormais prêt à affronter la réalité du tribunal, et l'ouvrage se termine par des conseils pratiques sur l'âge convenable pour commencer à plaider et sur la manière d'aborder les causes. Deux chapitres de conclusion reviennent, non sans ferveur, sur les questions de style et sur l'idéal de beauté et de dignité.

L'*Institution oratoire* fut écrite en un peu plus de deux ans (vers 93-95 ap. J.-C), cette rapidité de rédaction étant rendue possible par le fait que l'ouvrage synthétise les acquis de toute une carrière. Quintilien (30-après 95 ap. J.-C. environ), originaire d'Espagne, exerça comme avocat et comme professeur de rhétorique dans sa province, puis à Rome. Il se rendit célèbre, plaida des causes importantes, comme celle de la reine Bérénice, fut nommé titulaire de la première chaire publique de rhétorique par l'empereur Vespasien, et compta notamment Pline le Jeune parmi ses élèves. Il publia un seul de ses discours, ainsi que le traité *Sur les causes de la corruption de l'éloquence* ; d'autres discours et un traité théorique circulaient sous son nom, publiés contre sa volonté à partir de transcriptions sténographiques. C'est après avoir pris sa retraite que, à la demande de ses amis, et tout en étant chargé de l'instruction des petits-neveux de Domitien, il composa l'*Institution oratoire*, où il mit en forme définitive sa pensée sur la rhétorique.

Quintilien a beaucoup lu. Il connaît et discute de multiples textes théoriques, grecs et latins, ce qui confère à son exposé un précieux caractère doxographique. Il retrace l'historique des problèmes, énumère les divisions proposées, fait le point sur la terminologie (notamment sur les problèmes de traduction du grec en latin) et tâche de faire un choix entre les différents systèmes, en adoptant une position raisonnable, en élaguant les subtilités excessives, parfois en proposant des solutions de son cru. Outre les théoriciens, il a lu également les orateurs, romains et grecs, ainsi que de nombreux auteurs littéraires, et il connaît son Cicéron à merveille.

Appuyé sur cette information riche et maîtrisée, Quintilien a composé une somme, où sont traités avec soin, honnêtement et dans le détail, tous les aspects de la rhétorique. Là résident l'utilité de l'*Institution oratoire* et l'explication de son succès. L'ouvrage est de surcroît bien écrit et personnel (on y trouve même des confidences sur les deuils familiaux qui ont frappé l'auteur). Quintilien est précis, concret (par exemple dans l'important chapitre 3 du livre XI, sur l'action oratoire). Il n'hésite pas à donner son avis personnel sur les problèmes ni à prendre position dans les controverses de son temps. Ne se laissant jamais étouffer par ses sources, il a à cœur de dégager la spécificité romaine par rapport à la théorie et à la pratique grecques, et de définir les conditions présentes de l'éloquence (qui tiennent à la fois à l'évolution des mœurs et du régime politique et aux phénomènes de mode) par rapport aux schémas hérités du passé.

Au niveau des principes, Quintilien se fait une haute idée de l'art oratoire, qui est indissolublement lié, dans son esprit, à la culture et à la morale, et il voit dans la rhétorique la formation complète de l'homme et du citoyen. Ces conceptions sont directement héritées de l'idéal cicéronien, auquel Quintilien adhère et qu'il prolonge à sa manière propre : c'est-à-dire à la manière d'un professeur de rhétorique savant et serein, sans y mettre la force et les tensions d'un Cicéron. Quintilien est un auteur équilibré, plein de bon sens, hostile aux outrances de l'asianisme et de la déclamation. Classique, il cherche le juste dosage entre la raison et la passion. Cultivé, il a le respect des grands auteurs, qu'il étudie avec sympathie, mais sans complaisance. Très attentif aux questions pédagogiques, il développe la dimension éducative de la rhétorique et peut être considéré à ce titre comme un des inspirateurs de l'enseignement des « humanités » en Occident (il fut notamment une des références de la pédagogie jésuite).

Le corpus hermogénien

Tout autre est Hermogène, rhétoricien grec dont la personnalité nous échappe et dont les ouvrages sont de pure théorie, froids et austères, avares de renseignements sur les sources utilisées et dépouillés d'élargissement pratique ou moral.

Les *Vies des sophistes* de Philostrate (II, 7) contiennent une courte biographie d'Hermogène de Tarse (ville de Cilicie), par laquelle nous apprenons que ce personnage fut un adolescent de grand talent, qui à quinze ans déclama devant Marc Aurèle, mais qu'une fois parvenu à l'âge d'homme il perdit ses facultés et sombra dans l'anonymat. Il n'est pas facile de concilier ces indications avec l'imposante activité de technographe que représente le corpus hermogénien. Pour cette raison, on a parfois supposé qu'il fallait distinguer deux Hermogène, celui dont parle Philostrate et un autre, contemporain du précédent, qui aurait écrit les traités de rhétorique. La seconde interprétation possible, plus économique, consiste à admettre qu'il s'agit du même homme, tout en reconnaissant que les renseignements livrés par Philostrate sont insuffisants pour permettre de reconstruire une biographie satisfaisante. En toute hypothèse, la date des ouvrages d'Hermogène se situe à la fin du IIe ou au début du IIIe siècle ap. J.-C.

Les écrits transmis sous son nom sont au nombre de cinq :

1) Les *Exercices préparatoires* (*Progumnasmata*), manuel qui se situe dans la ligne de celui de Théon, en plus bref.

2) *Les Etats de cause* (*Peri tôn staseôn*), traité important, qui offre une refonte du système des *staseis*.

3) *L'Invention* (*Peri heureseôs*), en quatre livres ; les trois premiers, conformément au titre annoncé, donnent une méthode pour trouver les idées dans les différentes parties du discours, tandis que le livre IV porte sur l'élocution.

4) *Les Formes du discours* (*Peri ideôn logou*), monument de la théorie stylistique, sur lequel nous allons revenir.

5) *La Méthode de l'habileté* (*Peri methodou deinotêtos*), recueil de courts chapitres consacrés à des problèmes particuliers et à différentes « ficelles » du métier.

L'ensemble de ces cinq traités forme une *Tekhnê* complète, qui couvre en détail tous les aspects de la rhétorique (hormis la mémoire et l'action). Toutefois ce corpus paraît être une création artificielle, car les cinq traités ne sont probablement pas tous d'un même auteur. Si l'attribution à Hermogène des *Etats de cause* et des *Formes du discours* n'a pas lieu d'être discutée, des doutes pèsent sur l'authenticité des autres ouvrages (en particulier *L'Invention* et *La Méthode*), qui pourraient être dus à un ou plusieurs auteurs différents et avoir été groupés postérieurement avec les deux premiers.

Le traité sur *Les Formes du discours* est le plus intéressant de tous. Selon l'auteur, son utilité est double : il doit permettre à la fois « de savoir juger les œuvres d'autrui, qu'il s'agisse d'un auteur ancien ou d'un auteur moderne » et « de devenir soi-même un artisan de beaux et excellents discours, comparables à ceux des Anciens » (I, 1). La rhétorique affirme ici ses deux vocations, étroitement liées l'une à l'autre, de théorie critique et d'art productif, dans le cadre de la référence aux Anciens.

Par « forme » (*idea*), Hermogène entend une forme stylistique, une catégorie ou un type qui constitue la tonalité du discours. Ces formes sont au nombre de sept (en comptant seulement les formes principales, qui se subdivisent), et chacune est obtenue grâce à des moyens répartis sur huit niveaux. Le système hermogénien se présente donc comme une sorte de grille, ou comme un tableau à double entrée, dans lequel interviennent d'un côté les qualités stylistiques à atteindre (« formes »), de l'autre les éléments constitutifs de ces qualités (« moyens ») :

FORMES MOYENS	« clarté » (*saphêneia*)	« grandeur » (*megethos*)	« beauté » (*kallos*)	« vivacité » (*gorgotês*)	« caractère » (*êthos*)	« sincérité » (*alêtheia*)	« habileté » (*deinotês*)
« pensée » (*ennoia*)							
« méthode » concernant la pensée (*methodos*)							
« expression » (*lexis*)							
« figure » (*skhêma*)							
« membre de phrase » (*kôlon*)							
« arrangement » des mots (*sunthesis* ou *sunthêkê*)							
« pause » (*anapausis*)							
« rythme » (*rhuthmos*)[1]							

Par ordre d'importance, parmi les moyens, la pensée et l'expression viennent en premier lieu, les moyens rythmiques jouant un rôle secondaire. Si l'on veut, par exemple, produire la « clarté », et plus précisément cette sorte de clarté qui s'appelle la « pureté » (*katharotês*), il faudra utiliser des « pensées » communes à tous et aisément compréhensibles, une « méthode » consistant à narrer les faits sans complication ni ajout extérieur, des « expressions » courantes et non métaphoriques, la « figure » des cas directs, des « membres » de phrase courts et enfermant

---

1. En réalité le rythme n'est pas un niveau autonome, mais résulte de la réunion des deux niveaux précédents, l'arrangement et les pauses.

chacun une pensée complète, un « arrangement » admettant l'hiatus, des « pauses » iambiques et trochaïques (I, 3). Si l'on veut produire la « grandeur », et plus précisément la « majesté » (*semnotês*), on utilisera des « pensées » concernant les dieux, les choses divines ou les grandes actions humaines, une « méthode » affirmative et pleine d'autorité, ou encore mystérieuse, des « expressions » empreintes de volume et d'ampleur grâce à l'usage de voyelles longues, des « figures » directes, des « membres » brefs, semblables à des aphorismes, un « arrangement » admettant l'hiatus et recherchant notamment les spondées, des « pauses » longues et ouvertes (I, 6).

La mise en œuvre pratique de ce système comporte des nuances et des finesses. Il existe des chevauchements, au moins partiels, entre les différentes formes, au niveau de certaines composantes : par exemple, certaines figures de la « majesté » sont les mêmes que celles de la « pureté » (I, 6, p. 250, 6, éd. Rabe : ce qui revient à dire, observation fort juste et intéressante, que la grandeur doit comporter une part de simplicité). Certaines cases de la grille ne sont pas remplies : tel est le cas pour la « dureté » ou « sévérité » (*barutês*), une sous-espèce de la « sincérité », qui n'existe que dans la pensée et la méthode et qui ne présente rien de spécifique au niveau des autres composantes (II, 8, p. 368, 17-18). Enfin et surtout, les formes ne s'excluent pas mutuellement, mais au contraire coexistent souvent, une même œuvre pouvant comporter plusieurs éléments dont chacun est caractéristique d'une forme différente : par exemple, des éléments à la fois de « clarté » et de « grandeur », à la fois de « sincérité » et de « douceur », etc. Il y a en ce cas « mélange » (*mixis*) des formes, et ce mélange est hautement recommandable pour donner au discours richesse et variété.

L'« habileté » est particulièrement importante, car elle se définit comme l'usage approprié de toutes les autres formes, en fonction du sujet et des circonstances. Hermogène distingue à ce propos le discours qui est habile et qui le paraît (ex. : les *Philippiques* de Démosthène), le discours qui est habile et qui ne le paraît pas (ex. : de nombreux autres discours de Démosthène ainsi que ceux de Lysias), le discours qui paraît habile et qui ne l'est pas (ex. : les discours recherchés et voyants des sophistes) (II, 9). Cette discussion pose le problème, important dans la rhétorique antique, de savoir dans quelle mesure il faut « cacher l'art » (sur ce problème, voir entre autres Aristote, *Rhétorique*, III, 1404 b 18 ; *Rhétorique à Herennius*, I, 17 ; Quintilien, *Institution oratoire*, I, 11, 3 ; IX, 3, 102).

Le système des « formes » a pour ancêtres les listes de « vertus » et de « genres » de style qui s'étaient développées à l'époque hellénistique (voir *supra*, chapitre IV). Par rapport à celles-ci, il représente un enrichissement notable, puisque au lieu de trois vertus, de trois ou quatre genres, la liste d'Hermogène compte sept formes, et même vingt en incluant les sous-espèces, accroissement numérique qui permet une analyse beaucoup plus fine et précise. La liste des moyens, quant à elle, s'appuie sur les recherches relatives aux éléments constitutifs du style, sur les théories des tropes et des figures, sur les travaux d'un Denys d'Halicarnasse dans le domaine des harmonies et des rythmes, et propose un classement de tous ces aspects. Le système hermogénien représente ainsi une synthèse et un approfondissement de siècles de recherche dans le domaine de l'analyse stylistique. Au IIe siècle ap. J.-C., d'autres traités sur les « formes » ont existé avant celui d'Hermogène ; tous sont perdus sauf la *Rhétorique* du Pseudo-Aelius Aristide, en deux livres, qui présente une doctrine assez voisine de la doctrine hermogénienne. Le sujet des « formes » constituait visiblement un domaine de pointe de la rhétorique grecque à l'époque impériale. Le traité d'Hermogène paraît avoir surclassé ses contemporains en raison de ses qualités de systématicité.

En effet, Hermogène entend fournir une grille qui rende compte de tous les effets textuels possibles. Pour lui, l'analyse des textes n'est pas affaire d'intuition ou de sensibilité, mais consiste dans une description et un classement presque scientifiques, utilisant des notions agencées en un système. Le projet des *Formes* est, de ce point de vue, parallèle à celui des *Etats de cause*, et tout aussi ambitieux, voire davantage. Dans les deux cas il s'agit de dresser une taxinomie définitive, là pour l'invention, ici pour le style. L'étude du style selon Hermogène peut être comparée à une sorte d'analyse chimique, qui isole des éléments premiers (ce sont les *ideai*), définit les lois et les proportions de leurs combinaisons et classe les composés (ce sont les textes) obtenus grâce à ces combinaisons.

Toutefois, la classification hermogénienne n'est pas abstraite pour autant, et ceci pour deux raisons. D'une part, la stylistique des *ideai* est une stylistique globale, dans laquelle la forme n'est pas coupée du fond, mais est étroitement liée à lui par les notions de « pensée » et de « méthode à propos de la pensée ». Les pensées sont les thèmes traités, les référents du discours. La méthode à propos de la pensée, c'est-à-dire le mode de présentation de la pensée, est proche des figures de pensée (la distinction méthode à propos de la pensée / expression rappelle la distinction figures de pensée / figures de mots), mais ne se réduit pas à elles et a une signification plus large. En introduisant ces deux moyens en bonne place dans son tableau, Hermogène indique que le travail du style ne peut être compris indépendamment des sujets traités et que les qualités stylistiques ne sont opérantes que par référence au contenu du discours.

D'autre part, Hermogène s'appuie constamment sur l'observation des grands orateurs, surtout de Démosthène, dont il avait commenté certains discours et qui est à ses yeux le maître du mélange des formes et le modèle insurpassable du discours politique (conformément aux principes en vigueur à son époque, le théoricien privilégie la littérature archaïque et classique et fait peu de cas des Modernes). A la fin du traité (II, 12), Hermogène élargit même son propos, pour envisager non plus seulement les orateurs, mais tous les écrivains, y compris les historiens, les philosophes, les poètes, suggérant que, tendanciellement au moins, la théorie des formes du discours s'applique à l'ensemble de la littérature et contient une théorie de critique littéraire fondée sur les notions rhétoriques.

L'EMPEREUR ORATEUR

Aux confins de la théorie et de la pratique, rien ne traduit mieux le prestige de la rhétorique à l'époque impériale que le thème selon lequel l'empereur doit être orateur.

Ce thème correspondait à un état de fait. Les empereurs, de par leur fonction, étaient amenés à prononcer de nombreux discours : adresses au Sénat ou aux cohortes prétoriennes, éloges funèbres, prises de parole diverses devant les citoyens de Rome, les armées en campagne, les tribunaux, les organes et corps constitués des provinces... Ces interventions orales étaient prolongées par écrit dans les lettres et édits impériaux, dont la rédaction était soignée. Aussi les princes, pour se préparer à leur tâche, recevaient-ils une formation et pratiquaient-ils des exercices. Auguste, par exemple, fut élève d'Apollodore et prononçait des déclamations quotidiennement pendant la guerre de Modène ; Marc Aurèle fut formé par Fronton. On pourrait sans peine multiplier de telles illustrations. Un échantillon fameux de la parole impériale est conservé sur la Table Claudienne de Lyon, inscription qui reproduit un discours prononcé par l'empereur Claude devant le Sénat, en 48 ap. J.-C., pour faire admettre parmi les sénateurs les notables gaulois ; le texte fut gravé sur bronze et affiché à Lyon, où il fut retrouvé au XVIe siècle (*Corpus inscriptionum Latinarum*, XIII, 1668) ; une version réécrite du même discours est donnée par Tacite dans les *Annales* (XI, 24).

Souvent, les empereurs se faisaient aider, soit par manque de temps, ou de facilité, soit parce qu'ils avaient conscience de l'importance de leurs moindres propos et ne voulaient rien laisser au hasard. Auguste écrivait d'avance et lisait toutes ses interventions ; quand il devait prononcer un discours en grec, il rédigeait son texte en latin et le faisait traduire (Suétone, *Auguste*, 84, 89). Néron eut recours à l'assistance de Sénèque, Trajan à celle de Lucius Licinius Sura. Parfois, le doute subsistait et l'on s'interrogeait sur l'identité du véritable rédacteur : ainsi à propos des discours d'Othon, dans lesquels certains pensaient reconnaître la manière oratoire du célèbre avocat Galerius Trachalus (Tacite, *Histoires*, I, 90, 2), ou à propos de ce « très beau discours » composé par Aelius César pour rendre grâces à son père Hadrien, et dont on se demandait s'il l'avait écrit seul ou avec le concours de ses chefs de bureau et de ses maîtres d'éloquence (*Histoire Auguste*, *Vie d'Aelius*, 4, 7).

A propos de Néron, Tacite fait une observation significative :

> « Les gens âgés, qui ont loisir de comparer le passé et le présent, remarquaient que Néron était le premier parmi les détenteurs du pouvoir qui eût besoin de recourir au talent d'autrui. » (*Annales*, XIII, 3, 2.)

En d'autres termes, Néron fut critiqué pour ne pas s'être montré suffisamment orateur. Il y avait parmi les sujets une attente : à leurs yeux, la majesté impériale requérait entre autres la maîtrise rhétorique. Ce thème fut important tout au long de l'époque impériale chez de nombreux auteurs. Flavius Josèphe reconnaît à Caligula des qualités oratoires éminentes, en grec et en latin (*Antiquités juives*, XIX, 208), tandis que Pline le Jeune loue l'éloquence de Trajan (*Panégyrique de Trajan*, 67, 1) et Ménandros le Rhéteur celle de l'empereur accompli (*Sur les discours épidictiques*, 374, 25).

Aux yeux de Sénèque, l'empereur (Claude, en l'occurrence) était, ès qualités, « l'universel consolateur des hommes », non seulement par ses bienfaits, grâce auxquels l'humanité oublie ses malheurs, mais par ses mots, qui ont une efficacité particulière, quasi oraculaire, parce qu'ils portent le « poids » de sa « divine autorité » (*Consolation à Polybius*, 14, 1-2). Pour bien comprendre ce passage, qui ne se réduit pas à une vaine flatterie, il faut se rappeler que la consolation faisait effectivement partie des missions de l'empereur, qui était tenu, selon la conception antique, de prendre soin de ses sujets, individuellement et collectivement. En cas de catastrophe naturelle, par exemple (séisme, éruption volcanique...), il exerçait sa générosité par des secours matériels, prononçait des discours devant le Sénat en faveur des populations éprouvées, envoyait des édits de consolation. Ainsi, Aelius Aristide affirme que Marc Aurèle et Commode, au moment du tremblement de terre de Smyrne, « ont usé des instruments les plus divins et les plus éclatants, en consolant la cité par des paroles et en montrant [...] toute l'importance de l'art des Muses adjoint à l'art de régner » (*Palinodie sur Smyrne*, 8).

Fronton a particulièrement insisté sur ce thème, jusqu'à l'hyperbole :

« [L'éloquence de l'empereur] inspire la crainte, concilie l'amour, suscite l'activité, éteint l'impudence, encourage la vertu, confond les vices, apaise, instruit, console. [...] D'autres généraux avant vous [Lucius Verus, auquel la lettre est adressée, et son frère Marc Aurèle] ont soumis l'Arménie, mais, par Hercule, une seule lettre de toi, un seul discours de ton frère sur tes vertus et sur toi illustreront plus ta gloire et feront plus de bruit auprès de la postérité que la plupart des triomphes des princes. » (*Lettres à Verus*, II, 1, 9, 2e éd. Van den Hout.)

« Il appartient aux Césars de conseiller ce qui est utile devant le Sénat, de haranguer le peuple assemblé sur la plupart des affaires, de corriger les injustices de la justice, d'expédier force lettres par toute la terre, de s'adresser aux rois des nations étrangères, de réprimer par des édits les fautes des alliés, de louer les bonnes actions, de contenir les séditieux, d'épouvanter les arrogants. Tout cela, assurément, doit être fait par des paroles et par des lettres. » (*Lettres à Marc Aurèle sur l'éloquence*, 2, 6, même édition.)

Au-delà de la réalité des faits, nous avons affaire à un modèle idéologique, selon lequel l'empereur est l'Orateur par excellence, le plus grand harangueur, laudateur, consolateur... A quelques siècles de distance, ce modèle prenait le relais du modèle démocratique athénien, en substituant, à la conception d'un orateur issu du peuple et au service du peuple, celle d'un orateur qui fait d'en haut le bien de ses sujets. Il s'agissait dès lors d'une rhétorique supérieure, autorisée, empreinte de la majesté et de la divinité, ou quasi-divinité, qui caractérisaient les empereurs romains. Cette rhétorique idéale était en accord avec l'importance de l'art de la parole à l'époque, dont elle offrait la version superlative ; il va de soi qu'elle était très au-dessus de la pratique normale, dont il va être question à présent.

LA PRATIQUE ORATOIRE ET L'IRRÉSISTIBLE ASCENSION DU GENRE ÉPIDICTIQUE

Les genres judiciaire et délibératif

La correspondance de Pline le Jeune regorge de témoignages concrets sur la pratique de l'éloquence judiciaire à Rome au tournant du Ier et du IIe siècle ap. J.-C. De nombreux procès étaient plaidés devant le tribunal des centumvirs, que Pline appelait son « arène » (VI, 12, 2) et devant lequel il exerçait au quotidien son métier d'avocat, se lamentent les mauvais jours, quand les causes lui semblaient insignifiantes, les auditoires vulgaires et inattentifs (II, 14), se réjouissant au contraire quand il remportait des succès (IV, 16). Il y eut notamment l'affaire Attia Viriola, du nom d'une dame de la haute société, femme de sénateur, qui intenta une action pour réclamer la part d'héritage dont son père l'avait frustrée en rédigeant, octogénaire, un testament en faveur de sa nouvelle épouse, après seulement onze jours de mariage ; l'affaire fut examinée par les quatre chambres à la fois, soit cent quatre-vingts jurés, dans une basilique Julia prise d'assaut par les curieux, parmi une foule d'avocats représentant les parties, et Pline prononça pour la plaignante un magnifique plaidoyer (VI, 33).

Le Sénat siégeait comme haute cour de justice pour les membres de l'ordre sénatorial ; devant lui se déroulaient les procès des gouverneurs accusés de concussion ou d'autres crimes commis dans l'exercice de leurs fonctions, comme Marius Priscus ou Iulius Bassus (II, 11 ; IV, 9). Dans ces deux cas la plaidoirie de Pline dura cinq heures (d'affilée la première fois, avec une interruption pour la nuit la seconde fois).

Enfin l'empereur, entouré de conseillers, exerçait un pouvoir judiciaire supérieur à tous les autres, au civil comme au criminel, en première instance comme en appel. Pline fut ainsi invité à faire partie du conseil de Trajan, qui tenait une session judiciaire de quelques jours dans une villa près de Rome, et il fut impressionné par le sérieux des travaux auxquels il participa, ainsi que par la beauté du cadre et par l'accueil affable du prince (VI, 31).

Dans les sources grecques, par exemple les *Vies des sophistes* de Philostrate ou les inscriptions, on constate de même que les orateurs grecs de l'époque impériale déployaient une importante, et souvent lucrative, activité judiciaire, en plaidant soit devant les juridictions locales, soit devant les représentants de l'empereur, qui rendaient la justice au nom de celui-ci par délégation (gouverneurs, légats...), soit directement devant le tribunal impérial, devant lequel ils se présentaient pour défendre leurs propres intérêts ou ceux de leur patrie (cité ou province).

Les compétences acquises grâce à la déclamation et à l'enseignement théorique avaient donc ample matière à s'exercer dans des plaidoyers réels. La plupart des grands orateurs de la période ont plaidé et de brillantes carrières politiques se sont appuyées sur les tribunaux. Les discours prononcés, nécessairement très nombreux, portaient sur des sujets variés, incluant les affaires civiles et criminelles et toutes sortes de questions politiques, administratives, fiscales. Ces discours étaient souvent diffusés et circulaient sous forme de copies, même si la plupart d'entre eux ne nous sont pas parvenus (le principal exemplaire conservé est l'*Apologie* d'Apulée). L'importance de la rhétorique judiciaire allait de soi dans une société légaliste, voire procédurière, comme était la société de l'époque impériale, une société où le discours judiciaire appartenait aux traditions les plus solidement ancrées en latin comme en grec.

Toutefois, le fait du prince marque la période. Beaucoup d'affaires étaient politiques et contrôlées par l'empereur et ses affranchis. Soucieux de préserver leur autorité et d'étouffer toute velléité d'opposition, certains empereurs ont multiplié les accusations de lèse-majesté, de trahison, de magie, accompagnées de procédures extraordinaires qui supprimaient les garanties normalement assurées aux accusés et débouchaient sur de terribles châtiments. Le pouvoir était servi par les « délateurs » (*delatores*), accusateurs systématiques qui, pour se procurer la faveur et le gain, dénonçaient les délits, réels ou supposés, et engageaient les poursuites devant les tribunaux. Par ailleurs, le rôle éminent dévolu à l'empereur et à ses représentants suscita un recul des jurys, semble-t-il, à partir du IIe siècle, et une importance accrue des conseils et des fonctionnaires, ce qui eut pour effet d'infléchir les instances judiciaires dans le sens d'un fonctionnement plus administratif et de donner une plus grande importance au droit et aux jurisconsultes. On observe une sorte de bureaucratisation de la justice et un poids accru des dossiers, aux dépens de la parole vive. Il n'y avait peut-être pas moins de rhétorique, mais une autre rhétorique. Ainsi, les plaidoyers prirent souvent la forme de réclamations, requêtes, ambassades ou pétitions portées devant une autorité suprême.

Le poids de l'empereur était plus sensible encore dans le genre délibératif. Les comices ayant cessé de se réunir, le seul organe délibératif central était le Sénat, où les débats se déroulaient sous l'autorité du prince : une autorité indiscutée, toujours présente, et sous certains règnes écrasante. Par rapport au pouvoir de l'empereur, le Sénat n'avait que des pouvoirs subordonnés, et qui allèrent en décroissant au cours de la période. Le principal lieu de décision était le conseil impérial (*consilium principis*), qui réunissait quelques dizaines de personnes – sénateurs désignés, chefs de bureau de la chancellerie, préfets du prétoire, jurisconsultes –, selon une composition variable, et dont les attributions couvraient (outre la compétence judiciaire déjà évoquée plus haut) la législation, les finances, les affaires militaires, la politique étrangère...

Le Sénat et, davantage encore, le conseil impérial, formaient des groupes clos, comportant un nombre limité de membres, dominés par le pouvoir de leur président et chargés d'assister celui-ci par des avis. Entre les deux formes qui se sont partagé le genre délibératif tout au long de l'histoire ancienne et qui constituent les deux pôles de la délibération – la harangue prononcée devant l'assemblée souveraine et l'avis exprimé au conseil des chefs ou du monarque –, la Rome impériale était du côté du conseil. Les interventions dans de telles circonstances n'étaient pas destinées à emporter des suffrages populaires, mais à peser dans un processus de décision étroitement encadré et contrôlé.

Il y avait plus de latitude pour l'éloquence délibérative dans les provinces, devant les instances locales des cités, devant les assemblées provinciales, voire devant les légions, auxquelles s'adressaient les généraux. Certains cas exceptionnels pouvaient engager le destin de l'Empire : c'est par une harangue que le tribun militaire Antonius Honoratus convainquit les soldats de rester fidèles à Galba et de ne pas prêter l'oreille au discours que l'usurpateur Nymphidius avait préparé pour les gagner à sa propre cause (Nymphidius s'avançait en tenant à la main le manuscrit de ce discours, rédigé pour lui par un conseiller, mais il renonça à le prononcer) (Plutarque, *Vie de Galba*, 14). D'autres cas identiques se présentèrent lors des usurpations et de l'anarchie des IIe-IIIe siècles. Plus souvent, les débats portaient sur les enjeux quotidiens, conformément à la marge de manœuvre consentie à l'échelon local. Si les grandes décisions administratives, politiques et militaires relevaient du pouvoir central, les assemblées provinciales, composées des représentants des cités de la province, avaient à connaître de certaines émissions monétaires, de la célébration du culte impérial, des rapports entre les cités et des relations avec les autorités romaines. Les assemblées et conseils des cités veillaient sur le statut de la cité dans l'Empire, sur les magistratures, les finances locales, les rapports avec les gouverneurs et autres fonctionnaires impériaux, sur toutes sortes de questions ayant leur importance et que les responsables préféraient autant que possible régler par eux-mêmes plutôt que de voir l'autorité romaine amenée à intervenir.

La série des *Discours bithyniens* de Dion de Pruse, qui datent pour la plupart des dernières années du Ier siècle ap. J.-C. et des premières années du IIe, offre un document exceptionnel à cet égard. Elle comprend :

— Quatre discours « sur la concorde » (discours XXXVIII-XLI), prononcés respectivement à Nicomédie, à Nicée, à Pruse et à Apamée (quatre cités de Bithynie), devant l'Assemblée du peuple ou, dans un cas peut-être, devant le Conseil élargi, pour tenter d'aplanir les différends qui opposaient ces cités les unes aux autres à propos de titres honorifiques et de questions de voisinage, pour souligner les risques que fait courir la discorde et pour vanter les bienfaits de la bonne entente.

— Dix discours prononcés devant les corps politiques de Pruse (Assemblée ou Conseil) à propos de questions diverses (discours XLII-LI). Dans l'un, plus ancien que le reste de la série, Dion se défend d'être un affameur du peuple, après une révolte frumentaire au cours de laquelle les émeutiers ont failli le lapider et brûler sa maison avec femme et enfant. Dans d'autres, il déploie des trésors de persuasion pour faire avancer un coûteux programme d'aménagement et d'embellissement de Pruse, qui comportait de grands travaux, notamment la construction d'un portique monumental, impliquant des démolitions et des transferts d'activité, et qui se heurtait à des résistances. Dans d'autres discours encore, il est question de troubles dans la ville et de séances agitées à l'Assemblée, de gestion financière, de relations avec les gouverneurs successifs de la province, d'élections de magistrats, de privilèges obtenus au bénéfice de Pruse, d'honneurs décernés à Dion lui-même, ou de critiques et d'accusations contre lui.

Ces discours, qui ne représentent qu'une partie des interventions publiques de Dion durant la période, montrent quel était le rôle de la rhétorique dans la vie municipale. La structure sociale et politique de la cité était marquée par le poids des notables, desquels Dion faisait partie : il occupait à Pruse une position éminente, étant issu d'une famille riche et illustre, fier de ses ancêtres et secondé par son fils, jouissant de surcroît de la faveur impériale et auréolé de son prestige personnel de philosophe et d'ancien exilé. Dans cette situation de premier notable, il déployait une activité incessante pour faire adopter ses projets et pour répondre aux oppositions, qui étaient nombreuses. La rhétorique était un aspect essentiel de cette activité. Ses discours portaient sur des sujets concrets et circonstanciels et avaient pour but de persuader l'auditoire. Leur style était plus ou moins orné selon les cas. Le corpus bithynien, pris dans son ensemble, frappe par sa variété, sa culture et son esprit, souvent ironique ou âpre.

Le genre épidictique

A côté des genres judiciaire et délibératif, l'époque impériale a vu l'ascension du genre épidictique, forme très ancienne qui commença alors une vie nouvelle. Le nom de ce genre oratoire signifie « apparat, cérémonie » (*epideixis* = « exhibition », « conférence », « montre oratoire »), et son contenu est traditionnellement défini, depuis Aristote, par l'« éloge » (grec *enkômion*, latin *laus*) et le « blâme » (grec *psogos*, latin *uituperatio*). Bien qu'ayant été illustré, notamment, par Isocrate, il était resté en retrait dans la Grèce classique et hellénistique et dans la Rome républicaine, faisant figure de parent pauvre par rapport aux genres judiciaire et délibératif, plus prisés. Or cette situation changea à l'époque impériale, où le troisième genre connut un développement sans précédent. Les traités transmis sous le nom de Ménandros le Rhéteur offrent le meilleur guide pour décrire ce phénomène.

Intitulés respectivement *Division des discours épidictiques* et *Sur les discours épidictiques*, ces traités, écrits en grec, sont dus à deux auteurs différents, dont l'un (il est difficile de déterminer avec certitude lequel) est Ménandros de Laodicée, en Asie Mineure, sophiste qui avait commenté l'œuvre d'Hermogène et les *Exercices préparatoires* de Minucianus l'Ancien. L'un et l'autre auteur (appelés conventionnellement Ménandros I et Ménandros II) datent de la seconde moitié du IIIe siècle ap. J.-C. S'appuyant sur la lecture des modèles classiques, sur l'observation de la pratique contemporaine et sur les travaux de théoriciens qui avaient écrit sur le sujet avant eux, Ménandros I et Ménandros II s'efforcent de baliser l'ensemble du champ, de classer les choses d'une manière intellectuellement satisfaisante, et également de collecter les recettes en vigueur et de fournir des conseils utiles aux futurs orateurs ; d'où le caractère panoramique de leur approche.

Le premier traité divise la matière épidictique suivant les sujets de l'éloge. En premier lieu, vient l'éloge des dieux, ou « hymne » (*humnos*). A travers les différentes subdivisions envisagées, se dégage le plan-type d'un hymne complet, qui se compose des parties suivantes : invocation initiale ; éloge de la nature du dieu, puis de sa naissance (généalogie), puis de ses actions mythiques, lesquelles traduisent ses pouvoirs ; prière finale. L'auteur passe ensuite à la deuxième catégorie, l'éloge des pays et des cités, et, ici encore, il fournit un plan-type, qui comprend, pour une cité : le site et la situation géographiques ; la fondation et le peuplement ; le régime politique, les activités dans les sciences, les arts et les sports, l'ordre public ; enfin, et c'est le plus important, les actions manifestant les vertus, soit de l'ensemble des habitants à titre collectif, soit de certains citoyens à titre individuel. La fin du traité de Ménandros I est perdue. Elle envisageait, d'après le plan annoncé au début, l'éloge des êtres humains, puis l'éloge des animaux et, pour terminer, l'éloge des objets inanimés et des abstractions.

La perte du chapitre sur les êtres humains est particulièrement regrettable, car les personnes constituaient un des sujets les plus fréquents de l'éloge et le plan-type les concernant joue un rôle central dans la théorie épidictique (il a servi de modèle aux plans-types concernant les autres sujets). D'après différentes sources (Quintilien, Théon, Hermogène, Pseudo-Denys d'Halicarnasse, Ménandros II...), nous savons que l'éloge d'être humain comprenait, dans ses grandes lignes, les rubriques suivantes : origine familiale et naissance ; éducation ; qualités physiques ; actions accomplies au long de la vie, manifestant les qualités morales (vertus) ; mort (dans le cas d'un éloge funèbre).

Les plans-types édictés par Ménandros I et par ses confrères sont des listes de « lieux » (*topoi*), destinées à guider à la fois l'invention et la disposition. Le travail du théoricien consiste à proposer, pour chaque catégorie de sujet, une liste de rubriques, répertoriant les différents points à traiter. L'orateur qui veut composer un éloge n'aura qu'à suivre ce guide – ce qui ne signifie pas qu'il n'aura rien à faire. Il lui incombe d'adapter le traitement de chaque rubrique à la nature précise de son sujet, d'abréger, de choisir, de spécifier, de mettre de la chair autour du squelette fourni par la théorie, puis de passer au travail du style pour exprimer ses idées. Les listes de *topoi* orientent et encadrent la création oratoire, sans pour autant se substituer à cette création.

Considérés sous un autre angle, les lieux de l'éloge sont importants pour l'histoire des mentalités. Les listes de lieux se présentent sous une forme à peu près similaire chez la plupart des auteurs, on est en droit de conclure qu'il existait, à l'époque impériale, un accord général sur la liste des points à examiner pour louer soit un dieu, soit une cité, soit un être humain. Inculquée dès l'école (puisque l'éloge, sous une forme encore élémentaire, faisait partie des exercices préparatoires), cette doctrine de l'éloge était véhiculée et confortée par les traités des théoriciens et par les discours des orateurs, grecs et latins. Or les listes de lieux supposent une définition de chaque objet considéré et une réflexion sur ce qui fait sa valeur. Par exemple, les lieux de l'éloge de personne reviennent à dire que la valeur d'un homme se juge principalement d'après son extraction et d'après ses actions ; s'agissant de la grandeur d'une cité, les lieux soulignent l'importance de la géographie et de l'histoire ; s'agissant de l'excellence d'un dieu, les lieux allient théologie et mythologie. Les listes de *topoi* sont autant d'images du monde, dont l'examen détaillé offre un aperçu très intéressant sur l'univers mental des Anciens.

Un point à souligner particulièrement, sous ce rapport, est l'importance du lieu des « vertus » (*aretai*). Qu'il s'agisse d'une personne ou d'une cité, voire d'un dieu, l'éloge cherche à discerner, à travers les actions accomplies, les vertus dont ces actions sont la manifestation. La rhétorique de l'éloge est ainsi porteuse d'une morale à forte connotation philosophique.

Le second traité attribué à Ménandros aborde l'éloge dans un esprit plus pratique et concret, en énumérant les différents types de discours épidictiques. La matière n'est plus classée selon les sujets de l'éloge, mais selon les circonstances dans lesquelles les éloges sont prononcés. En tête vient le « discours impérial » (*basilikos logos*), qui est dans son principe l'éloge d'une personne, mais d'une personne exceptionnelle : l'empereur. Puis, dans la suite du traité, sont envisagés les discours prononcés à l'occasion de voyages : « discours d'arrivée » (*epibatêrios*), prononcé soit par un orateur souhaitant la bienvenue à un arrivant (par exemple à un gouverneur faisant son entrée dans une cité), soit par l'arrivant lui-même saluant la cité où il arrive (par exemple au retour dans sa patrie) ; « discours d'invitation » (*klêtikos*), par exemple pour inviter un gouverneur à visiter la cité à l'occasion d'une fête ; « discours d'adieu » (*suntaktikos*), pour prendre congé lorsque l'on quitte une cité, et « souhait de bon voyage » (*propemptikos*), prononcé par ceux qui restent à l'intention de celui qui s'en va. Une autre catégorie est constituée par les discours répondant aux événements familiaux : « discours de mariage » (*epithalamios, kateunastikos*), « discours d'anniversaire » (*genethliakos*), discours funèbres (*epitaphios* = « oraison funèbre » ; *monôdia* = « lamentation » ; *paramuthêtikos* = « consolation ») ; ces discours pouvaient être plus ou moins solennels, suivant le statut des familles concernées (depuis les notables des cités jusqu'aux plus hauts dignitaires et à la famille impériale). Une autre catégorie encore est celle des discours inscrits dans des situations politiques : « adresse au gouverneur » (*prosphônêtikos*), ici dans une circonstance précise qui paraît comporter la remise d'une épée, « offre d'une couronne » (*stephanôtikos*) à l'empereur, « discours d'ambassade » (*presbeutikos*) auprès de l'empereur en faveur d'une cité victime d'une catastrophe naturelle. Le traité se clôt sur un discours solennel qui fait pendant au discours impérial : le « discours sminthiaque » (*Sminthiakos*), discours en l'honneur d'Apollon Smintheus, destiné à une grande fête en l'honneur de ce dieu à Alexandrie de Troade ; ce discours appartient à la classe des « discours panégyriques », c'est-à-dire prononcés dans une fête religieuse (*panêguris*) et ayant pour contenu, à l'époque impériale, l'éloge de la fête et de ce qui se rapporte à celle-ci.

Tous ces types de discours consistent principalement dans des éloges et utilisent les listes de lieux, mais en les combinant et en les adaptant à la situation. Par exemple, les discours prononcés à l'occasion d'un voyage combinent un éloge de personne (le voyageur) et un éloge de cité (celle que l'on quitte ou celle où l'on se rend) ; les discours panégyriques combinent un éloge de dieu, un éloge de cité et parfois un éloge de temple ; les discours funèbres associent un éloge de personne (le défunt) et d'autres éléments (expresion de la tristesse, consolation) ; le discours d'ambassade associe un éloge de l'empereur et une requête... Ménandros II fournit ainsi des canevas pour chaque circonstance. Il indique aussi la longueur qui convient (pas plus d'un quart d'heure pour les petits compliments officiels ou pour les œuvres fatigantes par leur tension pathétique, davantage pour les œuvres plus solennelles) et le style à adopter (style « soutenu » – *suntonos* – ou au contraire « détendu » – *anetos*). Le style « détendu » convient particulièrement à la *lalia* (« causerie »), type de discours souple, de contenu variable, qui sert à louer, à conseiller, ou qui constitue un préambule souriant et badin en ouverture d'une séance de déclamation ou avant la récitation d'un discours ou de n'importe quelle œuvre littéraire (quand la *lalia* revêt cette fonction de préambule on l'appelle parfois *prolalia*).

La majeure partie des types énumérés par Ménandros II sont, en tant que discours rhétoriques, des créations de l'époque impériale ; nouvelle est également la terminologie servant à les désigner. La rhétorique de l'éloge et des cérémonies s'est clairement développée au cours des premiers siècles ap. J.-C., et ce sont les conditions nouvelles créées par l'Empire qui expliquent ce développement. Paix, prospérité, développement de la civilisation urbaine, sécurité des voyages, multiplication des fêtes, rôle accru des notables et des fonctionnaires impériaux, révérence envers l'empereur : toutes ces évolutions ont offert de nouveaux objets et de nouvelles occasions à l'éloge rhétorique, le rendant plus nécessaire qu'il l'avait jamais été par le passé. Grâce à Ménandros II (et aux discours des orateurs, soit conservés, soit perdus, qui correspondent aux types qu'il distingue), on entrevoit un monde dans lequel toute solennité était nécessairement accompagnée de discours rhétoriques, qu'il s'agît de célébrations religieuses, d'événements politiques ou auliques (« entrées » impériales ou proconsulaires, célébrations de victoires, jubilés, ambassades, etc.), de cérémonies scolaires, ou de simples compliments dans les maisons privées. En chaque circonstance, l'orateur épidictique était présent, ès qualités, et il n'y avait pas de belle fête sans beau discours.

Ajoutons quelques types dont Ménandros II ne parle pas et qu'il faut ajouter à sa liste : le discours d'inauguration (d'un monument, d'un quartier) ; le protreptique aux athlètes, exhortant ceux-ci à concourir courageusement et loyalement lors des épreuves gymniques d'une panégyrie ; l'« action de grâces » (*gratiarum actio*), que les consuls prononçaient devant le Sénat, le jour de leur entrée en charge, pour remercier l'empereur qui les avait nommés ; et toutes les formes de discours de remerciement en général. L'éloge paradoxal, qui existait depuis la Première Sophistique, poursuit sa carrière. Enfin une dernière catégorie, connue par les inscriptions, est celle des éloges prononcés dans les concours. Les premiers siècles de notre ère furent une période d'intense activité, dans le monde grec et même dans le monde romain, pour les concours sportifs et artistiques organisés dans le cadre de fêtes religieuses. A côté de la musique, de la poésie, du théâtre, etc., ces concours comprenaient régulièrement une épreuve d'éloge en prose, qui avait généralement pour sujet l'éloge de l'empereur ou l'éloge du dieu éponyme de la fête. Il est à noter que l'éloge était le seul genre rhétorique à faire ainsi l'objet d'une épreuve, position privilégiée qui traduit son importance à l'époque.

L'éloge était pris au sérieux dans la société de l'époque impériale. Discours officiel, réglé par l'usage ou par la loi, prononcé le plus souvent par un orateur mandaté et parlant au nom d'un groupe, c'était un rite social, dans lequel s'affirmaient les valeurs de la collectivité. Fondamentalement, l'éloge proclamait et entretenait le consensus, l'adhésion de tous à des conceptions et à des modèles reconnus. Il mettait en forme les idées autour desquelles la société voulait se reconnaître. Instrument de consensus, l'éloge avait de ce fait un coût : affirmation d'une unanimité qui pouvait être de façade, soutien apporté à l'idéologie dominante, étouffement des oppositions, flatterie, culte de la personnalité. Cependant, l'éloge rhétorique antique n'a jamais été une simple langue de bois, peut-être précisément à cause de sa nature rhétorique ; car la rhétorique impliquait, dans l'usage qu'en faisaient les Anciens, des qualités de finesse, d'intelligence, de culture et de beauté, qui allaient bien au-delà de ce dont se serait contenté un pur utilitarisme totalitaire.

Le contenu idéologique de l'éloge consistait dans des valeurs morales, politiques, religieuses, exprimées dans une belle langue, à grand renfort de références historiques et culturelles. La première fonction du discours (fonction

« parénétique », de *parainesis* = « exhortation morale ») était de prôner ces valeurs, auxquelles tous étaient censés adhérer, mais dont le rappel n'était pas inutile. Par exemple, l'épithalame traçait aux jeunes époux le programme de ce que leur entourage et la société dans son ensemble attendaient de leur union ; l'éloge de la concorde rappelait la nécessité de l'ordre et mettait en garde contre des dissensions dangereuses. Puis, sur ces recommandations générales, se greffaient des conseils et des demandes précises. L'éloge fait plaisir, il amadoue, et par conséquent il prépare le terrain aux vérités plus difficiles à entendre. Par exemple, les éloges de Rome constituaient un moyen de dire ce qui allait bien dans la domination romaine, et donc de rappeler ce à quoi les sujets étaient attachés, ce qu'ils entendaient voir durer. L'éloge du gouverneur entrant en charge offrait l'occasion d'exprimer les attentes de la province et éventuellement de rappeler les griefs accumulés contre son prédécesseur. Les éloges des dieux autorisaient des discussions sur le sens des mythes, ou sur le bien-fondé des peintures ornant tel sanctuaire.

Compte tenu des conditions politiques et sociales, l'heure était aux cérémonies, à l'idéologie officielle, à la religion d'Etat. Ce fait explique l'ascension de l'éloge, forme oratoire qui explora les espaces ouverts à la persuasion dans le système impérial et qui promut les propos calculés ainsi que la parénèse subtile. Le reclassement des genres rhétoriques correspondit au déplacement des enjeux dans le monde de l'époque.

C'est pourquoi le blâme n'eut jamais la même importance que l'éloge. En théorie, le blâme est l'inverse de l'éloge. On peut blâmer des personnes ou des cités (le cas n'est pas envisagé pour les dieux), en prenant les mêmes *topoi* et en les traitant à rebours. Ceci se pratiquait à l'école dans le cadre des exercices préparatoires (exemple du blâme du brigand Eurybatos). Mais dans la société de l'époque impériale le blâme n'avait pas d'emploi officiel, si bien qu'il est resté cantonné aux attaques insérées dans les discours judiciaires, aux admonestations philosophiques, aux invectives et aux pamphlets. Il a donné lieu à une riche littérature, mais sans devenir un genre rhétorique institutionnel.

LES ORATEURS ROMAINS

Parmi les grands noms du début du principat figurent Cassius Severus, orateur très doué, fameux pour son mordant, auteur de plaidoyers et de déclamations, opposant au régime, exilé sous Auguste et Tibère, et Cn. Domitius Afer, né à Nîmes, grand avocat qui courut des risques politiques, mais fit une belle carrière, jusqu'au consulat, qui fut le maître de Quintilien et qui publia, outre ses plaidoyers, un traité sur les témoins. Leurs œuvres sont perdues. Grâce à l'épigraphie sont conservées, en revanche, deux « oraisons funèbres » (*laudationes*), celle d'une matrone dite Turia, louée par son époux, devenu veuf après quarante et un ans de mariage, et celle de Murdia, autre matrone, louée par son fils (Dessau, *Inscriptiones Latinae selectae*, 8393 et 8394, fin du 1er siècle av. J.-C. et début du 1er siècle ap. J.-C. ; la *laudatio* de Turia a été éditée dans la Collection des Universités de France par M. Durry, *Eloge funèbre d'une matrone romaine*, Paris, 1950).

Pline le Jeune (61/62-113 ap. J.-C.), neveu de Caius Plinius Secundus (Pline l'Ancien, auteur de l'*Histoire naturelle*), débuta devant les tribunaux à l'âge de dix-neuf ans. Sa carrière politique se déroula sous Domitien et sous Trajan. En 100 il fut consul, en 111-113 légat de l'empereur en Pont-Bithynie, mission au cours de laquelle il eut notamment à connaître de plaintes déposées contre Dion à Pruse. Son chef-d'œuvre oratoire est le *Panégyrique de Trajan*, discours issu de l'action de grâces prononcée par

L'Empire, ou l'innovation dans la tradition 239

l'auteur devant le Sénat à son entrée en charge comme consul, mais remanié et allongé pour la publication. La version écrite représente plus de quatre-vingts pages dans les éditions modernes, soit environ quatre heures de prononciation ; Pline l'a lue à ses amis dans une « lecture publique » (*recitatio*) étalée sur trois séances, trois jours de suite. Dans cet ample discours, au style très travaillé, Pline fait l'éloge de Trajan, en retraçant minutieusement son action durant les quatre années qui ont suivi son adoption par Nerva. Il écrit la chronique du règne commençant – document historique de haute importance – et, à travers le détail des mesures prises, fait ressortir les qualités manifestées par Trajan, contrairement à certains de ses prédécesseurs (critique de la tyrannie de Domitien). Le discours se veut donc témoignage, hommage, et en même temps, à travers le cas de Trajan, il trace le portrait du prince idéal et résume l'idéologie impériale, considérée du point de vue sénatorial.

La volumineuse correspondance de Pline le Jeune est importante pour l'histoire de la rhétorique à cause des renseignements qu'elle apporte sur la vie littéraire et mondaine de l'époque, et donc en particulier sur les discours prononcés, sur les orateurs et sur leur public. Elle contient des détails uniques sur la manière dont Pline et ses correspondants préparaient les textes de leurs discours pour la publication, les donnant à lire et à critiquer en privé à leurs amis avant de leur faire subir l'épreuve de la lecture publique, elle-même préalable à la mise en circulation des copies écrites. Cette correspondance explicite également les principes esthétiques et stylistiques de l'auteur, qui se situe dans la ligne cicéronienne ; nombre de ses idées, ainsi que sa finesse et son bon sens, sont en consonance avec les conceptions de son maître Quintilien. Les ouvrages perdus de Pline le Jeune comprenaient des poèmes, des plaidoyers, un discours d'inauguration de la bibliothèque de Côme (bibliothèque fondée par l'auteur, sur sa propre fortune, dans sa ville natale) et un éloge funèbre de Vestricius Cottius.

Fronton (vers 95-167 ap. J.-C.) jouissait d'une grande réputation d'orateur dans l'Antiquité. Né à Cirta (l'actuelle Constantine), en Numidie, il fut avocat (*patronus*) et parcourut le *cursus honorum* jusqu'au consulat, qui lui échut en 143, et au proconsulat d'Asie, que la maladie l'empêcha d'exercer. A la fin des années 130 et au début des années 140, il fut le précepteur de rhétorique du futur empereur Marc Aurèle, avec qui il resta en relation après son avènement (161). Doté d'une position importante et durable à la cour, Fronton fut une personnalité littéraire de premier plan dans la Rome antonine. Malheureusement, ses discours – plaidoyers et éloges des empereurs Hadrien et Antonin, notamment – n'ont pas été conservés. Ce que nous savons de Fronton vient de sa correspondance, qui fut découverte au XIXe siècle dans deux manuscrits palimpsestes (manuscrits réutilisés pour écrire un deuxième texte recouvrant le texte primitif ; le texte de Fronton se trouve au-dessous et n'est déchiffrable qu'au prix de grandes difficultés). Composée de lettres adressées à Antonin, Marc Aurèle, Lucius Verus et à d'autres membres de la famille impériale, avec des réponses des destinataires, et comportant également quelques lettres en grec, cette correspondance, qui s'échelonne de 139 à 167, roule en grande partie sur des sujets littéraires et rhétoriques. On a vu plus haut les renseignements qu'elle apporte sur l'archaïsme de Fronton, sur ses leçons de rhétorique à Marc Aurèle, sur sa conception de l'empereur orateur. Elle jette également un éclairage plaisant sur le genre de l'éloge paradoxal, spécialité grecque, que Fronton se flatte d'être le premier à avoir pratiqué en latin, et qu'il désigne par le terme de « bagatelles » (*nugalia*) ; il est représenté ici par un *Eloge de la fumée et de la poussière*, un *Eloge de la négligence* et un *Eloge du sommeil* (ce dernier texte est perdu, mais nous possédons la réfutation qu'en a faite Marc Aurèle).

Apulée (vers 125-après 170) est né à Madaure, non loin du lieu de naissance de Fronton. Il fit des études de rhétorique à Carthage, puis voyagea en Grèce, où il se forma à la philosophie et fut initié à de nombreux cultes, et où il dut aussi entendre les sophistes de la Seconde Sophistique, auxquels il ressemble par beaucoup de traits. Puis il rentra dans sa province, où se déroula sa carrière d'écrivain. Apulée se définissait comme philosophe, mais son idéal de la philosophie embrassait toutes les disciplines littéraires et intellectuelles, y compris la rhétorique, car le philosophe, à ses yeux, devait avoir une maîtrise supérieure de la parole. Conformément à cette conception, Apulée écrivit toutes sortes d'ouvrages, philosophiques, poétiques, scientifiques, en grec et en latin. Son œuvre la plus connue est le roman intitulé *Métamorphoses*, ou *L'Âne d'or*, qui contient de beaux morceaux d'éloquence, notamment une longue prière à Isis (XI, 2).

L'*Apologie* est un plaidoyer qu'Apulée prononça pour sa propre défense dans une affaire délicate : ayant épousé une riche veuve, plus âgée que lui, il fut poursuivi par la famille de la dame au motif qu'il aurait ensorcelé celle-ci par des moyens magiques afin d'obtenir sa main. L'accusation de magie était une accusation grave, qui pouvait entraîner jusqu'à la peine capitale ; Apulée y répondit par ce discours plein de verve et de brio, émaillé (du moins dans la version publiée) de nombreuses digressions érudites et piquantes. Selon toute vraisemblance, il eut gain de cause. Outre ce discours judiciaire, nous possédons d'Apulée un recueil épidictique, intitulé *Florides*, dont l'origine n'est pas claire et qui est formé de discours et d'extraits de discours prononcés dans les années 160. Nous y voyons l'auteur dans sa stature d'orateur et conférencier célèbre à Carthage. Très varié, le recueil comprend des « causeries » (p. ex. IX : éloge du gouverneur Severianus, qui quitte la province), des « causeries introductives » (p. ex. XVIII : accueil du public au théâtre de Carthage et annonce du programme de la séance, qui consistera dans la lecture d'un dialogue et d'un hymne à Esculape), ainsi que des fragments détachés de discours divers et contenant des portraits, des comparaisons, des anecdotes. Toujours à la recherche du mot rare et de l'effet inattendu, Apulée écrit un latin particulièrement remarquable, inventif et chatoyant.

Pour le siècle qui suit celui d'Apulée, les principaux documents de l'éloquence latine sont contenus dans le recueil de discours épidictiques connu sous le nom de *Panégyriques latins*. En tête de ce recueil figure le *Panégyrique* de Pline le Jeune, placé là par un éditeur antique à titre d'ancêtre et de modèle du genre. Puis, après un saut de près de deux cents ans, viennent onze discours prononcés par des orateurs gaulois entre 289 et 389 ap. J.-C. et consistant dans des éloges adressés aux empereurs à l'occasion de cérémonies d'anniversaire, de mariage, de jubilé, de remerciement, de félicitation après une campagne victorieuse, d'invitation dans une cité ou d'entrée en charge d'un nouveau consul. Les quatre premiers discours (numérotés de II à V, le texte de Pline portant le numéro I) appartiennent aux limites chronologiques du présent chapitre. Les panégyriques II et III, prononcés à Trèves en 289 et 291, par un orateur nommé Mamertin, sont deux éloges de l'empereur Maximien, qui partageait le pouvoir avec Dioclétien ; ils célèbrent, l'un, l'anniversaire de la fondation de Rome, l'autre (intitulé *genethliacus*) l'anniversaire de l'empereur. Le panégyrique IV a été prononcé, également à Trèves, en 297, par un anonyme qui avait été au service de Maximien comme secrétaire d'Etat ; c'est un éloge adressé à Constance Chlore à la suite de ses victoires de Bretagne et prononcé vraisemblablement à l'occasion de l'anniversaire de sa nomination au titre de César. Le panégyrique V, le plus original de cette série, est dû à Eumène, petit-fils d'un Athénien installé à Rome, lui-même natif d'Autun, qui fut professeur de rhétorique, puis, pendant quatre ans, collaborateur direct de Constance, auprès de qui il exerçait les fonctions de secrétaire particulier. Rentré à Autun, où Constance l'avait nommé directeur des célèbres écoles locales, dites « écoles Méniennes », Eumène constata que la ville, qui avait été saccagée par des barbares et par des éléments incontrôlés, était en voie de relèvement grâce à l'aide fournie par les empereurs, mais que les écoles avaient encore besoin d'être restaurées. D'où son discours, prononcé en 298 au forum d'Autun, en présence du gouverneur de la Lyonnaise, qui s'intitule *Pour la restauration des écoles*; l'orateur explique les raisons qui rendent nécessaire cette restauration et demande l'autorisation d'affecter à cet effet le traitement de six cent mille sesterces que lui ont alloué les empereurs. Cette généreuse initiative n'est pas sans rappeler, d'une certaine façon, la libéralité de Pline envers la bibliothèque de Côme.

Les *Panégyriques latins* avaient autrefois mauvaise presse auprès des savants, qui les jugeaient flagorneurs et vides : la recherche récente, dont Camille Jullian fut un précurseur, souligne au contraire que ces textes sont écrits dans le cadre d'un système politique précis et d'un cérémonial de cour, et que, si l'on sait les lire, ils se révèlent riches de renseignements sur l'histoire (l'histoire de la Gaule en particulier) et sur l'idéologie de l'époque. Quant à leur facture, ces discours, dus à des maîtres confirmés, constituent des documents importants sur le genre épidictique (typologie, topique, style) et sur la belle prose latine, qui à cette époque évolue, tout en s'alimentant aux modèles de Cicéron, de Pline et de Fronton. Ils réalisent une forme de communication politique, subtile et raffinée, qui consiste à la fois à consolider l'autorité impériale auprès des milieux, civils et militaires, touchés par le panégyrique, et, inversement, à faire remonter vers l'empereur et vers la cour certaines aspirations desdits milieux. Au même titre que les œuvres d'art, les monnaies, les cérémonies elles-mêmes, auxquelles on les a comparés, les *Panégyriques latins* constituent une pièce importante dans le système politique du monde romain à l'époque impériale.

LA SECONDE SOPHISTIQUE

Dans le monde grec, l'activité rhétorique se cristallisa sous la forme du phénomène littéraire et social qu'on appelle « Seconde Sophistique ».

Cette expression s'entend par référence à la Première Sophistique, celle des Gorgias, des Protagoras, des Hippias. De même qu'aux ve-ive siècles av. J.-C. le monde grec avait connu une floraison de sophistes, de même, dans les trois premiers siècles de l'Empire, se présentèrent en grand nombre des hommes possédant des caractéristiques comparables aux précédents. Pour les désigner, par opposition aux « anciens sophistes » (Lucien, *Hérodote*, 4 ; Pseudo-Aelius Aristide, *Rhétorique*, II, 50 ; Philostrate, *Vies des sophistes*, 590 ; Ménandros le Rhéteur, I, 332, 27), on employa les expressions « sophistes récents » (Lucien, *Lexiphanês*, 23 ; *Pseudologiste*, 6), « sophistes contemporains » (Hermogène, p. 377, 13, éd. Rabe), « nouveaux sophistes » (Ménandros le Rhéteur, II, 411, 32 ; *Prolégomènes à Aelius Aristide*, p. 119, 4 ; 155, 6, éd. Lenz), « Nouvelle Sophistique » (Philostrate, *Vies des sophistes*, 481), « Seconde Sophistique » (Philostrate, *ibid.*, 481 et 507), et l'on créa une « seconde décade », parallèle au canon des dix orateurs attiques (*Souda*, N 404). Pareilles appellations étaient conformes aux habitudes d'une époque qui employait volontiers des titres du type « Nouvel Untel » pour louer le présent par référence au passé et inscrire les phénomènes actuels dans une continuité par rapport aux réussites d'autrefois. En l'occurrence, c'est le classicisme grec qui fut pris comme point de référence (ce qui n'est pas pour surprendre, étant donné la fixation dont il faisait l'objet dans la culture de l'époque impériale), et, à l'intérieur du classicisme, les sophistes, en tant que penseurs, professeurs et conférenciers s'étant intéressés à la pratique et à la théorie de la rhétorique et aux rapports de la rhétorique avec la philosophie.

Entre l'époque classique et l'époque impériale, il avait existé également des hommes présentant de telles caractéristiques : ainsi Potamon de Mytilène (ci-dessus, chapitre IV), qui est précisément qualifié de « sophiste » dans la *Souda*. Mais ces sophistes des époques intermédiaires n'ont pas marqué leur temps. C'est seulement à l'époque impériale que les sophistes devinrent assez nombreux et importants pour former un mouvement, pour servir de modèles, pour imprimer un style aux idéaux contemporains. Cette renaissance de la sophistique fut un aspect d'un phénomène plus large : la renaissance du monde grec, qui se manifestait par un regain de prospérité et de splendeur dans tous les domaines d'activité des provinces hellénophones.

Comme la Première Sophistique, la Seconde Sophistique pose des problèmes de définition. D'une part, il ne s'agissait pas d'un mouvement organisé, mais d'une multitude de parcours individuels, liés entre eux par un état d'esprit commun, par la pratique partagée d'institutions éducatives et intellectuelles et par de nombreux contacts personnels. Il n'existe donc pas de liste officielle des sophistes de la Seconde Sophistique ; le phénomène a des contours variables. D'autre part, le mot même de « sophiste » (*sophistês*) fait difficulté. Pas plus qu'à l'époque classique, il n'y avait à l'époque impériale de démarcation nette entre *rhêtôr* et *sophistês*. L'un et l'autre de ces mots pouvaient prendre les sens d'« orateur », « orateur professionnel », « professeur de rhétorique », si bien que leurs emplois se chevauchaient et que la même personne pouvait se voir appliquer le premier de ces qualificatifs, le second, ou les deux à la fois, suivant l'angle sous lequel on la considérait et suivant les significations particulières résultant du contexte. La séparation entre l'avocat, l'orateur politique, le professeur, le conférencier-philosophe était théorique, dans la mesure où ces activités, dans la réalité, allaient le plus souvent de pair. Par ailleurs, le mot « sophiste » était employé tantôt de manière élogieuse (il fait figure de titre honorifique dans les inscriptions), tantôt de manière péjorative (dans une optique de condamnation, à la manière platonicienne), d'où une source de complexité et des réticences. A cause de l'emploi péjoratif, certains auteurs qui objectivement se rattachaient à la Seconde Sophistique et qui étaient considérés comme sophistes par leurs contemporains refusaient de s'appliquer ce terme à eux-mêmes et préféraient se nommer « orateur » (*rhêtôr*) ou « philosophe » (*philosophos*).

La meilleure description de la Seconde Sophistique est fournie par les *Vies des sophistes* de Philostrate (170-240 ap. J.-C. environ). Cet auteur, appartenant à une famille qui compta plusieurs écrivains homonymes, fut professeur de rhétorique, exerça des fonctions officielles à Athènes, fréquenta les cercles impériaux et écrivit des œuvres variées. Ses *Vies des sophistes*, composées vers 230, consistent en une suite de cinquante-huit biographies, qui se répartissent en trois groupes :

1) *Les philosophes-sophistes* (I, 1-8) : Philostrate présente d'abord huit auteurs qui, à son avis, étaient foncièrement philosophes, mais qui ont passé pour sophistes, en raison de leur talent oratoire (parmi eux figurent Dion de Pruse et Favorinus d'Arles).

2) *La Première Sophistique* (I, 9-18) : Philostrate en vient ensuite aux sophistes proprement dits, en commençant par les sophistes de la Première Sophistique, auxquels sont consacrés neuf biographies. Une dixième notice est dévolue à l'orateur Eschine, que Philostrate considère comme l'ancêtre de la Seconde Sophistique.

3) *La Seconde Sophistique* (I, 19-II, 33) : après ces préliminaires, le corps de l'ouvrage se compose de qua-

rante biographies de sophistes de l'époque impériale, depuis Nicétès de Smyrne (seconde moitié du Ier siècle ap. J.-C.) jusqu'à Aspasios de Ravenne (début du IIIe siècle). Ce ne sont évidemment pas les seuls sophistes que Philostrate connaissait, mais il a choisi là les quarante qui lui semblaient les plus intéressants. Dans les biographies qu'il leur consacre, il retrace leur carrière, leurs rapports avec leurs maîtres, leurs élèves, leurs confrères, le rôle qu'ils ont joué dans la vie publique. Il s'attache particulièrement à décrire leur enseignement, à caractériser leur manière oratoire et à rappeler leurs prestations les plus mémorables. Les dernières lignes de l'ouvrage évoquent des sophistes encore vivants, dont Philostrate ne veut pas traiter parce qu'ils sont ses amis, Apsinès notamment.

Philostrate n'est pas un historien irréprochable. Il a des partis pris (par exemple, parmi les genres oratoires pratiqués par les sophistes, il privilégie la déclamation). Il ne vise pas l'exhaustivité ni l'exactitude et se plaît à émailler son récit d'anecdotes pittoresques ou sensationnelles. Cependant, malgré ces réserves, il est clair que Philostrate est bien informé sur le milieu sophistique, dans lequel il a lui-même vécu, et qu'il s'appuie sur des sources orales et écrites. Les documents dont nous disposons par ailleurs tendent généralement à corroborer ses indications. Aussi Philostrate est-il un irremplaçable témoin. Ses *Vies des sophistes* constituent un document d'autant plus précieux que dans la plupart des cas les œuvres des sophistes dont il traite sont perdues : sur quarante sophistes, il n'en est guère plus d'une demi-douzaine dont nous lisions encore aujourd'hui des ouvrages (Polémon, Hermogène, Aelius Aristide, Hadrien de Tyr, Pollux de Naucratis, Rufus de Périnthe, Elien, peut-être Hérode Atticus).

Les textes de Philostrate, complétés par les sources contemporaines (Lucien, Ménandros le Rhéteur, inscriptions, monnaies...), permettent de définir les traits constitutifs de la Seconde Sophistique et de restituer par là même un pan important de l'histoire de la rhétorique grecque. L'activité rhétorique, en effet, est au cœur de la définition du mouvement. Les sophistes étaient avant tout des professeurs de rhétorique et des orateurs. Ils occupaient des chaires, impériales ou municipales, exploitaient des écoles privées et s'entouraient d'élèves, auxquels ils enseignaient en particulier la déclamation. Ils donnaient des leçons, écrivaient parfois des traités théoriques et pratiquaient les trois genres oratoires – judiciaire, délibératif, épidictique. Leurs prestations publiques étaient souvent marquées par la virtuosité : le sophiste est une vedette, de qui l'on attend des démonstrations, qui peuvent aller jusqu'au paradoxe et à l'excentricité : improvisation, diction chantante, « action » endiablée... Au demeurant, toute cette maestria reposait sur un travail acharné, notamment pour ce qui est de la pureté attique de la langue et de la connaissance des auteurs classiques. Les sophistes publiaient le plus souvent leurs discours et pratiquaient aussi à l'occasion d'autres genres littéraires (poésie, correspondance, histoire...).

Parallèlement à leur activité rhétorique, les sophistes jouaient un rôle politique et social. Dans leur cité et dans leur province, ils exerçaient des magistratures (percepteur, « irénarque » – responsable du maintien de l'ordre –, grand prêtre...), et se signalaient par de coûteux bienfaits envers la collectivité (activité d'« évergète »). En tant que porte-parole de leurs concitoyens, ils prononçaient des plaidoiries devant les tribunaux romains et conduisaient des ambassades auprès des gouverneurs et des empereurs. Ils remplissaient des fonctions parfois importantes dans l'administration romaine, comme avocat du Trésor, procurateur ou *ab epistulis Graecis* (chef du bureau de correspondance administrative). Certains avaient même des relations personnelles avec les empereurs.

L'Empire, ou l'innovation dans la tradition 249

Par exemple, Domitien ayant pris un édit pour interdire l'extension de la culture de la vigne dans la province d'Asie, le sophiste Scopélien fut envoyé en ambassade afin de défendre les intérêts vinicoles de ses compatriotes devant l'empereur : grâce au discours qu'il prononça, il obtint non seulement la suppression de la mesure et la permission de planter des vignes, mais un nouvel édit menaçant d'une amende ceux qui n'en planteraient pas ! (Philostrate, *Vies des sophistes*, 520). Polémon, qui était le principal dirigeant de Smyrne, obtint d'Hadrien, en un seul jour, un don colossal de dix millions de drachmes pour sa cité. Quand Antonin était gouverneur d'Asie, il descendait, à Smyrne, dans la maison de Polémon, et celui-ci se permit un jour de le mettre à la porte (*Ibid.*, 531, 534). Hérode Atticus, autre sophiste, était le dirigeant d'Athènes, où il fit construire de nombreux monuments ; il fut consul *ordinarius* (« ordinaire ») en 143, l'année où Fronton était consul *suffectus* (« subrogé »).

A ce propos, un débat s'est élevé, dans la recherche moderne, pour déterminer dans quelle mesure l'importance sociale des sophistes était liée à leur activité rhétorique. S'il n'est pas possible d'établir une relation mécanique de cause à effet, il est clair cependant que ces deux aspects sont liés : l'explication de leur lien tient précisément à la nature de la rhétorique. La rhétorique, dans le monde antique, était un instrument de la vie politique et sociale. Par conséquent le sophiste, en tant que maître de l'art oratoire, possédait une aptitude qui le mettait à même d'exercer une influence dans la société. Ses capacités – linguistiques, intellectuelles, juridiques – lui permettaient de jouer un rôle dans tous les domaines où il était important de savoir parler, écrire, argumenter, persuader et transmettre. Certes, il existait de multiples sources de pouvoir dans l'Empire romain (noblesse, richesse, capacités militaires, appuis, etc. : les sophistes, souvent issus de grandes familles, étaient d'ailleurs munis aussi de ces côtés-là). La rhétorique était donc une forme de pouvoir parmi d'autres : mais elle était une forme de pouvoir. Le sophiste dominait ès qualités un savoir qui était en même temps un pouvoir.

Les sophistes exerçaient par ailleurs une influence d'un autre ordre, en tant que représentants de la culture grecque face au pouvoir romain. Toute leur activité reposant sur la langue, la littérature, l'histoire, la culture et les valeurs helléniques, les sophistes étaient en quelque sorte les représentants et les gardiens de l'identité hellénique dans le monde bigarré de l'Empire. Leurs discours rappelaient sans cesse le glorieux passé grec et proclamaient l'existence d'une communauté hellénique, formée de tous ceux qui, dans les diverses provinces hellénophones, se réclamaient de la même langue et des mêmes racines. Cette affirmation identitaire s'étendait à l'échelle du Bassin méditerranéen, car les sophistes étaient présents dans toutes les provinces orientales, et aussi en Occident, à Rome et à Naples notamment. La Seconde Sophistique a joué ainsi un rôle important dans l'équilibre entre Grecs et Romains au sein de l'Empire, dont on a vu plus haut (p. 191-192) qu'il reposait entre autres sur la culture et sur la rhétorique (mise en valeur du dialecte attique, déclamations historiques, mythe de l'Athènes classique, discours analysant et transposant en grec les réalités romaines, éloges de Rome et des empereurs...).

Enfin, une dernière caractéristique de la Seconde Sophistique est sa relation avec la philosophie. Les sophistes côtoyaient les philosophes et connaissaient, au moins de manière superficielle, les doctrines philosophiques. Dans leurs discours rhétoriques, ils s'appuyaient sur des notions morales et théologiques plus ou moins vulgarisées (par exemple à propos des lieux de l'éloge). Dans leurs traités théoriques, ils se référaient à des divisions ou à des doctrines platoniciennes (il y a des traces de platonisme chez Hermogène, le Pseudo-Denys d'Halicarnasse, Ménandros le Rhéteur). Cette rencontre entre rhétorique et philosophie, au sein de la Seconde Sophistique, est illustrée par une série d'auteurs, pétris de rhétorique et se réclamant de la philosophie, qui ont poussé fort loin la fusion entre les deux disciplines.

Dion de Pruse (vers 40-après 110 ap. J.-C.) se définissait comme « un philosophe engagé dans la politique » (*philosophos politeias hapsamenos* : discours XLVIII, 14). Or cet engagement passait nécessairement, à ses yeux, par la pratique de l'éloquence. Parmi les quatre-vingts ouvrages laissés par Dion, une moitié environ, et les plus importants, sont des discours publics, adressés soit aux cités de sa province (ce sont les *Discours bithyniens*, rencontrés plus haut), soit à d'autres cités, auxquelles l'orateur lance des remontrances et des exhortations morales (*Discours A Rhodes, A Alexandrie, A Tarse, A Célènes*), soit aux Grecs réunis à la panégyrie d'Olympie (*Discours olympique*), soit enfin à l'empereur Trajan (série des quatre *Discours sur la royauté*). L'œuvre comporte aussi deux oraisons funèbres (*Mélancomas* I et II) et une consolation (*Charidêmos*). Dion considérait que le philosophe ne peut pas se contenter de mener pour son propre compte la vie philosophique et de spéculer sur les problèmes théoriques, mais qu'il doit transmettre sa philosophie à autrui, professer, inciter. Pour ce faire, il faut recourir à l'éloquence : la mission sociale et morale du philosophe requiert l'exercice de la parole, non seulement dans des entretiens privés, mais aussi, et surtout, sous forme de discours publics. Dion a mis en œuvre cette conception en multipliant les prises de parole, déployant une éloquence habile et ne s'interdisant aucun paradoxe, aucune coquetterie, aucune audace au service de son message d'éducateur et de conseiller politique. La rhétorique, qu'il connaissait admirablement, et dont il jouait à plaisir, fut pour lui une arme de prédicateur païen.

Favorinus d'Arles (vers 80-milieu du IIe siècle ap. J.-C.), Gaulois qui écrivait en grec, était appelé tantôt philosophe, tantôt sophiste. Très célèbre en son temps, il défraya la chronique notamment parce qu'il était hermaphrodite (à cause d'une infirmité de naissance) et qu'il déclamait ses discours d'une voix haut perchée. Il suivit les leçons de Dion de Pruse, eut lui-même de nombreux élèves, connut Aulu-Gelle et fut l'ennemi du sophiste Polémon. Ses œuvres, en grande partie perdues, comprenaient des traités moraux et philosophiques, des discours, des éloges paradoxaux, des ouvrages d'érudition scientifique et littéraire.

Lucien (vers 120-180 ap. J.-C.), né à Samosate, en Syrie, parlait dans son milieu d'origine une langue « barbare » (probablement l'araméen) ; grâce à l'école, il apprit le grec, qu'il manie en grand maître de l'atticisme, et s'imprégna de culture hellénique. Il fut avocat, donna des tournées de conférences, écrivit des déclamations, des *prolaliai*, des éloges (cf. le célèbre *Eloge de la mouche*), enseigna la rhétorique, jusqu'au moment où, dit-il, touchant à la quarantaine, il décida de se consacrer au dialogue, c'est-à-dire à un genre qui était considéré, dans l'Antiquité, comme critique et philosophique. Effectivement, dans cette seconde partie de sa vie, il écrivit principalement des dialogues satiriques. Mais il n'oublia pas pour autant sa culture rhétorique : toutes les œuvres de la seconde période restent profondément marquées par cette culture, dans les thèmes traités, dans les manières de composer et d'argumenter, dans la langue et le style, et dans l'attitude générale d'« imitation » créatrice (*mimêsis*) à l'égard du patrimoine hellénique. Dans certains écrits de cette seconde période, Lucien développa des sujets épidictiques (éloge de la favorite Pantheia dans *Les Portraits* et la *Défense des portraits*, éloge de la pantomime) et judiciaires (*La Double Accusation*, *Le Pêcheur*). A la fin de sa vie, il reprit les tournées de conférences, assorties de nouvelles *prolaliai*. En outre, dans une série de pamphlets, il dénonça les travers des milieux littéraires de son temps, montrant par là que ce domaine n'avait pas cessé de l'intéresser ; il prit pour cibles, entre autres, les collectionneurs de livres – bibliophiles ignorants – (*Contre un bibliomane*), les collectionneurs de mots – hyper-atticistes pédants – (*Le Jugement des voyelles*, *Le Pseudosophiste ou le sole*́*ciste*, *Lexiphanès*), et en général les mauvais sophistes et professeurs de rhétorique (*Le Pseudologiste*, *Le Maître de rhétorique*). L'œuvre de Lucien offre ainsi un précieux document sur la rhétorique du IIe siècle, à la fois à titre d'illustration et à titre de contrepoint.

Cassius Longin (vers 200-272/273 ap. J.-C.) enseigna à Athènes la grammaire, la rhétorique et la philosophie ; il compta le philosophe Porphyre parmi ses élèves. A la fin de sa vie, il fit partie de l'entourage de Zénobie, reine de Palmyre, qu'il assista dans sa tentative pour se détacher de l'Empire romain ; cette tentative ayant échoué, Longin fut un des conseillers de Zénobie qui subirent la peine de mort sur ordre de l'empereur Aurélien. Ses écrits, très nombreux, comprenaient des traités et des commentaires philosophiques de tendance platonicienne, des ouvrages de critique littéraire et textuelle (notamment sur Homère), des travaux de métrique et de lexicographie, une *Rhétorique* et un éloge funèbre d'Odénath, époux de Zénobie. La *Rhétorique*, conservée, est un traité de conception assez traditionnelle, centré sur le genre judiciaire et divisé selon les parties de l'art (invention, disposition, élocution, action, mémoire).

On a dit de Cassius Longin qu'il était « une bibliothèque vivante et un "Musée" ambulant » (Eunape, *Vies des philosophes et des sophistes*, 456), tant sa science était grande : ce qui ne l'a pas empêché de participer courageusement aux événements de son temps. Ce personnage est un bon exemple d'une conception large de la culture, fréquemment représentée dans l'Antiquité, qui ne séparait pas philosophie, rhétorique et littérature, et qui ne dressait pas de barrière entre l'étude et la vie. Il offre en outre l'intérêt d'appartenir au IIIe siècle et de démontrer, de pair avec quelques autres (Pseudo-Aelius Aristide

En l'honneur de l'empereur, Callinicos de Pétra, Ménandros le Rhéteur...) la continuité de la rhétorique grecque à travers les époques troublées de l'Empire.

EXCURSUS N° 6
AELIUS ARISTIDE, SOPHISTE PAR LA GRÂCE D'ASCLÉPIOS

Aelius Aristide (117-après 180 ap. J.-C.) est un auteur grec de la Seconde Sophistique. Sa vie et son œuvre résument les principaux traits de la rhétorique de l'époque, en y ajoutant une dimension de complexité psychologique et religieuse.

Né dans la région de Mysie, en Asie Mineure, Aristide appartenait à une famille fortunée et possédait la citoyenneté romaine. Il voyagea en Egypte, en Italie et en Grèce, enseigna et prononça des discours. Le point culminant de sa biographie se situe vers 178, lorsqu'il réussit une brillante démarche auprès des empereurs : Smyrne ayant été dévastée par un tremblement de terre, Aristide écrivit une *Lettre* à Marc Aurèle et à Commode, afin de solliciter leur aide pour la reconstruction, et obtint gain de cause.

Le corpus d'Aristide compte cinquante-trois titres (sans compter les discours et poèmes perdus), qui se répartissent de la manière suivante :

– Des éloges de personnes : notamment les oraisons funèbres de son maître Alexandros de Cotiaion et de son élève Etéonée, deux précieux témoignages sur l'enseignement de la rhétorique au IIe siècle.

– Des éloges de cités : notamment le *Panathénaïque*, qui célèbre Athènes comme foyer de l'identité hellénique, et le discours *En l'honneur de Rome*, qui brosse un puissant tableau de l'Empire romain.

– Des éloges de dieux (hymnes), genre dont Aristide s'était fait une spécialité et qu'il fut un des premiers à traiter en prose, marquant ainsi une nouvelle avancée de la rhétorique par rapport au domaine de la poésie. Aristide est un grand auteur en matière de rhétorique religieuse.

– Des discours délibératifs : exhortations à la concorde.
– Des déclamations (voir plus haut).

L'Empire, ou l'innovation dans la tradition 255

– Les *Discours platoniciens*, volumineuse discussion sur la nature et l'utilité de la rhétorique, en réponse aux accusations portées par Platon.
– Les *Discours sacrés*, sorte d'autobiographie ou de journal intime.
– Des pamphlets et ouvrages divers.

Aristide avait, en outre, prononcé des plaidoyers et possédait des connaissances de théorie rhétorique (mais la *Rhétorique* conservée sous son nom n'est pas de lui). Il a donc couvert tout le champ de la rhétorique de l'époque impériale, depuis l'enseignement et la déclamation jusqu'à chacun des trois genres oratoires (avec une prédilection pour l'épidictique). Il s'est produit dans de nombreuses circonstances et a fait des interventions dans la vie publique. Il a abordé les problèmes culturels et politiques qui se posaient à la rhétorique, comme l'atticisme et l'usage du patrimoine hellénique, les rapports entre Grecs et Romains, la réponse au questionnement philosophique. Pour ces raisons, Aristide mérite d'être rangé dans la Seconde Sophistique, comme le veut Philostrate, et il en est un témoin exemplaire, même s'il n'aimait guère le mot *sophistês* et a tenu à se démarquer des sophistes contemporains, ses adversaires et ses rivaux.

La tonalité propre à l'œuvre d'Aristide tient à son histoire personnelle. En 143, au moment d'un voyage à Rome, il tomba malade, et, désespérant de la médecine humaine, finit par se rendre au sanctuaire d'Asclépios, à Pergame, pour s'y faire soigner. Le dieu, par l'intermédiaire de songes et de présages, donnait des prescriptions médicales, que les prêtres et les médecins attachés au sanctuaire se chargeaient d'interpréter et de faire appliquer. A partir de ce moment, Aristide souffrit tout au long de sa vie (avec des périodes de rémission) d'affections multiples et récidivantes, à forte coloration psychosomatique. Régulièrement, il retourna à Pergame pour se faire soigner par le dieu. Ces cures, minutieusement décrites dans les *Discours sacrés*, ont donné à Aristide la conviction qu'il était protégé par Asclépios : dans sa dévotion, le valétudinaire se considéra comme un perpétuel miraculé et presque comme un élu.

Or la sollicitude d'Asclépios ne se bornait pas au domaine physique, mais s'étendait à l'activité et à la carrière oratoires d'Aristide. Le dieu enjoignait à son patient de faire des exercices d'éloquence, de prononcer des discours, de participer à des cérémonies, de louer les dieux. Il lui dictait des sujets, lui suggérait des développements. C'est ainsi que la rhétorique a été placée, tout au long de la vie d'Aristide, sous le signe de la protection et de l'inspiration divines. « La maladie m'était advenue par quelque fortune divine, afin que, grâce à mon commerce avec le dieu, je fisse ce progrès [dans la rhétorique] » (*Discours sacrés*, IV, 27). Une expérience psychologique hors du commun mit la rhétorique sous la dépendance étroite de la médecine, de la religion, de l'oniromancie (divination par les rêves).

D'où, chez Aristide, une très haute idée de son art et un engagement total au service de celui-ci :

« J'ai honoré cette faculté [la rhétorique] depuis le début et je l'ai placée au-dessus de tous les gains et de toutes les affaires, non pas afin de flatter le peuple et de viser la multitude, ni pour l'argent [...] : non, c'est guidé par l'éloquence elle-même et considérant que les beaux discours sont le trésor qui convient à l'homme, que je travaille dans la mesure de mes capacités. » (*Défense de la rhétorique*, 431.)

« Pour moi les discours ont toutes les appellations et toutes les significations. J'ai fait d'eux mes enfants et mes parents, mon activité et mon repos – tout ! J'invoque Aphrodite à leur sujet. Ils sont mon jeu et ils sont mon sérieux, je me plais en eux, je les salue, je fréquente leur porte. Et je pourrais dire encore bien d'autres choses en plus de celles-là, mais je les laisse de côté pour ne pas paraître fâcheux. » (*Réponse à ceux qui lui reprochaient de ne pas déclamer*, 20.)

Ces professions de foi montrent jusqu'où a pu aller la dévotion envers la rhétorique, dans certaines conditions exceptionnelles, à l'époque de l'Empire romain.

Les œuvres d'Aelius Aristide ont été éditées par B. Keil (Berlin, 1898) et F. W. Lenz-C. A. Behr (Leyde, 1976-1980) et traduites en anglais par C. A. Behr (Leyde, 1981-1986). On peut lire en français les *Discours sici-*

liens (trad. L. Pernot, New York, 1981), le discours *En l'honneur de Rome* (trad. L. Pernot, *Eloges grecs de Rome*, Paris, 1997) et les *Discours sacrés* (trad. A. J. Festugière, publiée par H.-D. Saffrey, Paris, 1986).

RHÉTORIQUE ET LITTÉRATURE

Certains critiques (par exemple V. Florescu, G. A. Kennedy) ont employé le terme de « littératurisation » de la rhétorique, pour désigner le processus par lequel des formes et des procédés appartenant au domaine de la rhétorique sont transposés dans la littérature. La rhétorique, dans ces conditions, ne vise plus seulement les discours, mais s'étend à toutes les compositions littéraires (au sens large, incluant les démonstrations philosophiques, voire les documents épigraphiques, les traités scientifiques...). Inversement, par ce processus, la littérature s'ouvre aux techniques du discours : la « littératurisation » de la rhétorique a pour corollaire la « rhétorisation » de la littérature. Ce phénomène a existé tout au long de l'Antiquité, mais il est devenu particulièrement aigu sous l'Empire. A l'époque impériale, on a l'impression que la rhétorique est partout, et qu'elle augmente son emprise, au point d'imprimer une marque très sensible, dans le fond et dans la forme, sur les genres littéraires extérieurs à elles. Les secteurs traditionnellement proches de la rhétorique restèrent plus que jamais marqués par celle-ci et de nouveaux secteurs s'ouvrirent à son influence [1].

---

1. Il s'agit ici de l'influence de la rhétorique sur la littérature : parallèlement, la littérature est omniprésente dans la rhétorique, au titre de la langue, du contenu, des modèles, de la culture, comme on l'a vu plus haut dans ce chapitre à propos de « La critique littéraire » et d'« Archaïsme et atticisme ».

Les causes de ce développement furent certainement la valeur accordée à la rhétorique dans la société de l'époque et la place centrale qu'elle occupait dans l'enseignement, situation qui faisait de la rhétorique une sorte de socle commun, un instrument de pensée et d'expression partagé. La pratique de la « lecture publique » (*recitatio*), consistant, pour un auteur, à lire ses ouvrages devant un auditoire parfois nombreux, a contribué à rapprocher la littérature de la rhétorique, en soumettant toutes sortes d'œuvres littéraires à l'épreuve de la performance orale, de manière comparable à ce qui se faisait pour les discours. En outre, beaucoup d'orateurs et de sophistes étaient écrivains et poètes à leurs heures, et inversement la plupart des écrivains et des poètes avaient fait leur rhétorique. Les genres n'étaient pas séparés par des délimitations absolues, de sorte qu'il apparaissait possible de mettre en œuvre, même hors de la rhétorique au sens strict, une certaine « éloquence » (*eloquentia* : cf. Quintilien, *Institution oratoire*, X, 2, 21-22), qui pouvait s'appuyer notamment sur des formes d'exposition tirées des exercices préparatoires, sur des discours insérés, sur des arguments, sur des effets de style, sur les ressources de la mnémotechnie et de l'« action ».

Un exemple éclatant de poète ouvert à la rhétorique est Ovide (43 av. J.-C.-18 ap. J.-C.). Il étudia la déclamation dans sa jeunesse et y montra, au dire de Sénèque le Rhéteur (*Controverses*, II, 2, 8-12), un appréciable talent. Puis il se tourna vers la poésie, mais sans élever de cloison étanche entre les deux tâches que constituent la rhétorique et la poésie. Il l'écrivit à Cassianus Salanus, maître de rhétorique de Germanicus : « Nos œuvres diffèrent, mais proviennent des mêmes sources » (*Pontiques*, II, 5, 65). Effectivement, la rhétorique constitue un élément important de la poésie ovidienne. Les *Héroïdes* sont un recueil de lettres prêtées à des héroïnes de la mythologie, épouses ou amantes, malheureuses et délaissées, qui écrivent pour supplier ou pour se plaindre (Pénélope à

L'Empire, ou l'innovation dans la tradition 259

Ulysse, Didon à Énée...) : ce type de composition doit beaucoup à l'éthopée des exercices préparatoires et déploie à plaisir les *topoi* et les figures du pathétique. Dans les *Amours* ou dans les *Métamorphoses*, figurent nombre de tirades utilisant des arguments structurés à des fins de persuasion : requête de l'amoureux suppliant le portier de le laisser entrer chez la belle (*Am.*, I, 6), discours d'Apollon cherchant à retenir Daphné (*Mét.*, I, 504-524), de Narcisse enjôlant un beau jeune homme... qui n'est autre que lui-même (*Mét.*, III, 441-473), d'Orphée descendu chercher Eurydice (*Mét.*, X, 17-39), plaidoiries opposées d'Ajax et d'Ulysse réclamant les armes d'Achille (*Mét.*, XIII, 1-383), etc. Dans tous ces passages, qui se présentent en somme comme des discours en vers, riches en arguments et en effets de style, Ovide manifeste une indiscutable connaissance de la rhétorique et une volonté de faire participer ce medium à son projet poétique, lequel est complexe. Souvent même, Ovide se joue de l'art rhétorique, en l'utilisant de façon volontairement incongrue, décalée et distanciée, par exemple lorsqu'il met en scène la vanité et l'échec de la persuasion : les femmes des *Héroïdes* parlent dans le vide, l'amoureux reste à la porte, etc.

Le thème qu'Ovide a particulièrement dégagé est celui de la persuasion amoureuse, qui vise à fléchir l'objet aimé et à le convaincre de se rendre. En ce sens, le poème intitulé *Art d'aimer* peut être lu, à certains égards, comme un pastiche des traités de rhétorique : de même que l'« art rhétorique » (*ars rhetorica*) donne des conseils permettant de bien parler, de même l'« art d'aimer » (*ars amatoria*) donne des conseils permettant de bien séduire. La parenté entre ces deux démarches est soulignée avec humour par l'auteur :

> « Etudiez les arts libéraux, je vous le conseille, jeunes Romains, mais pas seulement pour défendre un accusé tremblant ; aussi bien que le peuple, que le juge austère,

que le Sénat choisi [entre tous les citoyens], la femme, vaincue, rendra les armes à votre éloquence. Mais cachez vos moyens et n'étalez pas votre faconde... » (*L'Art d'aimer*, I, 457-461.)

Ce thème est un thème essentiel pour la rhétorique. Peithô (la Persuasion) fut souvent associée à Aphrodite. Dès Homère, la rencontre entre Ulysse et Nausicaa comportait un arrière-plan érotique. Dans la Grèce classique, la réflexion sur la parole a été liée à la réflexion sur l'amour, dans l'*Hélène* de Gorgias et dans le *Banquet* et le *Phèdre* de Platon en particulier. Le rapprochement entre rhétorique et amour met en lumière une parenté fondamentale entre la démarche de l'orateur qui veut plier l'auditoire à ses raisons et celle de l'amoureux qui veut séduire l'objet aimé. Dans les deux cas, il y a conquête, douce violence. Ce rapprochement souligne donc la composante érotique de la persuasion.

Outre le cas d'Ovide, l'influence de la rhétorique se fit nettement sentir dans la poésie latine d'époque impériale : par exemple dans les tirades argumentées des tragédies de Sénèque, dans les épopées de Virgile et de Lucain, dans les thèmes épidictiques des *Silves* de Stace, dans les aspects déclamatoires des *Satires* de Juvénal... Il ne faut certes pas conclure à une influence mécanique, comme si les poètes composaient avec un traité de rhétorique sous les yeux, mais reconnaître que la rhétorique, en tant qu'élément de la culture et de l'univers mental du temps, entrait dans les poèmes et se combinait avec les traditions et les cadres d'écriture proprement poétiques. Par exemple, le discours de l'amoureux au portier, cité ci-dessus, combine des arguments rhétoriques avec le genre élégiaque de la « plainte de l'amoureux à la porte » (en grec *paraklausithuron*).

De même, les historiens continuèrent d'être influencés par la rhétorique, tant dans les discours insérés que dans les passages de récit, comme par exemple Tite-Live,

Tacite ou les historiens grecs Dion Cassius et Hérodien (IIIe siècle ap. J.-C.).

De même encore, les philosophes continuèrent de recourir à des modes d'exposition présentant des parentés avec la rhétorique. Plutarque, à l'occasion, ne dédaigna pas de les utiliser. Le Platonicien éclectique Maxime de Tyr (IIe siècle ap. J.-C.) prononça et publia des *Conférences* (*Dialexeis*) qui étaient des morceaux enlevés, en style extrêmement orné. Les grands noms du stoïcisme recherchèrent des formes discursives qui fussent à la fois belles et persuasives, afin de méditer sur leurs convictions et de les transmettre à autrui, si bien que l'on peut parler d'une rhétorique stoïcienne, illustrée par ces très grands stylistes que furent Sénèque, Epictète, Marc Aurèle.

Le genre de la consolation fut, par excellence, une zone d'interpénétration entre rhétorique, philosophie et littérature. Nommée en latin *consolatio*, en grec *paramuthia*, *paramuthêtikos* ou *parêgoria*, la consolation visait à dissiper ou du moins à modérer, autant que possible, le chagrin suscité par les événements malheureux ou considérés comme malheureux selon l'opinion courante (décès, maladie, exil, vieillesse...), en aidant la personne consolée à retrouver la tranquillité de l'âme. Elle prenait la forme de discours, de poèmes, de lettres, de traités. Riche d'une longue histoire (Antiphon, *epitaphioi* athéniens, le philosophe académicien Crantor [IVe-IIIe siècle av. J.-C.], Cicéron...), elle a connu à l'époque impériale des illustrations remarquables.

Le recueil des *Lettres* d'Apollonios de Tyane contient deux consolations néo-pythagoriciennes (55, 58). Sénèque adressa des consolations à Marcia (sur la mort du fils de Marcia), à sa propre mère Helvia (sur l'exil de l'auteur, Sénèque lui-même), à Polybius (sur la mort du frère de Polybius), à Lucilius (*Lettres* 63, 93, 99). Plutarque écrivit une *Consolation à sa femme* (lettre à sa femme sur la mort de leur petite fille Timoxéna), une *Consolation à Apollonios* (écrit adressé à un certain Apol-

Ionios à l'occasion de la mort de son jeune fils ; l'authenticité de cette œuvre est discutée) et un traité *Sur l'exil* (pour un ami qui venait d'être banni). Favorinus composa un traité *Sur l'exil* démontrant que l'exil n'est pas un mal. Ces textes étaient rédigés dans une optique philosophique, mais en même temps ils comportaient une dimension rhétorique, parce qu'ils faisaient appel à des arguments – logiques et psychologiques –, à des *topoi*, à des procédés (exemples, citations, comparaisons, « prosopopées » consistant à donner la parole au défunt lui-même...). La médecine de l'âme, considérée comme une tâche de la philosophie morale, notamment dans l'Académie et dans le stoïcisme, passait par le discours :

> « Les discours sont comme les amis : les meilleurs et les plus sûrs, dit-on, sont ceux-là dont l'utile présence dans l'adversité nous apporte un secours. » (Plutarque, *De l'exil*, 599 a.)

De son côté, la rhétorique s'intéressait elle aussi à la consolation, qui, en tant que conseil, ressortissait au genre délibératif. Les exercices préparatoires y entraînaient les élèves (Théon, *Progymnasmata*, 117), et les orateurs et théoriciens y recouraient régulièrement, soit à titre de discours autonome, soit à titre de partie obligée dans l'oraison funèbre (Aelius Aristide, Pseudo-Denys d'Halicarnasse, Ménandros le Rhéteur ; cf. aussi Fronton). La rhétorique développait là des thèmes philosophiques.

Le caractère rhétorique ou philosophique de la consolation est donc plus une question de dosage que le résultat d'une différence radicale ; en fait il y a unité fondamentale du genre. La rhétorique se met au service de la philosophie, mais la philosophie se met au service de la rhétorique. La circulation entre philosophie et rhétorique est particulièrement sensible, comme on pouvait s'y attendre, dans le cas de Dion de Pruse, auteur d'une consolation sur Charidêmos et de passages consolatoires dans les deux oraisons funèbres de Mélancomas (discours XXVIII-XXX). Notons que la consolation a aussi attiré les poètes : Horace, par exemple, écrivit une consolation pour Virgile à l'occasion de la mort de leur ami commun Quintilius Varus (*Odes*, I, 24).

La consolation pose de manière intéressante le problème des lieux communs, car une de ses caractéristiques principales est son caractère traditionnel et répétitif. Face à des malheurs et à des chagrins toujours identiques, les arguments ne pouvaient guère varier. Et pourtant, la consolation n'en apparaissait pas moins nécessaire, d'un point de vue moral et social, qu'il s'agît de simple politesse ou de condoléances plus profondes et de volonté d'aider. A la fois convenue et nécessaire, plastique aussi, l'éloquence parégorique aide à mieux comprendre la valeur des *topoi* dans la rhétorique antique.

Un dernier genre littéraire, qui, lui, constitue une nouveauté de l'époque impériale, est le roman. Or, dans les romans, affleurent des passages rappelant les exercices préparatoires (fables, descriptions...), des thèmes d'école ainsi que de véritables discours (plaidoyers judiciaires, harangues devant les assemblées populaires et militaires, éloges, lamentations). Les romanciers, visiblement, connaissaient la rhétorique : tel était le cas d'Apulée, ou encore celui du romancier grec Chariton d'Aphrodisias, auteur de *Chairéas et Callirhoé* (Ier-IIe siècle ap. J.-C.), qui se présente au début de son ouvrage comme secrétaire d'un « avocat » (*rhêtôr*). Ils aimaient à faire parler leurs personnages, à leur prêter des paroles habiles, trompeuses ou émouvantes et à les camper en posture oratoire. En cela ils satisfaisaient certainement les goûts de leur public et reflétaient le caractère d'une époque où régnait la rhétorique.

CONCLUSION

L'HÉRITAGE DE LA RHÉTORIQUE GRÉCO-ROMAINE

Au terme d'un parcours couvrant plus d'un millénaire, depuis la Grèce archaïque jusqu'au Bas-Empire romain, la rhétorique antique apparaît à la fois multiple et une. Multiple, car elle a fonctionné dans des circonstances très diverses – en milieu hellénique et en milieu romain, en grec et en latin, sous des régimes démocratiques, aristocratiques, monarchiques –, et a revêtu des formes changeantes selon chaque cas. Mais une, car dans cette diversité de situations, elle a construit et conservé une identité fondamentale. Les composantes de cette identité, ou en d'autres termes les éléments essentiels d'une définition de la rhétorique antique, peuvent se résumer ainsi : des normes de pensée et d'écriture, une participation aux formes de la vie politique et sociale, un système intellectuel, une problématique morale et philosophique, la référence à des modèles et une représentation par elle-même de sa propre histoire.

Un thème important fut celui des rapports entre rhétorique et politique, plus précisément entre rhétorique et liberté. Contrairement à une opinion commune, signalée au début de cet ouvrage, qui associe la rhétorique à l'idée de manipulation exercée sur les esprits, la rhétorique s'est avérée, dans l'Antiquité, plus proche du débat, de l'échange, et liée au droit d'expression, à la recherche de la persuasion, à la délibération en commun. Ce n'est pas à dire qu'il n'ait pas existé, comme dans toutes les sociétés, des conflits d'intérêts et des rapports de forces mis en jeu à travers les discours : mais le passage par la rhétorique s'est justement affirmé comme la façon civile et humaine de gérer ces conflits d'intérêts et ces rapports de forces. Ce n'est pas à dire non plus qu'il n'ait pas existé, à certaines époques, une propagande politique et religieuse, un endoctrinement, des langues de bois : mais même dans ces situations, qui disait rhétorique disait autre chose que simples slogans ou terreur ; lorsque rhétorique il y avait, si totalitaire ou absolutiste que fût le régime, c'est que le pouvoir voulait agir par la parole et par la persuasion, non par la seule force, et prenait le risque de voir cette parole lui échapper (en étant relayée), de voir des opinions se former, des discours différents, voire dissidents, ou des critiques détournées prendre corps, des échanges contradictoires avoir lieu. On peut le dire, sans angélisme hors de saison, et sans se masquer la dureté des sociétés antiques au regard des critères politiques et moraux des actuelles démocraties occidentales : la rhétorique, telle que l'Antiquité l'a mise en œuvre, c'est-à-dire à la fois comme réalité historique et comme modèle idéologique, a pesé dans le sens de la liberté, parce qu'elle était liée, dans sa définition même, à l'argumentation, à la persuasion, au débat, et aussi à l'enseignement et à la culture. Il n'était pas possible que la rhétorique fût présente dans une société sans que s'y immiscent en même temps ces valeurs dont elle était marquée et qu'elle fomentait autour d'elle.

Peut-être la rhétorique fut-elle aussi facteur de liberté à l'échelle individuelle, en tant que discipline éducative, qui accroissait la force de l'esprit, et en tant qu'art, qui améliorait la nature. Elle donnait les moyens, à ceux qui la pratiquaient, de mieux se servir de leur intelligence, de leur personnalité et de leur corps, pour défendre leur point de vue et communiquer leurs idées, en échappant au déterminisme des opinions toutes faites, des situations jugées d'avance, même des physiques ingrats : au moyen de l'action oratoire, un homme, serait-il laid et peu avenant au naturel, peut devenir persuasif par les inflexions de voix et les jeux de physionomie.

La liberté ainsi conquise par l'orateur n'était pas l'arbitraire, mais elle était encadrée par des normes. Ces normes ne se réduisaient pas au simple critère de l'échec ou du succès rencontré sur le moment auprès des auditeurs. La valeur d'un discours, selon la plupart des auteurs anciens, ne se mesurait pas à l'efficacité immédiate (ou pas uniquement, car il n'était pas recommandé non plus de perdre toutes ses causes), mais répondait à des considérations supérieures, d'ordre technique, moral et esthétique.

La rhétorique gréco-romaine, par tous ces traits qui la définissent, était donc une entité circonscrite et repérable. Mais voilà que cette entité est entrée en contact avec une autre culture, une autre rhétorique : ce fut la rencontre avec le christianisme.

LA CONVERSION DE LA RHÉTORIQUE

Le christianisme a nécessairement sa place dans une histoire de la rhétorique antique, car il est une religion du Verbe : la parole y est donc importante du point de vue théologique. La parole fut importante aussi dans la diffusion de la religion nouvelle, laquelle s'effectua, notamment et peut-être principalement, par le truchement du langage et de la persuasion. Jésus a prononcé de nombreux discours ; après sa mort, l'Evangile fut prêché de mille manières. Par conséquent, il existe un fait rhétorique chrétien. Mais de quelle rhétorique s'agissait-il ?

Dans son principe, le christianisme était porteur d'une rhétorique différente de celle de la tradition gréco-romaine (cette dernière pouvant être appelée ici rhétorique païenne, pour faire court). Il héritait de la tradition juive (à travers l'Ancien Testament, ou la prédication synagogale de l'époque hellénistique), qui possédait des formes d'expression qui lui étaient propres. Il se répandit dans les couches les plus humbles de la société, parmi des gens qui n'avaient pas reçu d'instruction et n'avaient pas appris à parler suivant les règles de l'art (de ce point de vue, la rhétorique chrétienne comblait une lacune de la rhétorique païenne et occupait un espace laissé libre par cette dernière). Enfin, dans son essence même, le message évangélique se différenciait du propos habituel des discours grecs et latins : il consistait à annoncer une vérité révélée, en s'appuyant moins sur la persuasion rationnelle et sur les preuves intellectuelles que sur une « proclamation » (*kêrugma*) autorisée ; il procédait par affirmations absolues, paradoxes, images (récits, paraboles), citations bibliques, plutôt que par les procédés classiques de la rhétorique païenne.

Cette spécificité du discours chrétien est sensible dès le Nouveau Testament. Même si l'on y rencontre des formes littéraires attestées aussi dans le paganisme (récit, éloge, prière, anecdote ou « chrie », etc.), même si Luc, en particulier, apparaît instruit et formé à la culture grecque, l'impression générale est celle d'une grande différence, linguistique et littéraire, par rapport aux textes païens contemporains. Dans leurs discours, Jésus et ses disciples ne se conforment nullement aux schèmes de la rhétorique (que beaucoup d'entre eux sans doute ignoraient). L'idéal oratoire du Nouveau Testament est au contraire celui d'une parole vraie, dépourvue d'art, directement inspirée par l'Esprit-Saint, suivant la prescription donnée par Jésus aux quatre premiers disciples :

> « Quand ils vous emmèneront pour vous livrer, ne vous inquiétez pas d'avance de ce que vous direz ; mais dites ce qui vous sera donné à l'heure même ; car ce n'est pas

vous qui parlerez, c'est l'Esprit-Saint. » (*Evangile selon saint Marc*, 13, 11.)

Paul – certainement un des plus grands orateurs de l'Antiquité – a souligné très fortement cette opposition entre sa parole inspirée de prédicateur chrétien et l'ordinaire « sagesse » (*sophia*, ce mot signifiant aussi « savoir » et « habileté ») de la persuasion humaine :

« Moi, quand je suis venu chez vous, frères, je ne suis pas venu vous annoncer le témoignage de Dieu avec une supériorité de langage ou de sagesse, car je n'ai pas jugé bon de rien savoir parmi vous sinon Jésus-Christ et Jésus-Christ crucifié. Moi, j'ai été chez vous avec faiblesse, avec crainte, avec grand tremblement. Mon langage et ma prédication n'ont pas été des paroles de sagesse persuasive, mais une démonstration d'Esprit et de puissance, pour que votre foi repose non sur la sagesse des hommes, mais sur la puissance de Dieu. » (*Première Epître aux Corinthiens*, 2, 1-5.)

A message nouveau, rhétorique nouvelle. A message divin, rhétorique surhumaine. Cependant des contacts étaient inévitables et ils eurent lieu.

Se développant dans le monde gréco-romain, le christianisme ne put faire autrement que de s'ouvrir à la culture qui était celle de ce monde, et donc, entre autres, à sa rhétorique. Cette ouverture n'était pas seulement due à des raisons pratiques, au besoin d'outils éducatifs et intellectuels, mais elle se justifiait aussi par des raisons anthropologiques (tous les hommes, même païens, ont une âme d'origine divine et Dieu peut avoir mis en eux une parcelle de vérité) et théologiques (le paganisme est une phase de l'histoire du salut et il n'y a donc pas lieu de l'ignorer totalement). Les chrétiens citèrent volontiers, à ce propos, le passage de l'*Exode* dans lequel il est dit que « les fils d'Israël empruntèrent aux Egyptiens des ustensiles d'argent et des ustensiles d'or » et qu'ils les

« dépouillèrent » (12, 35-36) : la spoliation des Egyptiens par Israël donnait le modèle d'une appropriation souhaitable de la culture gréco-romaine par les chrétiens. Il s'agissait de recycler le paganisme pour le faire servir à l'expression des valeurs chrétiennes et d'opérer en profondeur la « conversion de la culture antique » (J.-C. Fredouille), comme on convertit les individus.

Il y eut dans les premiers temps, de la part des chrétiens, des répugnances et des résistances, car la rhétorique païenne se présentait comme contraire au modèle de simplicité, voire de rusticité, proposé par les Ecritures ; elle paraissait futile, à cause de ses recherches stylistiques, et dangereuse, à cause du plaisir procuré par les beaux discours. L'idée même d'une technique de la parole était discutable pour des croyants qui voulaient témoigner dans la vérité, de la manière la plus dépouillée possible. Mais d'un autre côté la rhétorique païenne avait fait ses preuves comme méthode d'éducation, comme instrument de domination de la langue, comme art de persuader, comme force de culture et de beauté. Dans un domaine voisin, celui de l'exégèse fondée sur la philosophie, de grands penseurs comme Clément d'Alexandrie (140/150-220/230) et Origène (vers 185-252) – précédés, dans la tradition juive, par Philon (20 av.-41 ap. J.-C.) – donnaient l'exemple d'une assimilation féconde de la culture gréco-romaine. Aussi, progressivement, au cours des IIe-IIIe siècles, les auteurs se tournèrent-ils vers la rhétorique païenne. Les apologistes construisirent de solides plaidoyers en faveur de la religion nouvelle ; parmi eux, en grec, Tatien (IIe siècle) était particulièrement marqué par la Seconde Sophistique ; en latin, Tertullien (vers 155-225) déployait une profonde culture rhétorique et une richesse de style et d'argumentation. Méliton de Sardes écrivit son homélie *Sur la Pâque* en style asianiste (vers 160-170), et Grégoire le Thaumaturge fut l'auteur du premier discours épidictique chrétien qui ait été conservé (le *Remerciement à Origène*, prononcé en 238 dans une cérémonie de départ, au moment où l'auteur quittait l'école d'Origène).

Lorsque le christianisme devint religion officielle, la rhétorique chrétienne prit le pas sur la rhétorique païenne. Le tournant décisif se produisit au IVe siècle, une des époques les plus brillantes de l'histoire de la rhétorique antique, qui vit à la fois une sorte d'aboutissement de la tradition gréco-romaine et le triomphe des Pères. Le domaine grec païen connut un tel éclat que les savants modernes parlent parfois, à ce propos, d'une « Troisième Sophistique », représentée par les orateurs et professeurs Libanios et Himérios, l'orateur-philosophe Thémistios, l'Empereur Julien, le théoricien des *progumnasmata* Aphthonios. En latin se poursuivit la tradition des panégyriques (*Panégyriques latins*, VI-XII) ; Symmaque prononça des discours officiels, Marius Victorinus commenta le traité *De l'invention* de Cicéron. Cependant la rhétorique chrétienne était illustrée par une série de très grands noms : pour le grec, Eusèbe de Césarée, les Pères cappadociens (Grégoire de Nazianze dit le « Démosthène chrétien », Grégoire de Nysse, Basile de Césarée), Jean Chrysostome ; pour le latin, Lactance (le « Cicéron chrétien »), Ambroise, puis, au tournant du IVe et du Ve siècle, Augustin. Les genres en usage dans la rhétorique chrétienne étaient désormais nombreux : sermons, homélies, oraisons funèbres, panégyriques des saints et des martyrs, consolations, ouvrages de réfutation et de polémique contre les hérésies, prises de parole diverses nécessitées par le fonctionnement des institutions ecclésiastiques... Bientôt il s'y adjoignit un traité théorique : c'est Augustin qui, dans le *De doctrina christiana*, fit la théorie de la culture chrétienne et, dans le livre IV de cet ouvrage, définit les règles mêmes d'une éloquence chrétienne.

Au reste, il faut bien voir que pendant longtemps il n'y eut pas de cloison étanche, dans le domaine de la rhétorique, entre paganisme et christianisme. Certains orateurs chrétiens furent élèves de rhéteurs païens. Il y avait des conversions, des apostasies. Certains discours étaient inclassables, car discrets sur le plan religieux ou professant des doctrines vagues, également compatibles avec un monothéisme philosophique païen et avec le christianisme. D'où une circulation de thèmes et d'idées, à quoi s'ajoutait le fait qu'il existe en rhétorique des invariants, des formes et des thèmes qui, par la nature des choses, se retrouvent à l'identique dans des contextes religieux différents. Toutes ces raisons facilitèrent l'absorption de la rhétorique païenne dans le christianisme.

Sur la façon dont les spécialistes de la rhétorique païenne considérèrent la tradition juive et chrétienne (ici la tradition juive), nous possédons un témoignage précieux par sa date (Ier siècle), et en même temps original, celui du Pseudo-Longin. Au moment où il définit les « pensées » comme sources du sublime, à propos des textes qui mettent les dieux en scène, l'auteur cite des passages d'Homère, puis introduit un nouvel exemple :

> « C'est aussi de cette manière que le législateur des Juifs, qui n'était pas un homme vulgaire, après avoir conçu dans toute sa dignité la puissance de la divinité, l'a proclamée immédiatement en l'inscrivant en tête même de son code : "Dieu dit" écrit-il, quoi donc ? "que la lumière soit, et la lumière fut ; que la terre soit, et la terre fut". » (*Du sublime*, 9, 9 [la syntaxe de cette phrase est controversée, mais le sens général ne fait pas de doute] ; cf. *Genèse*, 1, 3. 9-10.)

C'est la première fois, à notre connaissance, qu'un rhéteur païen se penchait sur la Bible, et il le faisait dans un esprit d'ouverture et de sympathie qui était fort rare à l'époque. Le Pseudo-Longin met la Bible sur le même plan qu'Homère, voire au-dessus de celui-ci, et décèle le sublime dans la grandiose simplicité du *Fiat lux*. Pareille approche était porteuse d'avenir, en ce qu'elle annonçait le rapprochement ultérieur entre rhétorique païenne et rhétorique chrétienne. C'est pourquoi ce court passage de l'Anonyme a vivement frappé les savants modernes, auxquels il offrait une rencontre mystérieuse et prémonitoire. Au tournant du XVIIe et du XVIIIe siècle, la phrase du Pseudo-Longin fut l'objet d'une longue controverse rhétorico-théologique entre Pierre-Daniel Huet, évêque d'Avranches, grand helléniste et hébraïsant, et Boileau, traducteur du traité, qui s'affrontèrent à ce propos sur la définition du style sublime et sur la possibilité même d'une rhétorique de Dieu (voir la *Préface* de la traduction de Boileau et ses *Réflexions critiques sur quelques passages du rhéteur Longin*, X, ainsi que la *Lettre à Monsieur le Duc de Montausier* de Huet).

DE LA FIN DE L'ANTIQUITÉ
JUSQU'À L'ÉPOQUE MODERNE

Après le IVe siècle, la rhétorique demeura une nervure de la civilisation, dans les domaines éducatif, politique, religieux, littéraire... La fin de l'Antiquité accomplit en particulier un important travail de compilation et d'interprétation à l'égard de la théorie. Dans l'Orient grec, les traités d'Hermogène et d'Aphthonios furent constitués en un corpus canonique, probablement à la charnière du Ve et du VIe siècle, et firent l'objet d'inlassables commentaires (dont certains par les philosophes néoplatoniciens : une fois de plus dans son histoire, la rhétorique rencontrait la philosophie). Au même moment, dans le monde latin, c'était une floraison de « traités » (*artes*) et d'« abrégés » (*compendia*). Boèce (VIe siècle) commenta Cicéron, et les encyclopédistes des Ve-VIIe siècles (Martianus Capella, Cassiodore, Isidore de Séville) accordèrent tous une place à la rhétorique. Cette production, parfois remarquable, était appelée à exercer une grande influence sur la rhétorique médiévale. La fin de l'Antiquité sélectionna et consacra les doctrines qui devinrent dominantes par la suite : doctrine aphthonio-hermogénienne à Byzance, cicéronienne dans l'Occident latin.

Le Moyen Age, tant dans l'Occident médiéval que dans l'Empire byzantin, conserva et transmit l'héritage textuel et intellectuel de la rhétorique antique, tout en le réinterprétant en fonction des nouveaux contextes.

Dans l'Europe moderne, la rhétorique antique a constitué, plus peut-être qu'on ne le croit d'ordinaire, un point de référence et une source d'inspiration. Nous avons rencontré plus haut divers exemples à ce sujet, à propos du modèle politique de la démocratie athénienne, de l'histoire de l'enseignement (influence sur la longue durée des conceptions d'Isocrate, Cicéron, Quintilien, ainsi que des exercices préparatoires), de la persistance de la terminologie rhétorique gréco-latine à travers les langues modernes, ou des discussions sur le sublime aux XVIIe-XVIIIe siècles. Rappelons encore le travail continu qui a été effectué durant des siècles sur les textes grecs et latins, le problème omniprésent de l'éloquence sacrée, la redécouverte du patrimoine gréco-romain à la Renaissance, le panégyrique royal inspiré des modèles antiques sous l'Ancien Régime, l'éloquence révolutionnaire se réclamant de Rome et de Sparte, Nietzsche réhabilitant les sophistes, Péguy, pétri de culture antique, analysant « l'autorité du commandement oratoire » de Jaurès, Malraux retrouvant le souffle de l'asianisme...

LA RHÉTORIQUE GRÉCO-ROMAINE AUJOURD'HUI

Aujourd'hui, la rhétorique est devenue un sujet important dans la recherche savante sur l'Antiquité, et cette importance s'explique par le mouvement général des idées. Quelques jalons aident à mieux comprendre le rôle croissant de la rhétorique antique dans la pensée du XXe siècle.

Une forme d'intérêt pour la rhétorique est venue, en France tout au moins, des réflexions de certains écrivains, comme Paul Valéry, Raymond Queneau, Jean Paulhan, qui étaient curieux du langage et désireux de mieux comprendre le fonctionnement et la structure de l'œuvre littéraire. Un linguiste comme Roman Jakobson, de son côté, plaçait la métaphore et la métonymie au centre de ses recherches. Dans ce paysage, la rhétorique antique a paru apte à fournir non seulement des pistes de réflexion, mais même des outils directement applicables pour l'analyse des textes d'un point de vue sémiotique et stylistique. Cette direction a été explorée dans les travaux très influents de Roland Barthes, de Gérard Genette et du Groupe μ (groupe de chercheurs se désignant par la lettre grecque *mu*, initiale du mot *metaphora* = « métaphore »).

Parmi les philosophes, Paul Ricœur a joué un rôle significatif, en appuyant sur les textes grecs sa réflexion sur la rhétorique et la poétique, à propos de la métaphore, du récit, de l'histoire, de la politique.

En Belgique, un autre grand esprit, Chaïm Perelman († 1984), juriste et philosophe, secondé par L. Olbrechts-Tyteca, s'intéressait, pour sa part, à l'argumentation. Au sortir de la Deuxième Guerre mondiale, Perelman sentit le besoin d'une réflexion sur la justice et sur le fonctionnement de l'institution judiciaire dans l'Europe de l'après-guerre. Les méthodes de raisonnement fournies par la logique formelle lui paraissaient inadéquates dans le domaine nécessairement approximatif et mouvant des jugements de valeur. C'est alors qu'il se tourna vers les méthodes de l'argumentation rhétorique, comme plus propres à définir les conditions de la persuasion devant des auditoires contingents, impurs (animés de passions humaines, de préjugés...), et sur des sujets ne prêtant pas à des démonstrations sans réplique. Or, pour élaborer son

Traité de l'argumentation, Perelman ne trouva pas de meilleur guide qu'Aristote. Sa « nouvelle rhétorique » était un retour aux sources et mettait le patrimoine antique à l'honneur.

Dans les dernières décennies du XXe siècle, au moment où le structuralisme arrivait au bout de ses découvertes, Marc Fumaroli a réintroduit la rhétorique dans les études littéraires sous une forme nouvelle : il ne s'agissait plus de la « rhétorique restreinte », c'est-à-dire réduite aux figures et présentée comme un outillage intellectuel abstrait et hors du temps, mais de la rhétorique dans son histoire, en tant que branche de l'histoire générale. Cette approche a non seulement offert des aperçus inédits sur l'évolution des idées, des formes littéraires et artistiques, de la société, mais régénéré la notion même de « littérature » : étudiée dans son histoire, et dans ses rapports avec l'« éloquence », le « discours », la « *res literaria* », cette notion se révélait infiniment plus riche et complexe que certains sens modernes et figés du mot. Or dans cette complexité la méditation de l'héritage gréco-romain tenait un grand rôle. Les directions ouvertes ainsi, et empruntées ensuite par de nombreux chercheurs, mettaient donc en lumière une présence non anecdotique de la rhétorique antique dans l'histoire de la littérature française et européenne.

Dans un tout autre domaine, les praticiens de la parole ne manquent pas, qui ont été fascinés tant par la technique que par les réflexions morales et philosophiques des Anciens en matière de rhétorique : c'est le cas de Jean-Denis Bredin et Thierry Lévy et de Gilbert Collard, avocats célèbres, auteurs de livres récents sur le sujet.

Les sciences et techniques de la communication, qui ont pris une très grande importance de nos jours, n'ignorent pas – ou ne devraient pas ignorer – qu'elles ont eu dans la rhétorique une sorte de devancière, qui peut encore leur être utile, en leur offrant un arrière-plan culturel, une mémoire, et en encourageant le regard vers l'« éthique » – autre notion qui a pris de l'importance, et que la rhétorique antique plaçait au centre de ses préoccupations.

On le voit, la réflexion sur la rhétorique antique débouche sur des chantiers d'avenir. Il reste des recherches érudites à mener. Il reste des textes à traduire, tout simplement, et à expliquer. Il reste également à élargir les perspectives, pour que la recherche sur la rhétorique donne des fruits à l'extérieur, en contribuant à une meilleure compréhension d'autres domaines de la civilisation antique : on se demandera, par exemple, s'il existe une rhétorique du discours scientifique, ou bien l'on approfondira la question des rapports entre rhétorique et arts figurés, entre rhétorique et religion. Prometteur, enfin, est le domaine émergent de la « rhétorique comparée », qui consiste à confronter l'usage et les formes du discours dans des civilisations différentes les unes des autres et parfois fort éloignées dans le temps et dans l'espace, au risque de se heurter à des différences étonnantes, et à des ressemblances plus étonnantes encore.

Il ne s'agit pas seulement de champs qui restent ouverts, mais d'une nouvelle manière de travailler. La rhétorique, en effet, est un sujet qui renverse certaines barrières traditionnelles entre les disciplines et entre les périodes, et qui fait appel à la fois à l'histoire des textes, à l'histoire littéraire, à l'histoire tout court... Aux étudiants et aux chercheurs, la rhétorique propose une méthodologie moderne, car décloisonnée, et un angle d'approche original pour aborder l'Antiquité.

THESAURUS

LE SYSTÈME DE LA RHÉTORIQUE

Dans la rhétorique antique, les notions et termes techniques ne se présentent pas isolément, mais en réseau, sous la forme d'une multiplicité de listes. Chaque liste se veut une description aussi complète que possible d'un secteur ou d'un aspect. Elle vise à détailler les éléments constitutifs du sujet envisagé, suivant la méthode de la division du genre en espèces, afin de le couvrir complètement et de le définir par l'énumération de ses parties.

Les différentes listes se juxtaposent, se superposent, s'engrènent les unes sur les autres. La réunion de ces listes, lorsqu'on les considère toutes ensemble, forme le système de la rhétorique antique : une prodigieuse construction intellectuelle, dont les subdivisions se poursuivent presque à l'infini, et qui vise à rendre compte de l'art de la parole dans sa totalité.

Ce système s'est construit par étapes, au cours de l'histoire, et s'est imposé progressivement, tout en continuant de s'enrichir, à l'époque hellénistique et à l'époque impériale. Très largement partagé, véhiculé en particulier par l'enseignement, il constituait une sorte de bien commun pour tous ceux – et ils étaient nombreux – qui avaient été formés à la rhétorique. D'où l'importance de connaître ce système aujourd'hui, pour mieux comprendre les textes antiques. Du reste, beaucoup des notions ainsi définies sont restées en usage dans les langues et la pensée modernes.

La cohérence générale du système n'excluait pas, cependant, d'inlassables recherches et de constants remaniements – les listes étant sans cesse modifiées, abrégées, allongées, discutées –, non plus que de nombreuses divergences de détail entre les auteurs, voire d'éventuelles contradictions entre telle et telle liste particulière.

Nous donnons ci-après une vue d'ensemble du système, en présentant les listes les plus importantes. Le panorama étant synchronique, nous ne cherchons pas à retracer l'histoire des différentes listes (des indications à ce sujet ont été données chemin faisant dans le corps du volume). Chaque liste est citée, autant que possible, sous sa forme la plus couramment acceptée, à partir d'une source représentative appartenant aux limites chronologiques du présent ouvrage (c'est-à-dire des origines jusqu'au IIIe siècle ap. J.-C.). Des références supplémentaires, comprises dans les mêmes limites chronologiques, sont signalées par l'indication « Cf. » – le choix étant nécessairement très sélectif, vu l'abondance du matériel. Les termes techniques grecs et latins, choisis parmi les mieux attestés, sont tirés des sources.

LISTE DES ABRÉVIATIONS

Alex. : Alexandros (éd. Spengel, *Rhetores Graeci*, III) (IIe s. ap. J.-C.)
   Extraits
   Fig. : *Sur les figures*

Anon. Seg. : *Anonymus Seguerianus* (éd. Dilts-Kennedy, *Two Greek Rhetorical Treatises from the Roman Empire*) (IIe-IIIe s. ap. J.-C.)

Apsinès (IIIe s. ap. J.-C.)
  Rhét. : *Rhétorique* (éd. Dilts-Kennedy, *Two Greek Rhetorical Treatises from the Roman Empire*)
  Probl. fig. : *Sur les problèmes figurés* (éd. Spengel-Hammer, Rhetores Graeci*, I, 2)

Aquil. Rom. : Aquila Romanus, *Des figures de pensée et d'élocution* (éd. Halm, *Rhetores Latini minores*) (IIIe s. ap. J.-C.)

Arist. : Aristote (IVe s. av. J.-C.)
  Rhét. : *Rhétorique* (éd. Dufour-Wartelle)
  Top. : *Topiques* (éd. Brunschwig)

Cic. : Cicéron (Ier s. av. J.-C.)
  Brut. : *Brutus* (éd. Martha)
  De or. : *De l'orateur* (éd. Courbaud-Bornecque)
  Inv. : *De l'invention* (éd. Achard)
  Or. : *L'Orateur* (éd. Yon)
  Part. : *Divisions de l'art oratoire* (éd. Bornecque)
  Top. : *Topiques* (éd. Bornecque)

Démétr. : Démétrios, *Du style* (éd. Chiron) (IIe-Ier s. av. J.-C. ?)

D. Hal. : Denys d'Halicarnasse, *Opuscules rhétoriques* (éd. Aujac) (Ier s. av. J.-C.)
  Lys. : *Lysias*
  Dém. : *Démosthène*

Diog. L. : Diogène Laërce, *Vies et doctrines des philosophes illustres* (éd. Long) (IIIe s. ap. J.-C.)

Gell. : Aulu-Gelle, *Les Nuits attiques* (éd. Marache) (IIe s. ap. J.-C.)

Hermag. : Hermagoras I (éd. Matthes) (IIe s. av. J.-C.)

Hermog. : Hermogène (éd. Rabe) (IIe-IIIe s. ap. J.-C.)
  Id. : *Les Formes du discours*
  Inv. : *L'Invention*
  Prog. : *Exercices préparatoires*
  Stat. : *Les Etats de cause*

Isocr. : Isocrate (éd. Mathieu-Brémond) (IVe s. av. J.-C.)

Longin : Cassius Longin, *Rhétorique* (éd. Spengel-Hammer, *Rhetores Graeci*, I, 2) (IIIe s. ap. J.-C.)

Mén. Rhét. : Ménandros le Rhéteur, I (*Division des discours épidictiques*) et II (*Sur les discours épidictiques*) (éd. Russell-Wilson) (IIIe s. ap. J.-C.)

Minuc. : Minucianus, *Sur les épichérèmes* (éd. Spengel-Hammer, *Rhetores Graeci*, I, 2) (IIIe s. ap. J.-C.)

Philod. : Philodème, *Rhétorique* (éd. Sudhaus) (Ier s. av. J.-C.)

Plat. : Platon, *Phèdre* (éd. Moreschini-Vicaire) (IVe s. av. J.-C.)

Ps.-Aristide : Pseudo-Aelius Aristide, *Rhétorique* (éd. Schmid) (IIe s. ap. J.-C.)

Ps.-D. Hal. : Pseudo-Denys d'Halicarnasse, *Rhétorique* (éd. Usener-Radermacher) (IIIe s. ap. J.-C.)

Quint. : Quintilien, *Institution oratoire* (éd. Cousin) (Ier s. ap. J.-C.)

Rhét. Alex. : *Rhétorique à Alexandre* (éd. Fuhrmann) (IVe s. av. J.-C.)

Rhét. Her. : *Rhétorique à Herennius* (éd. Achard) (Ier s. av. J.-C.)

Rufus : *Rhétorique* (éd. Spengel-Hammer, *Rhetores Graeci*, I, 2) (IIe s. ap. J.-C.)

Rut. Lup. : Rutilius Lupus, *Sur les figures de pensée et d'élocution* (éd. Brooks) (Ier s. ap. J.-C.)

Sén. Rhét. : Sénèque le Rhéteur, *Traits, divisions et couleurs des orateurs et des rhéteurs* (éd. Håkanson) (Ier s. av.-Ier s. ap. J.-C.)

Tac., *Dial.* : Tacite, *Dialogue des orateurs* (éd. Goelzer-Bornecque) (Ier s. ap. J.-C.)

Théon : Aelius Théon, *Exercices préparatoires* (éd. Patillon) (Ier-IIe s. ap. J.-C.)

Tibér. : Tibérios, *Les Figures chez Démosthène* (éd. Ballaira) (IIIe-IVe s. ap. J.-C.)

Tryph. : Tryphon, *Des tropes* (éd. Spengel, *Rhetores Graeci*, III) (Ier s. av. J.-C.)

I. DIVISIONS GÉNÉRALES DE L'ART RHÉTORIQUE

1. Les **parties de la rhétorique** : gr. *rhêtorikês merê* – lat. *rhetorices partes* (appelées aussi **tâches de l'orateur** : gr. *rhêtoros erga* – lat. *oratoris opera*)
♦ **invention** : gr. *heuresis* – lat. *inuentio* (trouver les arguments)
♦ **disposition** : gr. *taxis, oikonomia* – lat. *dispositio* (ordonner les arguments trouvés : plan du discours)
♦ **élocution** : gr. *lexis, hermêneia, phrasis* – lat. *elocutio* (exprimer au moyen des mots et des phrases : style)
♦ **mémoire** : gr. *mnêmê* – lat. *memoria* (fixer dans l'esprit le discours, de manière à s'en souvenir)
♦ **action** : gr. *hupokrisis* – lat. *actio, pronuntiatio* (prononcer le discours)
→ *Rhét. Her.*, I, 3. Cf. Cic., *Inv.*, I, 9 ; *De or.*, I, 142 ; II, 79 ; Quint., III, 3.

La liste des « parties de la rhétorique » constitue l'architecture de certains traités de rhétorique (par exemple Cicéron, *De l'orateur*, II-III ; Cassius Longin, *Rhétorique*). D'autres traités sont divisés selon les « parties du discours » (*infra*, n° 9 : par exemple les *Rhétoriques* de l'Anonyme de Séguier, d'Apsinès, de Rufus). D'autres encore s'efforcent de combiner ces deux divisions (par exemple la *Rhétorique à Herennius* et l'*Institution oratoire* de Quintilien).

2. Les **devoirs de l'orateur** : lat. *oratoris officia*
♦ **instruire, informer** : lat. *docere* (ou **prouver** : lat. *probare*)
♦ **plaire, charmer** : lat. *delectare* (ou **gagner, se concilier** : lat. *conciliare*)
♦ **émouvoir** : lat. *mouere, permouere* (ou **fléchir** : lat. *flectere*)

→ Cic., *Du meilleur genre d'orateurs*, 3. Cf. Id., *De or.*, II, 115, 128 ; *Brut.*, 185, 276 ; *Or.*, 69 ; Quint., III, 5, 2.

On peut comparer la division *logos* / *êthos* / *pathos* chez Aristote (*infra*, n° 12) ; toutefois les deux triades ne se recouvrent pas exactement.

3. Les sources de la compétence oratoire

♦ **dons naturels** : gr. *phusis* – lat. *natura, ingenium*
♦ **apprentissage** (ou **art, science**) : gr. *epistêmê, mathêsis* – lat. *doctrina, artificium, ars*
♦ **exercice** : gr. *meletê, askêsis* – lat. *exercitatio*
→ Plat., *Phèdre*, 269 d. Cf. Isocr., *Contre les sophistes*, 14-17 ; *Sur l'échange*, 187 ; Cic., *Inv.*, I, 5 ; *Brut.*, 25 ; Quint., VII, 10, 14.

Certains ajoutaient l'**imitation** : gr. *mimêsis* – lat. *imitatio* (*Rhét. Her.*, I, 3 ; Quint., III, 5, 1).

II. TYPES DE DISCOURS

4. Les exercices préparatoires : gr. *progumnasmata* – lat. *praeexercitamina, praeexercitamenta*

♦ **fable** : gr. *muthos* – lat. *fabula*
♦ **récit** : gr. *diêgêma* – lat. *narratio*
♦ **chrie** : gr. *khreia* – lat. *chria, usus*
♦ **maxime** : gr. *gnômê* – lat. *sententia*
♦ **réfutation / confirmation** : gr. *anaskeuê / kataskeuê* – lat. *refutatio / confirmatio*
♦ **lieu commun** : gr. *koinos topos* – lat. *communis locus*
♦ **éloge** : gr. *enkômion* – lat. *laus* (et **blâme** : gr. *psogos* – lat. *uituperatio*)
♦ **parallèle** : gr. *sunkrisis* – lat. *comparatio*

♦ **éthopée** ou **prosopopée** : gr. *êthopoiia, prosôpopoiia* – lat. *adlocutio, sermocinatio*
♦ **description** : gr. *ekphrasis* – lat. *descriptio*
♦ **thèse** : gr. *thesis* – lat. *thesis, positio*
♦ **proposition de loi** : gr. *nomou eisphora* – lat. *legis latio*
→ Hermog., *Prog.* (ouvrage traduit en latin par Priscien de Césarée au Vᵉ-VIᵉ siècle ap. J.-C.). Cf. Quint., I, 9 ; II, 4 ; Théon.

5. Les deux sortes de **question** : gr. *zêtêma* – lat. *quaestio*
♦ **question indéterminée** : gr. *thesis* – lat. *quaestio infinita, propositum* (discours portant sur un sujet abstrait et général, sans acception de « circonstances » [cf. *infra*, n° 14] particulières). Se subdivise en :
• question **de théorie** : gr. *theôrêtikê* – lat. *scientiae, cognitionis*
• question **de pratique** : gr. *praktikê* – lat. *actionis*
♦ **question déterminée** : gr. *hupothesis* – lat. *quaestio finita, causa* (discours portant sur un sujet concret et référé à des « circonstances »)
→ Quint., III, 5, 5-18. Cf. Hermag., fr. 6 ; Cic., *Inv.*, I, 8 ; *De or.*, II, 65-68 ; *Part.*, 61-63 ; *Top.*, 79-81 ; Théon, 121, 6-14 ; Hermog., *Prog.*, 25, 3-12.

6. Les **genres de discours rhétoriques** ou **genres rhétoriques** : gr. *tôn logôn tôn rhêtorikôn genê, rhêtorikês genê* – lat. *causarum genera, rhetorices genera* (au lieu de **genres** on emploie aussi le mot **espèces** : gr. *eidê* – lat. *species*)
♦ **délibératif** : gr. *sumbouleutikon* – lat. *deliberatiuum* (conseiller ou déconseiller)
♦ **judiciaire** : gr. *dikanikon* – lat. *iudiciale* (accuser ou défendre)

♦ **épidictique** : gr. *epideiktikon* – lat. *demonstratiuum* (louer ou blâmer ; ce genre est appelé aussi **laudatif** : gr. *enkômiastikon* – lat. *laudatiuum*, et **panégyrique** : gr. *panêgurikon* – lat. *panegyricum*)
→ Arist., *Rhét.*, I, 3. Cf. *Rhét. Her.*, I, 2 ; II, 1 ; Philod., I, 212 ; D. Hal., *Lys.*, 16, 2 ; Théon, 61, 21-23 ; Alex., *Extraits*, 1,3-2,7 ; Diog. L., VII, 42.

Sur la question de savoir si cette liste de trois genres rend compte de toute la diversité des formes oratoires, ou s'il convient d'ajouter des genres supplémentaires, cf. les discussions de Cic., *De or.*, II, 43-64 ; Quint., III, 4.

7. Les deux sortes de **déclamation** : gr. *meletê* – lat. *declamatio*

♦ **suasoire** : lat. *suasoria* (déclamation portant sur un sujet délibératif)
♦ **controverse** : lat. *controuersia* (déclamation portant sur un sujet judiciaire)
→ Tac., *Dial.*, 35, 4. Cf. Sén. Rhét., livres I-IX et livre X ; Ps.-D. Hal., chap. X.

8. Les variétés de **discours figuré** : gr. *eskhêmatismenos logos* – lat. *figuratus sermo, figurata oratio*

♦ la **couleur** : gr. *khrôma*, également **par allusion** : gr. *kat'emphasin* (dire ce que l'on veut dire, mais en usant d'adoucissements, ou en se contentant de le suggérer allusivement)
♦ le **biais** : gr. *plagios, plagiôs* (dire une chose tout en cherchant à en obtenir une autre)
♦ le **contraire** : gr. *ta enantia, kata to enantion* (dire une chose tout en cherchant à obtenir son contraire)
♦ variétés subsidiaires :
• en prétendant exprimer le même avis que l'orateur précédent, parler dans un sens différent

- en prétendant exprimer un avis contraire à celui de l'orateur précédent, lui apporter un renfort
- remettre à une autre fois l'expression franche sur un sujet

→ Ps.-D. Hal., VIII, 2-4. Cf. Démétr., 287-298 ; Quint., IX, 2, 65-99 ; Hermog., *Inv.*, IV, 13 ; Apsinès, *Probl. fig.* ; Ps.-D. Hal., IX.

III. PLAN ET PARTIES DU DISCOURS

9. Les **parties du discours** : gr. *logou merê* – lat. *orationis partes*

♦ **exorde** : gr. *prooimion* – lat. *exordium, principium, prooemium*

♦ **narration** : gr. *diêgêsis* – lat. *narratio*

♦ **proposition, division** : gr. *prothesis, prokataskeuê* – lat. *propositio, partitio, diuisio* (annonce des points à traiter, placée soit avant, soit après la narration)

♦ **argumentation** : gr. *pisteis, agônes* – lat. *argumentatio*, généralement divisée en :

- **preuve** : gr. *pistis, apodeixis* – lat. *probatio, confirmatio*
- **réfutation** : gr. *lusis* – lat. *refutatio, confutatio* (réfutation des arguments de la partie adverse, soit que ceux-ci aient déjà été exprimés, soit qu'ils ne l'aient pas encore été et que l'orateur les réfute par anticipation)

♦ **péroraison** : gr. *epilogos* – lat. *peroratio, conclusio*

→ *Rhét. Her.*, I, 4. Cf. Plat., *Phèdre*, 266 d-267 d ; Arist., *Rhét.*, III, 13 ; Cic., *Inv.*, I, 19 ; *Or.*, 122 ; D. Hal., *Lys.*, 17-19 ; Quint., III, 9 ; Diog. L., VII, 43. Voir aussi *supra*, n° 1.

Ce plan-type est destiné principalement au genre judiciaire. Les autres genres (délibératif et épidictique) retiennent de ce schéma une division en trois parties (exorde – corps du discours – péroraison), mais présentent pour ce qui est du corps du discours une organisation différente, fondée sur des lieux spécifiques : cf. *infra*, n° 16 et 18.

10. Les fonctions de l'exorde

♦ **mettre les auditeurs en état de comprendre l'affaire** : gr. *tou pragmatos... dêlôsis, eumatheian apergasasthai* – lat. *docilem facere*

♦ **les rendre attentifs** : gr. *epi to prosekhein parakalesai, prosokhên apergasasthai* – lat. *attentum facere*

♦ **susciter leur bienveillance** : gr. *eunous... poiêsai, eunoian apergasasthai* – lat. *beniuolum facere*

→ *Rhét. Alex.*, 29, 1. Cf. Arist., *Rhét.*, III, 14, 1415 a 34-b 1 ; *Rhét. Her.*, I, 7 ; Cic., *Inv.*, I, 20 ; *De or.*, II, 82 ; *Top.*, 97 ; D. Hal., *Lys.*, 17, 9 ; Quint., IV, 1, 5 ; *Anon. Seg.*, 8.

11. Les **qualités de la narration** : gr. *diêgêseôs aretai* – lat. *narrationis uirtutes*

♦ **clarté** : gr. *saphêneia* – lat. *dilucida, lucida, aperta, perspicua*

♦ **brièveté** : gr. *suntomia* – lat. *breuis*

♦ **crédibilité** : gr. *pithanotês* – lat. *ueri similis, probabilis, credibilis*

→ *Rhét. Her.*, I, 14. Cf. *Rhét. Alex.*, 30, 4-5 ; Cic., *Inv.*, I, 28 ; *De or.*, II, 83 ; D. Hal., *Dém.*, 34, 7 ; Théon, 79, 20-21 ; Quint., IV, 2, 31 ; *Anon. Seg.*, 63.

12. Les catégories de preuves

♦ **extérieures à l'art** : gr. *atekhnos* – lat. *artis expers, inartificialis* (preuves qui ne sont pas créées par l'ora-

teur, mais qui préexistent : témoignages, aveux passés sous la torture, documents écrits, etc.)
♦ **ressortissant à l'art** : gr. *entekhnos* – lat. *artificialis* (preuves élaborées par l'orateur) ; ces preuves consistent dans :
• le **caractère** de l'orateur, tel qu'il se manifeste dans le discours : gr. *êthos*
• les **dispositions** dans lesquelles l'orateur met les auditeurs, les **passions** qu'il leur inspire : gr. *pathos*
• le **discours** lui-même (par les démonstrations qu'il apporte) : gr. *logos*
→ Arist., *Rhét.*, I, 2, 1355 b 35-1356 a 20. Cf. Cic., *De or.*, II, 116 ; *Part.*, 6-7 ; D. Hal., *Lys.*, 19 ; Quint., V, 1 ; *Anon. Seg.*, 145-147 ; Minuc., 1.

13. Les fonctions de la péroraison
♦ **récapitulation** : gr. *anakephalaiôsis* – lat. *enumeratio*
♦ **amplification** : gr. *auxêsis* – lat. *amplificatio* (visant notamment à susciter l'**indignation** : gr. *deinôsis* – lat. *indignatio*)
♦ **appel à la pitié** : gr. *eleos* – lat. *commiseratio*, *conquestio*
→ *Rhét. Her.*, II, 47. Cf. Arist., *Rhét.*, III, 19 ; Apsinès, *Rhét.*, 10, 1.
Les deux dernières fonctions peuvent être bloquées ensemble, auquel cas la liste se ramène à deux aspects seulement :
♦ **factuel** : gr. *praktikos* – lat. *in rebus* (correspondant à la récapitulation)
♦ **pathétique** : gr. *pathêtikos* – lat. *in adfectibus* (correspondant à la fois à l'amplification-indignation et à l'appel aux émotions)
→ *Anon. Seg.*, 203. Cf. Cic., *Part.*, 52 ; Quint., VI, 1, 1.

IV. LIEUX RELATIFS À L'ARGUMENTATION DU DISCOURS

Les **lieux** (gr. *topoi* – lat. *loci*) sont les moyens de trouver les idées. Ils constituent des listes de rubriques prédéfinies, vers lesquelles l'orateur se tourne, lorsqu'il veut traiter un sujet donné, et qui lui suggèrent des arguments – à charge pour lui d'adapter ces suggestions théoriques à la cause particulière qu'il défend. Les listes n°s 14-15 sont d'un emploi général et s'appliquent à toutes sortes de discours, les listes suivantes s'appliquent principalement (mais non uniquement) à un genre oratoire déterminé : le n° 16 au genre délibératif, le n° 17 au genre judiciaire, le n° 18 au genre épidictique.

14. Les **circonstances** ou **parties constitutives de la situation** : gr. *peristasis, persistaseôs moria, peristatika moria* – lat. *negotium, circumstantia, circumstantiae partes* (ou encore **éléments** : gr. *stoikheia* – lat. *elementa*)

♦ **personne** : gr. *prosôpon* – lat. *persona*. Question **Qui ?** : gr. *Tis* – lat. *Quis*

♦ **action** : gr. *pragma* – lat. *factum, actum*. Question **Quoi ?** : gr. *Ti* – lat. *Quid*

♦ **lieu** : gr. *topos* – lat. *locus*. Question **Où ?** : gr. *Pou* – lat. *Vbi*

♦ **temps** : gr. *khronos* – lat. *tempus*. Question **Quand ?** : gr. *Pote* – lat. *Quando*

♦ **manière** : gr. *tropos* – lat. *modus*. Question **Comment ?** : gr. *Pôs* – lat. *Quemadmodum*

♦ **cause** : gr. *aitia* – lat. *causa*. Question **Pourquoi ?** : gr. *Dia ti* – lat. *Cur*

→ Hermog., *Stat.*, 45, 20-46, 3. Cf. Hermag., fr. 7 ; Quint., III, 5, 17 ; III, 6, 25-28 ; Hermog., *Inv.*, 140, 16-141, 3 ; Mén. Rhét., I, 366, 5-13.

Certains ajoutaient à la liste la **matière** : gr. *hulê* – lat. *materia*, ou les **moyens**, l'**instrument**, l'**occasion**...

Cette liste sert entre autres, dans un emploi particulier, comme topique de la narration : d'où sa désignation parfois par l'expression **parties de la narration**, **éléments de la narration** : gr. *diêgêseôs moria, diêgêseôs stoikheia* – lat. *narrationis elementa*. Cf. Théon, 78, 16-20 ; Quint., IV, 2, 55 ; *Anon. Seg.*, 90.

15. Les lieux généraux de l'argumentation (procédures logiques sur lesquelles s'appuient les raisonnements ; ces raisonnements rhétoriques reçoivent souvent l'appellation **enthymème** : gr. *enthumêma*, ou **épichérème** : gr. *epikheirêma*)

♦ **définition** : gr. *horos* – lat. *finis, finitio*
♦ **division** : gr. *diairesis* – lat. *diuisio, partitio*
♦ **mise en parallèle** : gr. *parathesis* – lat. *adpositum, comparatiuum, comparatio*
♦ **correspondance** : gr. *sustoikhia* – lat. *coniugatum, coniunctum* (raisonnement prenant appui sur une communauté de désignation : mots de la même famille)
♦ **inclusion** : gr. *periokhê* (raisonnement démontrant qu'une notion contient en elle-même une ou plusieurs autres notions)
♦ **ressemblance** : gr. *ek tôn homoiôn* – lat. *ex similibus*
♦ **accompagnement** : gr. *parepomenon* – lat. *ab adiunctis* (raisonnement prenant appui sur ce qui est antérieur, concomitant, postérieur à l'action)
♦ **contradiction** : gr. *makhê* – lat. *ex pugnantibus*
♦ **motif** : gr. *dunamis, hulê* – lat. *causa, materia* (raisonnement fondé sur les motifs des actions)
♦ **jugement** : gr. *krisis* – lat. *iudicium, iudicatio* (raisonnement appuyé sur le jugement porté par une autorité)

→ *Anon. Seg.*, 171-181. Cf. Arist., *Rhét.*, II, 23-24 ; *Top.* ; Cic., *De or.*, II, 166-173 ; *Top.* ; Quint., V, 10-11 ; Théon, 107, 24-108, 32 ; 122, 13-123, 2 ; 124, 23-125, 19 ; Minuc. Dans ce domaine très technique, les variations suivant les auteurs sont particulièrement accusées.

16. Les **rubriques relatives aux fins** : gr. *telika kephalaia* – lat. *finalia capitula* (ce nom, attesté à partir de l'époque impériale, signifie que ces rubriques concernent la « fin », au sens de « but » [gr. *telos*], des actes : elles recensent les critères permettant d'évaluer le bien-fondé d'une action)

♦ **justice** : gr. *to dikaion* – lat. *iustum*
♦ **légalité** : gr. *to nomimon* – lat. *legitimum*
♦ **utilité** : gr. *to sumpheron* – lat. *utile*
♦ **beauté (morale)** : gr. *to kalon* (également **honorabilité, convenance** : gr. *to endoxon, to prepon*) – lat. *honestum*
♦ **agrément** : gr. *to hêdu* – lat. *iucundum*
♦ **facilité** : gr. *to rhadion* – lat. *facile*
♦ **possibilité** : gr. *to dunaton* – lat. *possibile*
♦ **nécessité** : gr. *to anankaion* – lat. *necessarium*

→ *Rhét. Alex.*, 1, 4. Cf. Cic., *Inv.*, II, 157-176 ; Théon, 116, 27-32 ; Quint., III, 8, 16-35 ; Hermog., *Prog.*, 14, 6-8 ; 25, 22-26, 2 ; *Stat.*, 76, 4-79, 16 ; Apsinès, *Rhét.*, 9 ; [Longin], 206-207 ; Mén. Rhét., I, 358, 19-31.

Certains ajoutaient la **conséquence** : gr. *to ekbêsomenon*, la **piété** : gr. *to hosion* – lat. *pium*, etc.

17. Les **états de cause** : gr. *staseis* – lat. *status, constitutiones*
dans les **questions rationnelles** ou **logiques** : gr. *logika*

zêtêmata – lat. *rationale genus* (plaidoyer portant sur un acte : cas le plus fréquent)

♦ **conjecture** : gr. *stokhasmos* – lat. *coniectura*. Question **Le fait existe-t-il ?** : lat. *An sit*. Ligne d'argumentation (du défendeur, et l'inverse pour l'accusateur) **Je ne l'ai pas fait** : lat. *Non feci*

♦ **définition** : gr. *horos, horismos* – lat. *finis, finitio*. Question **Quelle est la définition du fait ?** : lat. *Quid sit*. Ligne d'argumentation **J'ai fait cela, mais il s'agit d'autre chose** : lat. *Feci, sed aliud*

♦ **accident, nature accidentelle** : gr. *kata sumbebêkos* – lat. *per accidentia*, ou plus souvent **qualité, qualification** : gr. *poiotês* – lat. *qualitas, genus*. Question **Comment le fait doit-il être apprécié ?** : lat. *Quale sit*. Ligne d'argumentation **Je l'ai fait, mais à bon droit** : lat. *Feci, sed iure* (ou *recte*)

♦ **transfert** : gr. *metalêpsis, paragraphê* – lat. *translatio, praescriptio*. Ligne d'argumentation **Je l'ai fait (ou je ne l'ai pas fait), mais le procès qui m'est intenté n'est pas conforme au droit** : lat. *Feci* (ou *Non feci*), *sed actio non iure intenditur*

→ Hermag., fr. 12-13. Cf. *Rhét. Her.*, I, 18-II, 26 ; Cic., *Inv.*, I, 10-16 ; II, 14-115 ; *De or.*, II, 104-113 ; Quint., III, 6 ; VII ; Hermog., *Stat*. Ici encore, les variations sont nombreuses suivant les auteurs.

18. Les **lieux de l'éloge** : gr. *enkômiastikoi topoi*
éloge d'un empereur : gr. *basilikos logos*

♦ **patrie** : gr. *patris* – lat. *patria*
♦ **famille** : gr. *genos* – lat. *genus*
♦ **naissance** : gr. *genesis* (circonstances de la naissance)
♦ **nature** : gr. *phusis* – lat. *natura* (ce lieu recouvre, dans le chapitre de Ménandros, les qualités physiques telles qu'elles se manifestaient à la naissance ; chez d'autres théoriciens il est question, à propos de

l'enfant ou de l'adulte, de **nature du corps**, **avantages physiques** : gr. *sômatos phusis, sômatos agatha* – lat. *corporis forma, corporis bona, corporis commoda*)

♦ **nourriture** : gr. *anatrophê* (manière dont le sujet a été élevé dans sa petite enfance)
♦ **éducation** : gr. *paideia* – lat. *disciplina, educatio, institutio* (certains de ces termes latins pouvant s'appliquer aussi au lieu précédent)
♦ **manière d'être** : gr. *epitêdeumata* (qualités de caractère manifestées dans la jeunesse avant les actions de l'âge adulte)
♦ **actions** : gr. *praxeis* – lat. *facta, res gestae*
• **en temps de guerre** : gr. *ta kata polemon* – lat. *bello*
• **en temps de paix** : gr. *ta kat'eirênên* – lat. *pace*
Cette division guerre / paix se combine avec la division, beaucoup plus importante, selon les **vertus** : gr. *aretai* – lat. *uirtutes* (vertus morales manifestées par les actions accomplies) :
• **courage** : gr. *andreia* – lat. *fortitudo*
• **justice** : gr. *dikaiosunê* – lat. *iustitia*
• **tempérance** : gr. *sôphrosunê* – lat. *temperantia, continentia*
• **intelligence** : gr. *phronêsis* – lat. *prudentia*
On loue donc successivement les vertus manifestées par les actions accomplies en temps de guerre, puis les vertus manifestées par les actions accomplies en temps de paix
♦ **fortune** : gr. *tukhê* – lat. *fortuna* (ou encore **chance** : gr. *eutukhia*, lat. *felicitas*)
→ Mén. Rhét., II, 369, 17-376, 31. Cf. Arist., *Rhét.*, I, 9, 1366 a 33-b 34 ; 1367 b 27-35 ; *Rhét. Alex.*, 35, 3-16 ; *Rhét. Her.*, III, 10-15 ; Cic., *De or.*, II, 45-46, 342-347 ; *Part.*, 74-82 ; Théon, 111, 12-112, 8 ; Quint., III, 7, 10-18 ; Alex., *Extraits*, 2, 19-20 ; Her-

mog., *Prog.*, 15, 18-17, 4 ; Ps.-D. Hal., 268, 4-269, 11 ; 274, 8-275, 11.

Dans le cas d'un éloge funèbre, on ajoute la **mort** : gr. *thanatos, teleutê* – lat. *mors, finis*.

V. STYLE

19. Les **vertus (qualités) du style** : gr. *lexeôs aretai* – lat. *elocutionis uirtutes*
♦ **correction** : gr. *hellênismos* – lat. *latinitas, purus sermo*
♦ **clarté** : gr. *saphêneia* – lat. *explanatio, perspicuitas*
♦ **convenance** : gr. *prepon* – lat. *quid deceat, decorum, aptum*
♦ **ornementation** : gr. *kataskeuê* – lat. *ornatus*
→ Cic., *Or.*, 79 (citant Théophraste). Cf. Cic., *De or.*, I, 144 ; III, 37 ; Quint., I, 5, 1 ; VIII, 1, 1 ; XI, 1, 1.

Les stoïciens ajoutèrent comme cinquième qualité la **brièveté** : gr. *suntomia* – lat. *breuitas* (Diog. L., VII, 59).

20. Les **genres de style** : gr. *logou kharaktêres* – lat. *dicendi genera*
♦ **grand, élevé, grave, abondant** : gr. *hadros, hupsêlos, megaloprepês* – lat. *uber, grauis, grandis*
♦ **moyen** : gr. *mesos* – lat. *mediocris, modicus, medius* (parfois aussi **fleuri** : gr. *anthêros* – lat. *floridus*)
♦ **simple, maigre, ténu** : gr. *iskhnos, litos* – lat. *extenuatus, attenuatus, tenuis, gracilis, subtilis*
→ *Rhét. Her.*, IV, 11. Cf. Cic., *De or.*, III, 177, 199, 212 ; *Or.*, 20-21 ; D. Hal., *Dém.*, 1-3 ; Quint., XII, 10, 58-72 ; Gell., VI, 14. Système un peu différent chez Démétr.

Quint., XII, 10, 59, fait correspondre cette liste à celle des devoirs de l'orateur (*supra*, n° 2), selon le schéma suivant :
- grand style = émouvoir
- style moyen = plaire
- style simple = instruire

21. Les **formes stylistiques** : gr. *logou ideai* – lat. *dicendi genera siue orationum formae*
- ♦ **clarté** : gr. *saphêneia* – lat. *claritas, aperta oratio*
- **pureté** : gr. *katharotês* – lat. *puritas*
- **netteté** : gr. *eukrineia* – lat. *perspicuitas*
- ♦ **grandeur** : gr. *megethos* – lat. *magnitudo* (également **ampleur, dignité** : gr. *onkos, axiôma* – lat. *tumor, amplitudo*)
- **majesté** : gr. *semnotês* – lat. *grauitas*
- **âpreté** : gr. *trakhutês* – lat. *asperitas*
- **véhémence** : gr. *sphodrotês* – lat. *acrimonia et uehementia*
- **éclat** : gr. *lamprotês* – lat. *splendor*
- **vigueur** : gr. *akmê* – lat. *uigor*
- **complexité** : gr. *peribolê* – lat. *circumducta siue exaggerata oratio* (également **plénitude** : gr. *mestotês* – lat. *plena siue referta oratio*)
- ♦ **beauté** : gr. *kallos* – lat. *pulchritudo* (également **soin** : gr. *epimeleia* – lat. *accurata dicendi forma*)
- ♦ **vivacité** : gr. *gorgotês* – lat. *celeritas, uelox oratio*
- ♦ **caractère** : gr. *êthos* – lat. *mores*
- **simplicité** : gr. *apheleia* – lat. *simplicitas*
- **douceur** : gr. *glukutês* – lat. *suauitas* (également **agrément, charme** : gr. *hêdonê, hôra* – lat. *laeta oratio, uenusta oratio*)
- **piquant** : gr. *drimutês* – lat. *acris oratio* (également **finesse** : gr. *oxutês* – lat. *acuta oratio*)
- **modération** : gr. *epieikeia* – lat. *moderatio, mitigatio*

♦ **sincérité** : gr. *alêtheia* – lat. *ueritas*
• **sévérité** : gr. *barutês* – lat. *grauitas quae est in obiurgando*
♦ **habileté** : gr. *deinotês* – lat. *eloquentia, apta oratio*

→ Hermog., *Id.* ; les traductions latines sont celles du grand humaniste Jean Sturm (1571). Cf. Ps.-Aristide.

22. Les tropes : gr. *tropoi* – lat. *tropi* (effets de style portant en principe sur un mot isolé et consistant à remplacer le terme propre par un autre terme)

♦ **métaphore** : gr. *metaphora* – lat. *translatio, tralatio* (remplacement du terme propre par un terme imagé, répondant à une comparaison implicite)
♦ **catachrèse** : gr. *katakhrêsis* – lat. *abusio* (emploi d'un mot au sens figuré, faute d'un mot propre)
♦ **allégorie** : gr. *allêgoria* – lat. *inuersio, permutatio* (emploi d'un mot porteur d'une double signification)
♦ **énigme** : gr. *ainigma* – lat. *aenigma* (emploi d'une expression délibérément obscure)
♦ **métalepse** : gr. *metalêpsis* – lat. *transumptio* (emploi d'un mot qui, dans un autre contexte, est un synonyme)
♦ **métonymie** : gr. *metônumia* – lat. *denominatio* (substitution du nom de l'inventeur à celui de l'invention, du nom de l'invention à celui de l'inventeur, etc.)
♦ **synecdoque** : gr. *sunekdokhê* – lat. *intellectio* (la partie pour le tout, le tout pour la partie, etc.)
♦ **onomatopée** : gr. *onomatopoiia* – lat. *nominis fictio, nominatio* (création d'un mot nouveau)
♦ **périphrase** : gr. *periphrasis* – lat. *circuitio, circumlocutio* (emploi de plusieurs mots au lieu d'un seul)

♦ **anastrophe** : gr. *anastrophê* – lat. *reuersio* (renversement de l'ordre des mots)

♦ **hyperbate** : gr. *huperbaton* – lat. *transgressio*, *transcensus* (déplacement d'un mot ; ce procédé et le précédent sont rangés tantôt parmi les tropes, tantôt parmi les figures d'élocution, suivant que l'on considère qu'ils affectent le sens des mots ou seulement l'ordre de ceux-ci)

♦ **pléonasme** : gr. *pleonasmos* – lat. *pleonasmus* (emploi d'un mot redondant)

♦ **ellipse** : gr. *elleipsis* – lat. *ellipsis* (emploi d'un mot incomplet)

→ Tryph. (après cette première liste, l'auteur ajoute une série supplémentaire comprenant vingt-cinq numéros). Cf. *Rhét. Her.*, IV, 42-46 ; Cic., *De or.*, III, 155-169 ; *Or.*, 92-94 ; Quint., VIII, 6.

N.B. Les définitions données ici, pour les tropes et pour les figures, ne peuvent être que brèves et englobantes.

23. Les **figures de pensée** : gr. *dianoias skhêmata* – lat. *sensus figurae*, *sententiarum figurae* (effets de style portant sur plusieurs mots, réalisés au moyen des termes propres et affectant le contenu, indépendamment de l'expression ; la figure subsiste même si d'autres mots sont employés)

♦ **interrogation** : gr. *erôtêma*, *pusma* – lat. *interrogatio* (ce qu'on appelle communément « question rhétorique »)

♦ **réponse** : gr. *hupophora* – lat. *subiectio* (répondre à une question qu'on a soi-même posée)

♦ **anticipation** : gr. *prolêpsis* – lat. *praesumptio* (prévenir une objection, s'excuser d'avance, etc.)

♦ **hésitation** : gr. *aporia*, *diaporêsis* – lat. *dubitatio* (faire semblant d'hésiter)

♦ **consultation** : gr. *koinônia*, *anakoinônêsis* – lat. *communicatio* (feindre de consulter l'auditoire)

♦ **effet de surprise** : gr. *paradoxon, para prosdokian* – lat. *inopinatum* (ajouter quelque chose d'inattendu)
♦ **permission** : gr. *epitropê* – lat. *permissio* (affecter de s'en remettre aux juges)
♦ **franc-parler** : gr. *parrhêsia* – lat. *licentia* (afficher sa franchise)
♦ **prosopopée** : gr. *prosôpopoiia* – lat. *personae fictio* (faire parler un mort, une abstraction...)
♦ **apostrophe** : gr. *apostrophê* – lat. *auersio* (se détourner de l'auditoire pour s'adresser à quelqu'un d'autre)
♦ **hypotypose** : gr. *hupotupôsis* – lat. *euidentia* (description expressive)
♦ **ironie** : gr. *eirôneia* – lat. *dissimulatio, simulatio, ironia* (différentes formes de feinte)
♦ **concession** : gr. *sunkhôrêsis* – lat. *concessio* (admettre même des faits qui nous sont défavorables, en signe d'assurance)
♦ **aposiopèse** : gr. *aposiôpêsis* – lat. *reticentia, obticentia, interruptio* (ne pas poursuivre sa phrase jusqu'au bout, par scrupule, modération, etc.)
♦ **peinture de caractères** : gr. *êthopoiia, mimêsis* – lat. *morum imitatio* (imitation ou description du caractère d'autres personnes)
♦ **allusion, insinuation** : gr. *emphasis* – lat. *significatio* (suggérer un sens caché)
→ Quint., IX, 2, 6-64 (nous allégeons quelque peu la liste) ; à partir de l'« allusion » (*emphasis*), Quintilien passe à la question – connexe mais non identique – du discours figuré (*supra*, n° 8). Cf. *Rhét. Her.*, IV, 47-69 ; Cic., *De or.*, III, 202-205 ; *Or.*, 136-139 ; Rut. Lup. ; Alex., *Fig.*, I ; Aquil. Rom., 1-16 ; Tibér., 1-22, 43-45.

24. Les **figures d'élocution** ou **figures de mots** : gr. *lexeôs skhêmata* – lat. *elocutionis* (ou *dictionis*) *figurae, uerborum figurae* (effets de style portant sur plusieurs mots, réalisés au moyen des termes propres et affectant la matérialité de l'expression : arrangement et forme des mots ; la figure n'existe plus si d'autres mots sont employés)

♦ **redoublement, répétition, reprise** : gr. *anadiplôsis, palillogia, epanalepsis* – lat. *conduplicatio, reduplicatio, iteratio, repetitio* (répétition d'un mot)

♦ **anaphore** : gr. *epanaphora* – lat. *repetitio, relatio* (commencer par le même mot des membres de phrase successifs)

♦ **antistrophe** : gr. *antistrophê* – lat. *conuersio*, également **épiphore** : gr. *epiphora* – lat. *desitio* (finir par le même mot des membres de phrase successifs)

♦ **embrassement** : gr. *sumplokê, sunthesis* – lat. *complexio, conexus* (commencer et finir par le même mot des membres de phrase successifs : réunion des deux cas précédents)

♦ **synonymie** : gr. *sunônumia* – lat. *nominis communio* (usage de synonymes)

♦ **retour en arrière** : gr. *epanodos* – lat. *regressio* (forme de répétition consistant à reprendre deux mots précédemment énoncés)

♦ **échelle, concaténation** : gr. *klimax* – lat. *gradatio, ascensus* (enchaînement de membres de phrase par le moyen de la répétition, le dernier mot de chacun étant repris comme premier mot du membre suivant)

♦ **éclaircissement supplémentaire** : gr. *prosdiasaphêsis* (ajout d'un mot contenant une explication)

♦ **périphrase** : gr. *periphrasis* – lat. *circuitio, circumlocutio* (déjà rencontrée plus haut parmi les tropes, *supra* nº 22 : ceci illustre les chevauchements existant entre les différentes séries de tropes et de figures)

♦ **pléonasme** : gr. *pleonasmos* – lat. *pleonasmus* (même remarque)

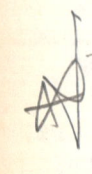

→ Alex., *Fig.* II (nous donnons seulement les dix premières figures, la liste totale en comprenant vingt-sept). Cf. *Rhét. Her.*, IV, 18-41 ; Cic., *De or.*, III, 206-207 ; *Or.*, 135 ; Rut. Lup. ; Quint., IX, 3 ; Aquil. Rom., 22-47 ; Tibér., 23-42, 46-48.

VI. ACTION ORATOIRE

25. Les éléments de l'**action** : gr. *hupokrisis* – lat. *actio, pronuntiatio*
  ♦ **voix** : gr. *phônê* – lat. *uox*
  ♦ **mouvement du corps** : gr. *sômatos kinêsis* – lat. *corporis motus*
  • **geste** : lat. *gestus*
  • **expression du visage** : lat. *uultus*
  → *Rhét. Her.*, III, 19-27. Cf. Cic., *De or.*, III, 213-227 ; *Or.*, 55-60 ; Quint., XI, 3 ; Longin, 194-197.

REPÈRES CHRONOLOGIQUES

	DOMAINE GREC	**DOMAINE LATIN**
	Epoque archaïque	
VIIIe s. av. J.-C.	Homère	**753** : Fondation de Rome
	Epoque classique	**République romaine**
Ve s. av. J.-C.	Empédocle Protagoras, Prodicos, Hippias **427** : Ambassade de Gorgias à Athènes Euripide, Aristophane, Thucydide Antiphon, Andocide	**494** : Apologue de Menenius Agrippa **470** : Procès d'Appius Claudius
IVe s. av. J.-C.	Antisthène, Alcidamas Platon Lysias, Isocrate, Isée, Démosthène, Eschine, Hypéride, Lycurgue, Dinarque *Rhétorique à Alexandre*, Aristote	
	Epoque hellénistique	
	Théophraste, Démocharès, Charisios	
IIIe s. av. J.-C.	Cléocharès, Cinéas, Hégésias	Appius Claudius Caecus Caton l'Ancien

IIe s. av. J.-C.	Hermagoras, Athénaios	**161** : Sénatusconsulte contre les philosophes et les rhéteurs **155** : Ambassade de Carnéade, Critolaos et Diogène de Babylone à Rome Institution des jurys permanents Les Gracques M. Antonius, L. Crassus
Ier s. av. J.-C.	*Arétalogie de Maronée* Démétrios, *Du style* (?) Apollonios Molon, Gorgias le Jeune, Tryphon, Métrodore de Scepsis, Diophanès de Mytilène, Philodème Hybréas, Potamon *Inscription d'Antiochos de Commagène*	L. Plotius Gallus **92** : Edit contre les *Rhetores Latini* *Rhétorique à Herennius* Hortensius, Cicéron, Caton le Jeune Pompée, César **44** : Oraison funèbre de César par Antoine Brutus, Calvus, Hortensia Asinius Pollio
	Empire romain	**Empire romain**
Ier s. ap. J.-C.	Denys d'Halicarnasse, Caecilius, Apollodore, Théodore	Virgile, Tite-Live Sénèque le Rhéteur, Ovide, Cassius Severus *Laudatio Turiae* Domitius Afer, Rutilius Lupus
IIe s. ap. J.-C.	Pseudo-Longin Nicétès, Scopélien Dion de Pruse Théon Favorinus, Polémon	*Table claudienne* Sénèque, Quintilien Tacite, Pline le Jeune Suétone

	143 : Hérode Atticus consul Lucien, Aelius Aristide Phrynichos, Pollux Maxime de Tyr, Marc Aurèle	**143** : Fronton consul suffect Aulu-Gelle, Apulée
IIIe s. ap. J.-C.	Hermogène, Apsinès Philostrate Anonyme de Séguier, Pseudo-Denys d'Halicarnasse, Ménandros le Rhéteur Callinicos de Pétra, Cassius Longin	Aquila Romanus
		Panégyriques latins II-V

BIBLIOGRAPHIE

Abréviations :
ANRW = Aufstieg und Niedergang der römischen Welt
BAGB = Bulletin de l'Association Guillaume Budé
REG = Revue des études grecques
REL = Revue des études latines

RECUEILS DE SOURCES

DIELS (H.), KRANZ (W.), *Die Fragmente der Vorsokratiker*, 6ᵉ éd., Berlin, 1951.
DUMONT (J.-P.), DELATTRE (D.), POIRIER (J.-L.), *Les Présocratiques*, Paris, 1988.
HALM (C.), *Rhetores Latini minores*, Leipzig, 1863.
JANDER (K.), *Oratorum et rhetorum Graecorum noua fragmenta*, Bonn, 1913.
KUNST (K.), *Rhetorische Papyri*, Berlin, 1923.
MALCOVATI (E.), *Oratorum Romanorum fragmenta liberae rei publicae*, 2ᵉ éd., Turin, 1955.
MALHERBE (A. J.), *Ancient Epistolary Theorists*, Atlanta, 1988.
RABE (H.), *Prolegomenon sylloge*, Leipzig, 1931.
RADERMACHER (L.), *Artium scriptores (Reste der voraristotelischen Rhetorik)*, Vienne, 1951.
RUSSELL (D. A.), WINTERBOTTOM (M.), *Ancient Literary Criticism. The Principal Texts in New Translations*, Oxford, 1972.

SPENGEL (L.), *Rhetores Graeci*, Leipzig, 1853-1856 ; 2e éd. du vol. I, 2, par HAMMER (C.), Leipzig, 1894.

WALZ (C.), *Rhetores Graeci*, Stuttgart-Tübingen, 1832-1836.

WINTERBOTTOM (M.), *Roman Declamation. Extracts Edited with Commentary*, Bristol, 1980.

N. B. : Ne figurent pas dans cette bibliographie, parce que l'énumération en serait trop longue, les éditions, traductions, commentaires et lexiques portant sur les auteurs et textes individuels. On les retrouvera en se reportant aux instruments bibliographiques usuels consacrés à la littérature grecque et latine (voir en particulier *L'année philologique*).

OUVRAGES ET ARTICLES GÉNÉRAUX

ACHARD (G.), *La Communication à Rome*, Paris, 1991.

COULET (C.), *Communiquer en Grèce ancienne*, Paris, 1996.

DESBORDES (F.), *La Rhétorique antique*, Paris, 1996.

ERNESTI (J. C. G.), *Lexicon technologiae Graecorum rhetoricae*, Leipzig, 1795.

—, *Lexicon technologiae Latinorum rhetoricae*, Leipzig, 1797.

HADOT (P.), « Philosophie, dialectique, rhétorique dans l'Antiquité » (1980), réimpr. dans ID., *Etudes de philosophie ancienne*, Paris, 1998, p. 159-193.

KENNEDY (G. A.), *The Art of Persuasion in Greece*, Princeton, 1963.

—, *The Art of Rhetoric in the Roman World, 300 B.C.-A.D. 300*, Princeton, 1972.

—, *Greek Rhetoric Under Christian Emperors*, Princeton, 1983.

—, *A New History of Classical Rhetoric*, Princeton, 1994 (version condensée, en un volume, des trois ouvrages précédents).

—, *Classical Rhetoric and Its Christian and Secular Tradition from Ancient to Modern Times*, Chapel Hill, 1980.

— (éd.), *The Cambridge History of Literary Criticism*. I. *Classical Criticism*, Cambridge, 1989.

KROLL (W.), « Rhetorik », *Paulys Realencyclopädie der classischen Altertumswissenschaft*, Suppl. 7, 1940, col. 1039-1138.

LANDFESTER (M.), *Einführung in die Stilistik der griechischen und lateinischen Literatursprachen*, Darmstadt, 1997.

LAUSBERG (H.), *Handbuch der literarischen Rhetorik*, 2ᵉ éd., Munich, 1973.

MARROU (H.-I.), *Histoire de l'éducation dans l'Antiquité*, nouv. éd., Paris, 1965.

MARTIN (J.), *Antike Rhetorik. Technik und Methode*, Munich, 1974.

MICHEL (A.), *La Parole et la Beauté. Rhétorique et esthétique dans la tradition occidentale*, Paris, 1982.

NORDEN (E.), *Die antike Kunstprosa vom VI. Jahrhundert v. Chr. bis in die Zeit der Renaissance*, 3ᵉ éd., Leipzig-Berlin, 1918. Tr. ital., Rome, 1986, avec une « Nota di aggiornamento » par CALBOLI (G.), p. 969-1185.

PATILLON (M.), *Eléments de rhétorique classique*, Paris, 1990.

PORTER (S. E.) (éd.), *Handbook of Classical Rhetoric in the Hellenistic Period, 330 B.C.-A.D. 400*, Leyde, 1997.

RUSSELL (D. A.), *Criticism in Antiquity*, Londres, 1981.

UEDING (G.) (éd.), *Historisches Wörterbuch der Rhetorik*, Tübingen, 1992 - (en cours de parution).

VICKERS (B.), *In Defence of Rhetoric*, Oxford, 1988.

VOLKMANN (R.), *Die Rhetorik der Griechen und Römer*, 2ᵉ éd., Leipzig, 1885.

ACTES DE COLLOQUES, MÉLANGES ET VOLUMES COLLECTIFS

Ars rhetorica antica e nuova, Gênes, 1983.

Association Guillaume Budé, Actes du XIe congrès, Paris, 1985 (thème : la rhétorique).

CALBOLI MONTEFUSCO (L.) (éd.), *Papers on Rhetoric*, Bologne (I : 1983 ; II : 1999 ; III : 2000).

CASSIN (B.) (éd.), *Le Plaisir de parler*, Paris, 1986.

CHEVALLIER (R.) (éd.), *Colloque sur la rhétorique*, Paris, 1979.

DANGEL (J.) (éd.), *Grammaire et rhétorique*, Strasbourg, 1994.

DÖPP (S.) (éd.), *Antike Rhetorik und ihre Rezeption... zu Ehren von C. J. Classen*, Stuttgart, 1999.

DOMINIK (W. J.) (éd.), *Roman Eloquence*, Londres, 1997.

Ethics and Rhetoric. Classical Essays for Donald Russell, Oxford, 1995.

FLASHAR (H.) (éd.), *Le Classicisme à Rome aux I[ers] siècles avant et après J.-C.*, Vandœuvres-Genève, 1979.

FUMAROLI (M.) (prés.), PERNOT (L.) (éd.), *Actualité de la rhétorique*, Paris, 2000.

GALY (J.-M.), THIVEL (A.) (éds.), *La Rhétorique grecque*, Nice, 1994.

Greek Literary Theory after Aristotle... in Honour of D. M. Schenkeveld, Amsterdam, 1995.

HEUZÉ (P.), PIGEAUD (J.) (éds.), *Chemins de la re-connaissance. En hommage à Alain Michel* (*Helmantica*, 50), Salamanque, 1999.

KIEFFER (R.) (éd.), *Parole sacrée, parole profane... De la religion à l'éloquence*, Luxembourg, 1991.

LÉVY (C.), PERNOT (L.) (éds.), *Dire l'évidence*, Paris, 1997.

PENNACINI (A.) (éd.), *Studi di retorica oggi in Italia*, Bologne, 1987 et 1998.

— (éd.), *Retorica della comunicazione nelle letterature classiche*, Bologne, 1990.

PERNOT (L.) (éd.), *Rhétoriques de la conversation* (*Rhetorica*, 11, 4), Berkeley, 1993.
SUTHERLAND (C. M.), SUTCLIFFE (R.) (éds.), *The Changing Tradition. Women in the History of Rhetoric*, Calgary, 1999.
VICKERS (B.) (éd.), *Rhetoric Revalued*, Binghamton, 1982.

REVUES SPÉCIALISÉES

Philosophy and Rhetoric, Pennsylvania State University Press.
Rhetorica. A Journal of the History of Rhetoric, Berkeley, University of California Press (revue de l'International Society for the History of Rhetoric ; on peut visiter sur Internet le site de la société : *http://ishr.ucdavis.edu* et le site de la revue : *http://www.ucpress.edu/journals/rh*).
Rhetorik. Ein internationales Jahrbuch, Tübingen.

ÉTUDES THÉMATIQUES ET DIACHRONIQUES

BOMPAIRE (J.), « L'apothéose de Démosthène, de sa mort jusqu'à l'époque de la IIe Sophistique », *BAGB*, 1984, p. 14-26.
BONNER (S. F.), *Roman Declamation in the Late Republic and Early Empire*, Liverpool, 1949.
CAIRNS (F.), *Generic Composition in Greek and Roman Poetry*, Edimbourg, 1972.
CALBOLI (G.), « Rhétorique et droit romain », *REL*, 76, 1998, p. 158-176.
CALBOLI MONTEFUSCO (L.), *La dottrina degli « status » nella retorica greca e romana*, Bologne, 1984.
—, *Exordium narratio epilogus. Studi sulla teoria retorica greca e romana delle parti del discorso*, Bologne, 1988.

Cassin (B.), *L'Effet sophistique*, Paris, 1995.
Celentano (M. S.), « La codificazione retorica della comunicazione epistolare nell'*Ars rhetorica* di Giulio Vittore », *Rivista di filologia e di istruzione classica*, 122, 1994, p. 422-435.
—, « Comicità, umorismo e arte oratoria nella teoria retorica antica », *Eikasmos*, 6, 1995, p. 161-174.
Crook (J. A.), *Legal Advocacy in the Roman World*, Londres, 1995.
Heldmann (K.), *Antike Theorien über Entwicklung und Verfall der Redekunst*, Munich, 1982.
Kassel (R.), *Untersuchungen zur griechischen und römischen Konsolationsliteratur*, Munich, 1958.
Katsouris (A. G.), *Rhêtorikê hupokrisê*, Ioannina, 1989.
Kierdorf (W.), *Laudatio funebris*, Meisenheim am Glan, 1980.
Koster (S.), *Die Invektive in der griechischen und römischen Literatur*, Meisenheim am Glan, 1980.
Laurens (P.), *L'Abeille dans l'ambre. Célébration de l'épigramme, de l'époque alexandrine à la fin de la Renaissance*, Paris, 1989.
Moretti (G.), *Acutum dicendi genus. Brevità, oscurità, sottigliezze e paradossi nelle tradizioni retoriche degli Stoici*, Bologne, 1995.
Parodi Scotti (F.), *Ethos e consenso*, Bologne, 1996.
Pernot (L.), « Lieu et lieu commun dans la rhétorique antique », *BAGB*, 1986, p. 253-284.
—, « *Periautologia*. Problèmes et méthodes de l'éloge de soi-même dans la tradition éthique et rhétorique gréco-romaine », *REG*, 111, 1998, p. 101-124.
Rispoli (G. M.), *Dal suono all'immagine. Poetiche della voce ed estetica dell'eufonia*, Pise-Rome, 1995.
Romilly (J. de), *Magic and Rhetoric in Ancient Greece*, Cambridge (Mass.), 1975.
Russell (D. A.), *Greek Declamation*, Cambridge, 1983.
Schouler (B.), « Le déguisement de l'intention dans la rhétorique grecque », *Ktèma*, 11, 1986, p. 257-272.

Vernant (J.-P.), « Langage religieux et vérité » (1969), réimpr. dans Id., *Religions, histoires, raisons*, Paris, 1979, p. 55-62.

Yates (F. A.), *L'Art de la mémoire*, tr. fr., Paris, 1975.

GRÈCE ARCHAÏQUE ET CLASSIQUE (CHAPITRES I À III)

Aubenque (P.), « L'actualité de la *Rhétorique* d'Aristote », *REG*, 89, 1976, p. xi-xii.

Blass (F.), *Die attische Beredsamkeit*, 2ᵉ éd., Leipzig, 1887-1898.

Butti de Lima (P.), *L'inchiesta e la prova*, Turin, 1996.

Buxton (R. G. A.), *Persuasion in Greek Tragedy*, Cambridge, 1982.

Canfora (L.), « L'agorà : il discorso suasorio », dans *Lo spazio letterario della Grecia antica*, I, 1, Rome, 1992, p. 379-395.

—, « Le collezioni superstiti. 4. Gli oratori », dans *Lo spazio letterario della Grecia antica*, II, Rome, 1995, p. 164-184.

Carawan (E.), *Rhetoric and the Law of Draco*, Oxford, 1998.

Carlier (P.), *Démosthène*, Paris, 1990.

Chiron (P.), « La période chez Aristote », dans *Théories de la phrase et de la proposition*, Paris, 1999, p. 103-130.

Clavaud (R.), *Le Ménexène de Platon et la rhétorique de son temps*, Paris, 1980.

Cole (T.), *The Origins of Rhetoric in Ancient Greece*, Baltimore, 1991.

Conacher (D.), *Euripides and the Sophists*, Londres, 1998.

De Meyer (L.), *Vers l'invention de la rhétorique*, Louvain-la-Neuve, 1997.

Demont (P.), *La Cité grecque archaïque et classique et l'idéal de tranquillité*, Paris, 1990.

—, « Die *Epideixis* über die *Techne* im V. und IV. Jh. », dans KULLMANN (W.), ALTHOFF (J.) (éds.), *Vermittlung und Tradierung von Wissen in der griechischen Kultur*, Tübingen, 1993, p. 181-209.

DETIENNE (M.), *Les Maîtres de vérité dans la Grèce archaïque*, nouv. éd., Paris, 1994.

DIÈS (A.), *Autour de Platon*, Paris, 1927.

ERICKSON (K. V.) (éd.), *Plato. True and Sophistic Rhetoric*, Amsterdam, 1979.

GONDROS (E. A.), *Auf dem Weg zur rhetorischen Theorie. Rhetorische Reflexion im ausgehenden fünften Jahrhundert v. Chr.*, Tübingen, 1996.

HANSEN (M. H.), *La Démocratie athénienne à l'époque de Démosthène*, tr. fr., Paris, 1993.

HELLWIG (A.), *Untersuchungen zur Theorie der Rhetorik bei Platon und Aristoteles*, Göttingen, 1973.

HUBBELL (H. M.), *The Influence of Isocrates on Cicero, Dionysius and Aristides*, New Haven, 1913.

JONG (I. J. F. DE), *Narrators and Focalizers. The Presentation of the Story in the Iliad*, Amsterdam, 1987, chap. 5 : « Character-text (speeches) ».

JOUAN (F.), « Euripide et la rhétorique », *Les études classiques*, 52, 1984, p. 3-13.

JOUANNA (J.), « Rhétorique et médecine dans la Collection Hippocratique. Contribution à l'histoire de la rhétorique au Ve siècle », *REG*, 97, 1984, p. 26-44.

LAVENCY (M.), *Aspects de la logographie judiciaire attique*, Louvain, 1964.

LECLERC (M.-C.), *La Parole chez Hésiode*, Paris, 1993.

LORAUX (N.), *L'Invention d'Athènes. Histoire de l'oraison funèbre dans la « cité classique »*, Paris, 1981.

MARTIN (R. P.), *The Language of Heroes. Speech and Performance in the Iliad*, Ithaca, 1989.

NAVARRE (O.), *Essai sur la rhétorique grecque avant Aristote*, Paris, 1900.

NOËL (M.-P.), « Lectures, relectures et mélectures des sophistes », *Noesis*, 2, 1998, p. 19-36.

—, « Gorgias et l'"invention" des *Gorgieia skhêmata* », *REG*, 112, 1999, p. 193-211.
NOUHAUD (M.), *L'Utilisation de l'histoire par les orateurs attiques*, Paris, 1982.
OBER (J.), *Mass and Elite in Democratic Athens*, Princeton, 1989.
O'SULLIVAN (N.), *Alcidamas, Aristophanes and the Beginnings of Greek Stylistic Theory*, Stuttgart, 1992.
PEARSON (L.), *The Art of Demosthenes*, Meisenheim am Glan, 1976.
PERNOT (L.), « Demostene allievo di Platone ? », *Seminari romani di cultura greca*, 1, 1998, p. 313-343.
POULAKOS (J.), *Sophistical Rhetoric in Classical Greece*, Columbia (South Carolina), 1995.
POULAKOS (T.), *Speaking for the Polis. Isocrates' Rhetorical Education*, Columbia (South Carolina), 1997.
PRINZ (K.), *Epitaphios logos*, Francfort, 1997.
ROMILLY (J. DE), *Histoire et raison chez Thucydide*, Paris, 1956.
—, *Les Grands Sophistes dans l'Athènes de Périclès*, Paris, 1988.
RUZÉ (F.), *Délibération et pouvoir dans la cité grecque de Nestor à Socrate*, Paris, 1997.
SCHIAPPA (E.), *The Beginnings of Rhetorical Theory in Classical Greece*, New Haven, 1999.
SPINA (L.), *Il cittadino alla tribuna*, Naples, 1986.
STADTER (P. A.) (éd.), *The Speeches in Thucydides*, Chapel Hill, 1973.
TOO (Y. L.), *The Rhetoric of Identity in Isocrates*, Cambridge, 1995.
TRÉDÉ (M.), *Kairos, l'à-propos et l'occasion*, Paris, 1992.
USHER (S.), *Greek Oratory. Tradition and Originality*, Oxford, 1999.
WARDY (R.), *The Birth of Rhetoric*, Londres, 1996.
WORTHINGTON (I.) (éd.), *Persuasion. Greek Rhetoric in Action*, Londres, 1994.
YUNIS (H.), *Taming Democracy*, Ithaca, 1996.

MONDE GREC HELLÉNISTIQUE (CHAPITRE IV)

BLASS (F.), *Die griechische Beredsamkeit in dem Zeitraum von Alexander bis auf Augustus*, Berlin, 1865.

LUZZATTO (M. T.), « La cultura nella città e le scuole : la retorica », dans SETTIS (S.) (éd.), *I Greci. Storia, cultura, arte, società*, 2, III, Turin, 1998, p. 483-502.

WOOTEN (C. W.), *A Rhetorical and Historical Study of Hellenistic Oratory*, Chapel Hill, 1972 (diss. inédite, diffusée sur microfilm ; des parties en ont été publiées dans *Quarterly Journal of Speech*, 1973, *American Journal of Philology*, 1974, et *REG*, 1975).

ROME RÉPUBLICAINE (CHAPITRE V)

ACHARD (G.), *Pratique rhétorique et idéologie politique dans les discours « optimates » de Cicéron*, Leyde, 1981.

DANGEL (J.), « Parole et écriture chez les Latins : approche stylistique », *Latomus*, 58, 1999, p. 3-29 (article contenant les références aux autres publications de l'auteur sur les thèmes de l'oralité, du *carmen* et des rapports entre poésie et rhétorique).

DAVID (J.-M.), *Le Patronat judiciaire au dernier siècle de la République romaine*, Rome, 1992.

GRIMAL (P.), *Cicéron*, Paris, 1986.

LÉVY (C.), *Cicero Academicus. Recherches sur les Académiques et sur la philosophie cicéronienne*, Rome, 1992.

—, « Rhétorique et philosophie : la monstruosité politique chez Cicéron », *REL*, 76, 1998, p. 139-157.

LOPEZ (A.), « La oratoria femenina en Roma a la luz de la actual », dans *La oratoria en Grecia y Roma*, Universidad de Verano de Teruel, 1989, p. 97-115.

LUDWIG (W.) (éd.), *Eloquence et rhétorique chez Cicéron*, Vandœuvres-Genève, 1982.

MICHEL (A.), *Rhétorique et philosophie chez Cicéron. Essai sur les fondements philosophiques de l'art de persuader*, Paris, 1960.
—, « Rhétorique et philosophie chez Cicéron », *ANRW*, I, 3, 1973, p. 139-208.
NARDUCCI (E.), *Cicerone e l'eloquenza romana*, Rome-Bari, 1997.
NICOLET (C.), *Le Métier de citoyen dans la Rome républicaine*, Paris, 1976.
PINA POLO (F.), *Contra arma verbis. Der Redner vor dem Volk in der späten römischen Republik*, Stuttgart, 1996.

EMPIRE ROMAIN (CHAPITRE VI)

ANDERSON (G.), *Philostratus*, Londres, 1986.
—, *The Second Sophistic*, Londres, 1993.
AUBRION (E.), *Rhétorique et histoire chez Tacite*, Metz, 1985.
BEHR (C. A.), *Aelius Aristides and the Sacred Tales*, Amsterdam, 1968.
BILLAULT (A.) (éd.), *Lucien de Samosate*, Lyon, 1994.
BOMPAIRE (J.), *Lucien écrivain*, Paris, 1958.
BOULANGER (A.), *Aelius Aristide et la sophistique dans la province d'Asie au IIe siècle de notre ère*, Paris, 1923.
BOWERSOCK (G. W.), *Greek Sophists in the Roman Empire*, Oxford, 1969.
BOWIE (E. L.), « Greeks and Their Past in the Second Sophistic » (1970), réimpr. dans FINLEY (M. I.) (éd.), *Studies in Ancient Society*, Londres-Boston, 1974, p. 166-209.
CHAMPLIN (E.), *Fronto and Antonine Rome*, Cambridge (Mass.), 1980.
DANGEL (J.), *La Phrase oratoire chez Tite-Live*, Paris, 1982.
DESIDERI (P.), *Dione di Prusa*, Messine-Florence, 1978.
FAIRWEATHER (J.), *Seneca the Elder*, Cambridge, 1981.

Gamberini (F.), *Stylistic Theory and Practice in the Younger Pliny*, Hildesheim, 1983.

Gleason (M. W.), *Making Men. Sophists and Self-Presentation in Ancient Rome*, Princeton, 1995.

Heath (M.), *Hermogenes on Issues*, Oxford, 1995.

Heuzé (P.), *L'Image du corps dans l'œuvre de Virgile*, Rome, 1985.

Jeuckens (R.), *Plutarch von Chaeronea und die Rhetorik*, Strasbourg, 1907.

Jones (C. P.), *The Roman World of Dio Chrysostom*, Cambridge (Mass.), 1978.

—, *Culture and Society in Lucian*, Cambridge (Mass.), 1986.

L'Huillier (M.-C.), *L'Empire des mots. Orateurs gaulois et empereurs romains*, Besançon, 1992.

Marache (R.), *La Critique littéraire de langue latine et le développement du goût archaïsant au IIe siècle de notre ère*, Rennes, 1952.

Michel (A.), *Le Dialogue des orateurs de Tacite et la philosophie de Cicéron*, Paris, 1962.

Nicosia (S.), *Elio Aristide nell'Asclepieio di Pergamo e la retorica recuperata*, Palerme, 1979.

Patillon (M.), *La Théorie du discours chez Hermogène le rhéteur*, Paris, 1988.

Pernot (L.), *La Rhétorique de l'éloge dans le monde gréco-romain*, Paris, 1993.

—, « La rhétorique de l'Empire, ou comment la rhétorique grecque a inventé l'Empire romain », *Rhetorica*, 16, 1998, p. 131-148.

Quet (M.-H.), « Rhétorique, culture et politique. Le fonctionnement du discours idéologique chez Dion de Pruse et dans les *Moralia* de Plutarque », *Dialogues d'histoire ancienne*, 4, 1978, p. 51-117.

Reardon (B. P.), *Courants littéraires grecs des IIe et IIIe siècles après J.-C.*, Paris, 1971.

Rutherford (I.), *Canons of Style in the Antonine Age*, Oxford, 1998.

SABBAH (G.), « De la rhétorique à la communication politique : les Panégyriques latins », *BAGB*, 1984, p. 363-388.

SANDY (G.), *The Greek World of Apuleius*, Leyde, 1997.

SCHMID (W.), *Der Atticismus in seinen Hauptvertretern*, Stuttgart, 1887-1897.

SWAIN (S.), *Hellenism and Empire*, Oxford, 1996.

VEYNE (P.), « L'identité grecque devant Rome et l'empereur », *REG*, 112, 1999, p. 510-567.

N. B. : Sur la plupart des auteurs étudiés dans ce chapitre, des bibliographies détaillées figurent dans *ANRW*, II, vol. 30 et suiv.

L'HÉRITAGE DE LA RHÉTORIQUE GRÉCO-ROMAINE (CONCLUSION)

IVe-VIe siècle :

BOUFFARTIGUE (J.), *L'Empereur Julien et la culture de son temps*, Paris, 1992.

DAGRON (G.), *L'Empire romain d'Orient au IVe siècle et les traditions politiques de l'hellénisme. Le témoignage de Thémistios*, Paris, 1968.

KASTER (R. A.), *Guardians of Language. The Grammarian and Society in Late Antiquity*, Berkeley-Los Angeles, 1988.

MACCORMACK (S.), *Art and Ceremony in Late Antiquity*, Berkeley-Los Angeles, 1981.

SCHOULER (B.), *La Tradition hellénique chez Libanios*, Lille-Paris, 1984.

WHITBY (M.) (éd.), *The Propaganda of Power. The Role of Panegyric in Late Antiquity*, Leyde, 1998.

Rhétorique et christianisme :

BROWN (P.), *Pouvoir et persuasion dans l'Antiquité tardive*, tr. fr., Paris, 1998.

CAMERON (Av.), *Christianity and the Rhetoric of Empire*, Berkeley-Los Angeles, 1991.

FONTAINE (J.), *Aspects et problèmes de la prose d'art latine au IIIe siècle*, Turin, 1968.

FREDOUILLE (J.-C.), *Tertullien et la conversion de la culture antique*, Paris, 1972.

KENNEDY (G. A.), *New Testament Interpretation through Rhetorical Criticism*, Chapel Hill, 1984.

MEYNET (R.), *L'Analyse rhétorique. Une nouvelle méthode pour comprendre la Bible*, Paris, 1989.

La Prédication (*Connaissance des Pères de l'Eglise*, 74), Montrouge, 1999.

WATSON (D. F.), HAUSER (A. J.), *Rhetorical Criticism of the Bible. A Comprehensive Bibliography*, Leyde, 1994.

WINTER (B. W.), *Philo and Paul among the Sophists*, Cambridge, 1997.

Moyen Age :

CURTIUS (R.), *La Littérature européenne et le Moyen Age latin*, tr. fr., Paris, 1956.

DAGRON (G.), *Empereur et prêtre. Etude sur le « césaropapisme » byzantin*, Paris, 1996.

HUNGER (H.), *Die hochsprachliche profane Literatur der Byzantiner*, Munich, 1978, I, chap. 2 : « Rhetorik ».

IRIGOIN (J.), « La tradition des rhéteurs grecs dans l'Italie byzantine (X[e]-XIIe siècle) », *Siculorum gymnasium*, 39, 1986, p. 73-82.

MICHEL (A.), *Théologiens et mystiques au Moyen Age*, Paris, 1997.

MURPHY (J. J.), *Rhetoric in the Middle Ages*, Berkeley-Los Angeles, 1974.

ZINK (M.), *La Prédication en langue romane avant 1300*, Paris, 1976.

Epoque moderne :

Fumaroli (M.) (dir.), *Histoire de la rhétorique dans l'Europe moderne, 1450-1950*, Paris, 1999.

L'héritage de la rhétorique gréco-romaine aujourd'hui :

Bredin (J.-D.), Lévy (T.), *Convaincre. Dialogue sur l'éloquence*, Paris, 1997.
Collard (G.), *L'Art de s'exprimer en toutes circonstances*, Paris, 1999.
Detienne (M.), *Comparer l'incomparable*, Paris, 2000, chap. V : « Des pratiques d'assemblée aux formes du politique ».
Florescu (V.), *La Rhétorique et la néorhétorique*, Bucarest-Paris, 1982.
Foucault (M.), *L'Ordre du discours*, Paris, 1971.
Fumaroli (M.), *L'Age de l'éloquence. Rhétorique et « res literaria » de la Renaissance au seuil de l'époque classique*, Genève, 1980.
—, *Leçon inaugurale*, Collège de France, Chaire de rhétorique et société en Europe (XVIe-XVIIe siècles), Paris, 1987.
—, *Héros et orateurs. Rhétorique et dramaturgie cornéliennes*, Genève, 1990.
—, *Le Poète et le roi. Jean de La Fontaine en son siècle*, Paris, 1997.
Genette (G.), *Figures*, I-IV, Paris, 1966-1999.
Groupe μ, *Rhétorique générale*, Paris, 1970.
Kennedy (G. A.), *Comparative Rhetoric*, Oxford, 1998.
Perelman (C.), Olbrechts-Tyteca (L.), *Rhétorique et philosophie*, Paris, 1952.
—, *Traité de l'argumentation. La nouvelle rhétorique*, Paris, 1958.

Recherches rhétoriques (*Communications*, 16), Paris, 1970 (contributions de R. Barthes, G. Genette, du Groupe µ).
Ricœur (P.), *La Métaphore vive*, Paris, 1975.
—, *Temps et récit*, Paris, 1983-1985.
—, *Lectures 1-3*, Paris, 1991-1994.

INDEX DES NOMS PROPRES[*]

Académie, 98
Aelius César, 222
Aemilius Scaurus (M.), 117
Agathon, 73
Alcibiade, 74
Alcidamas, 38, 39, 40, 59
Alexandros fils de Nouménios, 209, 280
Ambroise, 271
Anaximène de Lampsaque, 61
Andocide, 57
Anonyme de Séguier, 208, 280
Antipatros, 109
Antiphon, 36, 57
Antisthène, 59
Antoine (Marc), 126
Antonius (M.), 133, 134, 137, 153
Aphthonios, 271, 273
Apollodore, 59
Apollodore de Pergame, 209
Apollonios de Tyane, 261
Apollonios Molon, 88, 136

Appien, 167
Apsinès, 208, 281
Apulée, 189, 226, 241, 242, 263
Aquila Romanus, 209, 281
Archédêmos, 91
Aristide (Aelius), 190, 203, 204, 247, 254-257, 262
Aristide le Juste, 72
Aristophane, 34
Aristote, 55, 63-66, 78, 79, 84, 87, 92, 100, 153, 166, 179, 180, 276
Asconius Pedianus (Q.), 144
Asinius Pollio (C.), 167
Aspasie, 72
Aspasios de Ravenne, 247
Athênaios, 88, 91, 92
Auguste, 221
Augustin, 271
Aulu-Gelle, 189

Basile de Césarée, 271

---

[*] N.B. Les index qui suivent sont sélectifs et renvoient aux occurrences les plus importantes.

Caecilius de Calê-Actê, 57, 185
Caligula, 222
Calliclès, 70
Callimaque, 102
Callinicos de Pétra, 254
Calpurnius Flaccus, 204
Carnéade, 101
Cassius Severus, 238
Caton l'Ancien, 101, 115, 119, 130-132, 137, 189
Caton le Jeune, 165, 167
César, 115, 157, 167
Charisios, 107
Chariton d'Aphrodisias, 263
Charmadas, 93, 96
Chrysippe, 97
Cicéron, 8, 84, 85, 88, 92, 108, 114, 115, 119, 142-166, 175, 183, 186, 189, 202, 214, 271, 273, 274
Cinéas, 108
Claude, 221, 223
Claudius (Ap.), 116
Claudius Caecus (Ap.), 129
Cléanthe, 97
Clément d'Alexandrie, 270
Cléocharès, 107
Commode, 223
Corax, 24-27
Cornelius Cethegus (M.), 139
Cornificius, 141
Cratès de Mallos, 102
Critias, 28, 57
Critolaos, 101

Démade, 86
Démétrios, 86, 88, 89, 94, 95, 281
Démocharès, 107
Démosthène, 49-53, 54, 57, 78, 86, 102, 142, 158, 166, 180, 183, 186, 191, 203, 220
Denys d'Halicarnasse, 126, 168, 173, 181-184, 187, 219
Didyme d'Alexandrie, 102
Dinarque, 57
Diogène de Babylone, 101
Dion Cassius, 261
Dion de Pruse, 228-230, 238, 246, 251, 262
Diophanès de Mytilène, 136
Diotime, 74
Domitius Afer (Cn.), 238
Doubles dits, 29

Elien, 247
Empédocle, 24
Ennius, 138, 189
Epictète, 261
Epicuriens, 99
Eschine, 51, 52, 57, 246
Eschine de Milet, 113
Eschyle, 23
Eschyle de Cnide, 113
Eumène, 242
Euripide, 34
Eusèbe de Césarée, 271
Evénos de Paros, 36

Index des noms propres

Favorinus d'Arles, 246, 251, 252, 262
Fronton, 188, 197, 205, 223, 240, 249, 262

Galerius Trachalus, 222
Galien, 190
Gorgias, 28, 31-34, 36, 47, 69, 87, 186, 200
Gorgias le Jeune, 88
Gracques (les), 132, 142
Grégoire de Nazianze, 271
Grégoire de Nysse, 271
Grégoire le Thaumaturge, 270

Hadrien de Tyr, 204, 247
Hégésias de Magnésie, 113, 114
Hégésippe, 59
Hélène, 32
Hermagoras, 89, 90, 91, 100, 281
Hermès, 24
Hermippos de Smyrne, 102
Hermogène, 184, 194, 208, 215-221, 230, 247, 250, 273, 281
Hérode Atticus, 57, 203, 247, 249
Hérodien, 261
Hérodote, 23
Hésiode, 22
Hiéroclès d'Alabanda, 112
Himérios, 271
Hippias, 28, 30, 36
Hippocrate (Collection Hippocratique), 38

Homère, 13-21, 186, 204, 272
Horace, 135, 263
Hortensia, 167
Hortensius, 144, 159, 167
Hybréas de Mylasa, 105, 108
Hypéride, 53, 57

Isée, 50, 57
Isocrate, 47-49, 53, 54, 57, 60, 61, 74, 79, 80, 81, 153, 274
Iunius Brutus (M.), 157

Jean Chrysostome, 271
Jésus, 267
Julien, 271
Juvénal, 260

Lactance, 271
Lesbonax, 204
Libanios, 271
Licinius Calvus (C.), 157
Licinius Crassus (L.), 133, 134, 137, 153
Longin (Cassius), 208, 253, 281
Lucain, 260
Lucien, 180, 190, 204, 252, 253
Lucilius, 138
Lucrèce, 138, 189
Lycimnios, 36
Lycurgue, 57
Lysias, 57, 74, 157

Mamertin, 242
Marc Aurèle, 197, 205, 221, 223, 240, 261
Marius Victorinus, 271
Maxime de Tyr, 261
Méliton de Sardes, 270
Ménandros le Rhéteur, 209, 230-235, 250, 254, 262, 282
Ménéclès d'Alabanda, 112
Ménélas, 18, 19
Menenius Agrippa, 128
Métrodore de Scepsis, 93
Minucianus l'Ancien, 230
Minucianus le Jeune, 208, 282
Mucius Scaevola (Q.) l'Augure, 119, 153
Mucius Scaevola (Q.) le Pontife, 119

Néoplatoniciens, 160, 273
Néron, 222
Nestor, 15, 18, 19
Nicétès de Smyrne, 247
Nouveau Testament, 268

Orateurs attiques, 57-59, 181
Origène, 270
Othon, 222
Ovide, 258, 259

Palamède, 32
Panégyriques latins, 242, 243, 271
Panétius, 98

Paul, 269
Paul-Emile, 119
Périclès, 37, 71, 73, 75, 139
Péripatéticiens, 97
Perse, 205
Pétrone, 172
Philodème, 98, 99, 282
Philon d'Alexandrie, 270
Philon de Larissa, 98
Philostrate, 204, 225, 246, 247
Phrynichos, 190
Platon, 35, 38, 39, 40, 59, 67-77, 78, 143, 181, 182, 186, 250, 255
Plaute, 189
Pline le Jeune, 171, 173, 213, 224, 238, 239
Plotius Gallus (L.), 137
Plutarque, 176, 177, 190, 261
Polémon, 204, 247, 249
Pollux de Naucratis, 247
Pôlos, 36, 70
Polybe, 108, 126
Pompée, 167
Pomponius Atticus (T.), 144
Porcius Latro (M.), 193, 207
Posidonius, 98
Potamon de Mytilène, 108, 109, 245
Prodicos, 28, 30, 36, 47
Protagoras, 28, 29, 30, 31, 36
Pseudo-Aelius Aristide, 208, 219, 253, 282
Pseudo-Denys d'Halicar-

Index des noms propres

nasse, 204, 208, 209, 250, 262, 282
Pseudo-Longin, 172, 184-188, 272

Quintilien, 6, 84, 85, 92, 172, 194, 204, 208, 210-215, 238, 274

Rhétorique à Alexandre, 61, 62, 282
Rhétorique à Herennius, 85, 88, 92, 93, 140-142
Rufus de Périnthe, 208, 247, 282
Rutilius Lupus, 88, 208, 282

Sappho, 186
Scipion Emilien, 117
Scipion Nasica, 117
Scopélien, 249
Sénèque, 172, 223, 260, 261
Sénèque le Rhéteur, 172, 180, 200-203, 282
Simonide, 93
Socrate, 68, 71, 72
Solon, 23
Stace, 260
Stoïciens, 87, 97
Strabon, 108
Suétone, 194
Sulpicius Galba (Ser.), 130
Sulpicius Rufus (Ser.), 165
Symmaque, 271

Tacite, 171-174, 222, 261
Tatien, 270
Télèphe de Pergame, 19
Tertullien, 270
Thémistios, 271
Thémistocle, 22, 23, 71
Théodore de Byzance, 36
Théodore de Gadara, 109, 209
Théon, 194, 195-197, 208, 262
Théophraste, 84, 85, 86, 89, 92
Thersite, 15
Thrasymaque de Chalcédoine, 36
Thucydide, 35, 36, 37, 50, 54, 181, 182, 203
Tibérios, 180, 209, 282
Tiron, 144
Tisias, 24-27, 36
Tite-Live, 107, 128, 260
Trajan, 222, 223
Tryphon, 88, 282

Ulysse, 13, 15, 18, 19

Veturia, 169
Virgile, 135, 188, 260

Xénophon, 59

Zénon, 97
Zoïle, 95

INDEX DES SUJETS ET DES NOTIONS

abstraction, 231
accident, 293
acclimatation de la rhétorique à Rome, 138, 150
accompagnement, 291
action, 290, 294
action de grâces, 235, 238
action oratoire, 50, 92, 132, 133, 211, 214, 283, 301
actualité, 207
adaptation à l'auditoire, 150
agrément, 292
alexandrinisme, 101
allégorie, 297
allusion, 286, 299
ambassade, 15, 17, 23, 45, 101, 108, 109, 177, 234, 248
amour, 73, 74, 260
ampleur, 296
amplification, 29, 65, 289
anaphore, 88, 300
anastrophe, 298
animal, 231
anniversaire, 233, 242
anthropologie, 19
anticipation, 298

antilogie, 29, 52
antistrophe, 300
apologie, 32
apologiste, 270
apologue, 128, 129
aposiopèse, 299
apostrophe, 299
apprentissage, 284
âpreté, 296
aptitude à raisonner, 206
archaïsme, 188, 189
arétalogie, 111
argumentation, 89-92, 203, 208, 275, 287, 290, 291
arrangement des mots, 86, 158, 217, 218
art, 6, 70, 96, 284, 288, 289
arts figurés, 277
asianisme, 112, 113, 114, 186, 205, 214, 270
assemblée, 14, 44, 69, 108, 121, 228
assistance, 222
atténuer, 29
atticisme, 157, 158, 159, 188, 189, 190, 191, 203, 252

audition, 197
autobiographie, 255
avocat, 213, 238, 240, 276

beauté, 217, 296
beauté (morale), 292
biais, 286
bienveillance, 288
biographie, 246
blâme, 196, 237, 284
brièveté, 29, 97, 288, 295

cacher l'art, 219
canon des dix orateurs attiques, 57-59, 244
caractère, 183, 217, 289, 294, 296
catachrèse, 297
cause, 290
causerie, 234, 241
cérémonie, 235
chaire de rhétorique, 213
chance, 294
charisme, 125, 167
chrie, 99, 195, 284
christianisme, 267-272
circonstance, 233, 290
cité, 22, 104, 231
clarté, 84, 217, 288, 295, 296
classique, 182, 183, 186, 188, 230, 244, 248
comices, 121
commentaire, 102
communication, 126, 243, 276
comparée (rhétorique), 277

complexité, 296
composition stylistique, 183, 186
concaténation, 300
concession, 299
concorde, 177, 228, 237, 254
concours, 109, 198, 236
conférence, 38
confirmation, 195, 284
conjecture, 90, 293
conquête romaine de la rhétorique grecque, 134-142
conseil, 17, 23, 44, 48, 200, 227, 228
conseiller, 14, 55, 108
consensus, 236
conséquence, 292
consolation, 100, 196, 223, 233, 261, 262, 263
consultation, 298
contradiction, 197, 291
contraire, 286
controverse, 200, 286
convenance, 84, 295
conversation, 160
corps, 301
correction, 295, 84
correspondance, 239, 240, 291
corruption du style, 172, 174
couleur, 201, 286
courage, 294
création d'une langue latine spécialisée, 138
création oratoire, 232
crédibilité, 288

Index des sujets et des notions

critique de la rhétorique, 66
critique d'art, 146
critique littéraire, 179-188, 216, 221, 253
culture, 206, 213, 214, 250, 252, 269
culture générale, 134, 154

débat, 15, 23, 29
déclamation, 108, 109, 143, 171, 172, 200-207, 209, 214, 221, 247, 286
déclin de la rhétorique, 171-177, 205
défense plus noble que l'accusation, 151
définition, 90, 291, 293
définition de la rhétorique, 6, 40, 65, 210, 265
délibératif, délibération, 14, 29, 55, 99, 141, 227, 230, 285, 286, 290
demande, 14
démégorie, 108
démocratie, 22, 25, 55, 68
démonstratif, 141
description, 196, 285
développement actuel des études de rhétorique, 11
devoirs de l'orateur, 283
dialecte attique, 58
dialectique, 64, 97
dialogue, 153, 252
diatribe, 99
dieu, 231, 234, 237, 272
dignité, 296

discours figuré, 95, 204, 208, 286
discours prononcé sur le champ de bataille, 45
disposition, 211, 212, 232, 283
division, 201, 287, 291
division guerre / paix, 294
document écrit, 289
don naturel, 186, 284
douceur, 17, 296
doxographie, 213
droit, 119, 155, 165
durée (du discours), 225, 234

échelle, 300
éclaircissement supplémentaire, 300
éclat, 296
édition, 102
éducation, 80, 96, 118, 190, 294
effet de surprise, 299
élaboration, 197
élément, 290
ellipse, 298
élocution, 216, 283, 299
éloge, 32, 48, 73, 111, 125, 149, 194, 196, 230-237, 284, 293
éloge paradoxal, 46, 236, 240, 252
éloquence, 8, 161, 258
embrassement, 300
émotion, 211
émouvoir, 283

empereur, 221-224, 225, 233, 248, 251, 293
enfant, 210
énigme, 297
enseignement, 18, 30, 60, 98, 103, 136, 151, 161, 171, 192-207, 208, 215, 243, 247, 258, 274
enthousiasme, 187
enthymème, 291
épichérème, 208, 291
épidictique, 99, 200, 209, 230-238, 241, 242, 243, 255, 260, 270, 286, 290
épiphore, 300
épistolographie, 94, 161
éristique, 30
esclave, 57
espèce, 285
état de cause, 90, 91, 134, 152, 208, 211, 216, 292
éthique, 79, 277
éthopée, 196, 198, 259, 285
être humain, 231
étymologie, 5
événement familial, 233
excuse, 110
exemple, 142
exercice, 36, 151, 221, 284
exercices préparatoires, 194-199, 208, 210, 215, 262, 284
exhortation, 15, 108, 196
exorde, 287, 288
expression, 217

fable, 195, 284

facilité, 292
famille, 293
féminine (rhétorique), 168
femme, 57, 167, 168
fiasco, 142
fictif, 32, 48, 49, 200
figure, 34, 87, 88, 186, 209, 217, 219, 298, 299. Voir aussi : discours figuré
finesse, 296
flatterie, 71, 72
fleuri, 295
forme, 216, 296
fortune, 294
franc-parler, 299

genres de discours, 64, 149, 152, 211, 285
genres de style, 19, 85, 187, 219, 295
geste, 13, 301
globalisation, 83
grammaire, 30, 102, 189, 193, 253
grandeur, 85, 217, 295, 296
gymnase, 104

habileté, 216, 217, 218, 297
harangue, 108, 130, 144, 177
harmonie, 183
hellénisme, 104
héritage de la rhétorique gréco-romaine, 265
hésitation, 298
histoire, 36, 37, 46, 108, 130, 160, 181, 195, 197, 200, 203, 243, 260, 275

Index des sujets et des notions

histoire de l'éloquence, 158
honoraires, 125
humanisme, 161
humanités, 215
humour, 162
hymne, 231, 254
hyperbate, 298
hypotypose, 299

idéal politique, 150
identité hellénique, 104, 191, 207, 250
idéologie, 45, 120, 126, 207, 236, 239, 243. Voir aussi : modèle idéologique
image, 197
imitation, 182, 186, 187, 191, 220, 252, 284
immoralité, 96
importance sociale, 249
improvisation, 31, 47, 72, 198, 204
inauguration, 235, 239
inclusion, 291
indignation, 289
inscriptions, 104-112, 113, 198, 221, 238, 246, 247
insinuation, 299
institutions, 44, 120, 123
instruire, 283
intelligence, 294
intérêt général, 77
interrogation, 298
invective, 148
invention, 211, 212, 216, 232, 283

invention de la rhétorique, 24
invitation, 233
ironie, 162, 299

judiciaire, 25, 29, 42, 69, 90, 99, 123, 141, 144, 212, 224-227, 285, 286, 290,
jugement, 291
juive (tradition), 268, 272
juridique, 165
jurisprudence, 134
justice, 22, 28, 64, 70, 77, 292, 294

lamentation, 15, 233
langage, 275
langue, 188, 190, 243, 248
langue grecque connue à Rome, 136
langue latine, 118
lecture, 197
lecture publique, 239, 258
légalité, 292
lettre, 46, 94, 196, 254, 261
lexique, 190
liberté, 30, 161, 265
lieu, 64, 159, 196, 212, 232, 263, 284, 290
liste, 279
littérature, 22, 34, 257, 275, 276
littératurisation, 257
logique, 79, 97
logographe, 43, 125
luttes sociales, 127, 129

magie, 33, 241
maîtrise rhétorique, 222
majesté, 218, 296
manière, 290
manière d'être, 294
manuscrit, 228, 240
mariage, 233
matière, 291
maxime, 195, 284
médecine, 38, 256
médecine de l'âme, 262
méfiance envers la rhétorique, 5, 67, 137, 138, 270
mélange, 218
membre de phrase, 217
mémoire, 92, 93, 94, 133, 211, 283
mensonge, 18, 22, 96
mentalités, 232
message, 130, 268
métalepse, 297
métaphore, 65, 275, 297
méthode, 216, 217, 218
métonymie, 87, 275, 297
mise en parallèle, 291
mode, 214
modèle idéologique, 54, 120, 224
modération, 296
monnaies, 248
morale, 27, 80, 199, 213, 214
mort, 52, 149, 295
mot, 299
motif, 291
mouvement du corps, 301
moyen, 295

moyen (style), 85
musique, 132, 183
mythologie, 200

naissance, 293
narration, 287, 288, 291
nature, 293
nécessité, 292
netteté, 296
notable, 103, 229
nourriture, 294

objet inanimé, 231
oniromancie, 256
onomatopée, 297
oraison funèbre, 32, 45, 72, 125, 126, 149, 233, 238, 250, 253, 262
oralité, 47
orateur, 245
orateur accompli, 97, 109
orateur idéal, 156
origine de la rhétorique, 38-41
ornementation, 84, 295

pamphlet, 252, 255
panégyrique, 46, 234, 242, 286
papyrus, 98, 102, 111, 194, 200
paradoxe, 48. Voir aussi : éloge paradoxal
parallèle, 196, 284
paraphrase, 194, 197
parole sacrée, performative, 117

Index des sujets et des notions

parole trompeuse, 15
parties de la rhétorique, 283
parties du discours, 65, 211, 287
passion, 186, 289
pastiche, 72, 73
pathétique, 289
patrie, 293
patronat, 124
pause, 217
pays, 231
peinture de caractère, 299
pensée, 186, 217, 220, 298
période, 65, 89, 118
périphrase, 297, 300
permission, 299
péroraison, 150, 196, 287, 289
personne, 290
persuasion, 6, 7, 21, 32, 63, 64, 65, 66, 67, 69, 75, 185, 205, 259, 260
pétition, 227
philosophe, 24, 136, 246, 275
philosophie, 27, 31, 41, 66-81, 96-101, 156, 159, 165, 173, 187, 233, 241, 250-253, 261, 270
phrase, 89
piété, 292
piquant, 296
pitié, 130, 289
plaidoirie, plaidoyer, 36, 130, 177, 200, 241
plaire, 283
pléonasme, 298, 300

poésie, 13-23, 201, 258, 260
poétique, 179, 180, 275
point, 201
politique, 27, 44, 46, 48, 51, 70, 79, 80, 96, 103, 104, 125, 129, 130, 142, 153, 171, 177, 198, 214, 227, 234, 248, 251, 265, 275
possibilité, 292
pratique oratoire, 8, 42-59, 103-114, 128-134, 143-151, 224-257
préambule, 235
préface, 48
preuve, 64, 211, 287, 288
prière, 14, 148, 241
procès, 51
productif, 216
propagande, 266
proposition, 287
proposition de loi, 196, 285
prose, 22
prosopopée, 88, 148, 196, 285, 299
protreptique, 99, 235
publication, 47, 130, 144, 146, 205, 226, 239
puissance du langage, 32
pureté, 217, 296

qualification, 293
qualité, 90, 293
qualité du style, 84, 295
qualité physique, 293
question, 155, 285
question rhétorique, 298

récapitulation, 289
récit, 195, 275, 284
redoublement, 300
réflexion sur le discours, 15
réfutation, 195, 284, 287
religieuse (rhétorique), 111, 254, 267-273
religion, 256, 277
remerciement, 235, 270
renaissance de la rhétorique, 173, 245
répétition, 300
réponse, 298
reprise, 300
ressemblance, 291
retour en arrière, 300
révolutionnaire, 132, 133
rhéteur, 193
rhétorisation, 159, 257
rire, 162-166, 211
roman, 241, 263
romanesque, 202
romanisation, 116
romanité, 116
Rome (rapport des Grecs avec), 191, 250
rubriques relatives aux fins, 292
rythme, 65, 89, 183, 217

scientifique, 277
Sénat, 120, 225, 227, 239
sévérité, 218, 297
simplicité, 85, 295, 296
sincérité, 217, 297
soin, 296
sophiste (Première Sophistique), 27-38, 67, 68, 85, 93, 99, 100, 244, 245, 246
sophiste (Seconde Sophistique), 175, 241, 244-257, 270
soupçon, 40
souplesse, 210
statut (de l'orateur), 116, 131
stratégie rhétorique, 147
structures socio-politiques, 126
style, 19, 33, 48, 65, 72, 74, 84-89, 97, 99, 101, 107, 112, 114, 130, 133, 141, 157, 158, 201, 208, 211, 212, 216-221, 234, 275
suasoire, 200, 286
sublime, 184-188, 272, 273
succès, 144
supplication, 13, 14
sycophante, 43
synecdoque, 297
synégore, 43
synonymie, 300
système, 62, 65, 279

tâche de l'orateur, 154, 283
taxinomie, 220
témoignage, 289
témoin, 238
tempérance, 294
temps, 290
théâtre, 34
théorie de la rhétorique, 7, 60-66, 83-95, 130, 131,

134, 140, 152-159, 208-221
thèse, 100, 151, 155, 194, 196, 285
torture, 289
tour de force, 32
traduction, 143, 159, 222
trait, 201
traité rhétorique, 134
transfert, 90, 293
transmission des textes, 209
tribunal, 69, 238
tromperie, 20
trope, 87, 88, 186, 219, 297

utilité, 292

valeur, 236, 275
véhémence, 86, 296
vérité, 22, 28, 64, 80
vers, 198
vertu, 233, 294
vertu du style, 84, 219, 295
vie municipale, 229
vigueur, 217, 296
virtuosité, 203, 248
visage, 301
vivacité, 217, 296
vocabulaire, 86
voix, 47, 252, 301
voyage, 233
vraie rhétorique, 75
vraisemblance, 25, 207

INDEX DES MOTS GRECS

agôn, 287
ainigma, 297
aitia, 290
akmê, 296
akroasis, 197
alêtheia, 217, 297
allêgoria, 297
amphibolia, 90
anadiplôsis, 300
anagnôsis, 197
anakephalaiôsis, 289
anakoinônêsis, 298
anankaios, 292
anapausis, 217
anaskeuê, 195, 284
anastrophê, 298
anatrophê, 294
andreia, 294
andres politikoi, 184
anetos, 234
anthêros, 295
antinomia, 90
antirrhêsis, 197
antistrophê, 300
antithesis, 34
apheleia, 296
apithanos, 205

apodeixis, 287
aporia, 298
aposiôpêsis, 299
apostrophê, 299
aretê, 84, 233, 288, 294, 295
asianos zêlos, 112
askêsis, 284
asteïsmos, 166
asustatos, 91
atekhnos, 288
austêros, 183
auxêsis, 289
axiôma, 296

barutês, 218, 297
basilikos logos, 233, 293
bêma, 44
boulê, 44
bouleutêrion, 44

deinos, 86
deinôsis, 289
deinotês, 19, 216, 217, 297
diairesis, 291
dialexis, 261
dianoia, 87, 298
diaporêsis, 298

340 *La Rhétorique dans l'Antiquité*

didaskein, 18
diêgêma, 195, 284
diêgêsis, 287, 288, 291
dikaios, 292
dikaiosunê, 294
dikanikos, 285
dikê, 42
drimutês, 296
dunamis, 291
dunatos, 292

eidos, 285
eikôn, 197
eikos, 25, 139
eirôneia, 299
eis hekateron, 100
ekbêsomenos, 292
ekklêsia, 44
ekphrasis, 196, 285
eleos, 289
elleipsis, 298
emphasis, 286, 299
enantios, 286
enargeia, 140, 187
endoxos, 292
enkômiastikos, 286, 293
enkômion, 111, 196, 230, 284
ennoia, 217
entekhnos, 289
enthumêma, 291
epanalêpsis, 300
epanaphora, 300
epanodos, 300
epibatêrios, 233
epideiktikos, 286
epideixis, 31, 38, 230

epieikeia, 296
epikheirêma, 208, 291
epilogos, 287
epimeleia, 296
epiphora, 300
epistêmê, 284
epitaphios logos, 32, 45, 48, 51, 58, 72, 126, 233
epitêdeuma, 294
epithalamios, 233
epitropê, 299
ergon, 283
erôtêma, 298
eskhêmatismenos logos, 95, 286
êthopoiia, 196, 285, 299
êthos, 65, 217, 284, 289, 296
eukrineia, 296
eumatheia, 288
eunoia, 288
eutukhia, 294
exergasia, 197

geloion, 166
genesis, 293
genethliakos, 233
genos, 285, 293
glaphuros, 86, 183
glukutês, 296
gnômê, 195, 284
gorgotês, 217, 296
grammatikos, 193
graphê, 42

hadros, 295
harmonia, 183
hêdonê, 296

Index des mots grecs

hêdus, 292
hellênismos, 102, 140, 295
hermêneia, 84, 283
heuresis, 216, 283
homoioteleuton, 34
homoios, 291
hôra, 296
horismos, 293
horos, 90, 291, 293
hosios, 292
hulê, 291
humnos, 231
huperbaton, 298
hupodidaskalos, 193
hupokrisis, 92, 283, 301
hupophora, 298
hupothesis, 100, 285
hupotupôsis, 299
hupsêlos, 295
hupsos, 184

idea, 60, 208, 216, 296
isêgoria, 22
iskhnos, 295
isokôlon, 34

kairos, 28, 75
kallos, 217, 296
kalos, 292
kanôn, 58
kata rhêton kai hupexairesin, 90
katakhrêsis, 297
kataskeuê, 195, 284, 295
kateunastikos, 233
katharotês, 217, 296
kephalaion, 292

kêrugma, 268
kharaktêr, 85, 295
khreia, 195, 284
khrôma, 286
khronos, 290
kinêsis, 301
klêtikos, 233
klimax, 300
koinê, 189
koinônia, 298
koinos topos, 196, 284
kolakeia, 71
kôlon, 89, 217
komma, 113
krinein, 179
krisis, 291

lalia, 234
lamprotês, 296
legein, 39
lexis, 84, 87, 217, 283, 295, 299
litos, 295
logikon zêtêma, 90, 292-293
logôn tekhnai, 39
logos, 32, 39, 71, 80, 284, 289
lusis, 287

makhê, 291
mathêsis, 284
megaloprepês, 295
megethos, 217, 296
meletê, 194, 284, 286
meros, 283, 287
mesos, 295
mestotês, 296

metalêpsis, 90, 293, 297
metaphora, 275, 297
methodos, 216, 217
metônumia, 297
mimêsis, 191, 252, 284, 299
misthos, 44
mixis, 218
mnêmê, 283
monôdia, 233
morion, 290
muthos, 195, 284

nomikon zêtêma, 90
nomimos, 292
nomos, 196
nomou eisphora, 285

oikonomia, 283
onkos, 296
onomatopoiia, 297
oxutês, 296

paideia, 60, 190, 294
paignion, 32, 46
palillogia, 300
panêgurikos, 286
panêguris, 234
para prosdokian, 299
paradoxos, 299
paragraphê, 293
parainesis, 237
paraklausithuron, 260
paramuthêtikos, 233, 261
paramuthia, 261
paraphrasis, 197
parathesis, 291
parêgoria, 261

parepomenon, 291
paronomasia, 34
parrhêsia, 54, 98, 299
pathêtikos, 289
pathos, 65, 284, 289
patris, 293
peithein, 106
peithô, 21, 138, 260
peribolê, 296
periokhê, 291
periphrasis, 297, 300
peristasis, 290
peristatika moria, 290
phanai, 117
phantasia, 187
philosophia, 79
philosophos, 68, 246, 251
phônê, 301
phrasis, 84, 283
phronêsis, 55, 294
phusis, 284, 293
pistis, 139, 287
pithanotês, 288
plagios, 286
pleonasmos, 298, 300
poiotês, 293
politikos, 184
pragma, 290
praktikos, 285, 289
praxis, 294
prepon, 292, 295
presbeutikos, 234
progumnasma, 194, 215, 284
prokataskeuê, 287
prolalia, 235, 252
prolêpsis, 298

Index des mots grecs

prooimion, 287
propemptikos, 233
prosdiasaphêsis, 300
prosokhê, 288
prosôpon, 290
prosôpopoiia, 196, 285, 299
prosphônêtikos, 234
prothesis, 287
prôtos heuretês, 24
psogos, 196, 230, 284
psukhagôgia, 75
pusma, 298

rhadios, 292
rhêtôr, 18, 39, 55, 109, 139, 193, 245, 263
rhêtoreia, 39
rhêtorikê, 5, 38, 138
rhêtorikês merê, 283
rhêtoros erga, 283
rhuthmos, 217

saphêneia, 217, 288, 295, 296
sêmeion, 139
semnotês, 218, 296
skhêma, 87, 95, 138, 139, 217, 298, 299
sminthiakos, 234
sôma, 294, 301
sophia, 68, 269
sophisma, 35
sophistês, 27, 35, 68, 245
sophos, 35
sôphrosunê, 294
sphodrotês, 296
stasis, 90, 216, 292

stephanôtikos, 234
stoikheion, 290
stokhasmos, 90, 293
sullogismos, 90
sumbebêkôs, 90, 293
sumbouleutikos, 285
sumpheron, 292
sumplokê, 300
sunekdokhê, 297
sunkhôrêsis, 299
sunkrisis, 182, 196, 284
sunônumia, 300
suntaktikos, 233
sunthêkê, 217
sunthesis, 183, 217, 300
suntomia, 97, 288, 295
suntonos, 234
sustoikhia, 291

taxis, 283
tekhnê, 6, 33, 39, 60, 61, 140
tekhnikos, 72
tekmêrion, 139
teleutê, 295
telika kephalaia, 292
telos, 292
thanatos, 295
theôrêtikos, 285
thesis, 100, 196, 285
topos, 65, 196, 232, 262, 263, 284, 290, 293
trakhutês, 296
tropos, 87, 290, 297
tukhê, 294

zêtêma, 90, 285, 293

INDEX DES MOTS LATINS

abusio, 297
accidens, 293
accuratus, 296
acrimonia, 296
acris, 296
actio, 283, 285, 301
actus, 290
acutus, 296
adfectus, 289
adiunctus, 291
adiutor, 193
adlocutio, 285
adpositus, 291
aduocatus, 139
aenigma, 297
amplificatio, 289
amplitudo, 296
apertus, 288, 296
aptus, 140, 295, 297
argumentatio, 287
argumentum, 139
ars, 6, 140, 273, 284
ars dicendi, 139
artificialis, 289
artificium, 284
ascensus, 300
asiatica dictio, 112

asperitas, 296
attentus, 288
attenuatus, 295
auctoritas, 116
auersio, 299

bene dicendi scientia, 6
beniuolus, 288
breuis, 288
breuitas, 295

capitulum, 292
carmen, 118
causa, 285, 290, 291
causidicus, 139
cedant arma togae, 161
celeritas, 296
chria, 284
circuitio, 297, 300
circumductus, 296
circumlocutio, 297, 300
circumstantia, 290
claritas, 296
cognitio, 285
color, 201
commiseratio, 289
communicatio, 298

communis locus, 284
comparatio, 284, 291
comparatiuus, 291
compendium, 273
complexio, 300
compositio, 158
concessio, 299
conciliare, 283
conclusio, 287
concordia ordinum, 150
conduplicatio, 300
conexus, 300
confirmatio, 284, 287
conformatio, 139
confutatio, 287
coniectura, 293
coniugatus, 291
coniunctus, 291
conquestio, 289
consensus bonorum, 150
consilium principis, 227
consolatio, 261
constitutio, 292
continentia, 294
contio, 122
contra arma uerbis, 161
contra thesim, 100
controuersia, 200, 286
conuersio, 300
corpus, 294, 301
credibilis, 288

decet, 140
declamatio, 194, 286
decorum, 140, 166, 295
delator, 226
delectare, 154, 283

deliberatiuus, 285
demonstratiuus, 286
denominatio, 297
descriptio, 285
desitio, 300
dicere, 117
dictio, 84, 299
diligentia, 124
dilucidus, 288
disciplina, 294
dispositio, 211, 283
dissimulatio, 299
diuisio, 201, 287, 291
docere, 154, 283
docilis, 288
doctrina, 284
dubitatio, 298

educatio, 294
elementum, 290
ellipsis, 298
elocutio, 84, 211, 283, 295, 299
eloquentia, 139, 258, 297
enumeratio, 289
euidentia, 140, 299
exaggeratus, 296
exercitatio, 284
exordium, 287
exornatio, 139
explanatio, 295
extenuatus, 295

fabula, 284
facilis, 292
factus, 290, 294
fari, 117

Index des mots latins 347

felicitas, 294
fiat lux, 272
fides, 118, 124, 145
figura, 139, 298, 299
figurata oratio, 286
figuratus sermo, 286
finalia capitula, 292
finis, 291, 293, 295
finitio, 291, 293
flectere, 283
floridus, 295
forma, 139, 296
fortitudo, 294
fortuna, 294

genera dicendi, 19, 85, 99, 295
genus, 285, 293, 295, 296
gestus, 139, 301
gracilis, 295
gradatio, 300
grammaticus, 193
grandis, 295
gratia, 125
gratiarum actio, 235
grauitas, 116, 296, 297
grauis, 295

honestus, 292

imago, 93, 197
imitatio, 284
in utramque partem, 100, 159, 203
inartificialis, 289
indignatio, 289
ingenium, 284

inopinatus, 299
institutio, 294
institutio oratoria, 210
intellectio, 297
interrogatio, 298
interruptio, 299
inuentio, 211, 283
inuersio, 297
ironia, 299
iteratio, 300
iucundus, 292
iudicatio, 291
iudicialis, 285
iudicium, 291
ius... uerrinum, 163
iustitia, 294
iustus, 292

laetus, 296
latinitas, 140, 295
laudatio funebris, 125, 238
laudatiuus, 286
laus, 230, 284
legis latio, 285
legitimus, 292
licentia, 299
locus, 93, 284, 290
lucidus, 288
lumen, 139

magnitudo, 296
materia, 291
mediocris, 295
medius, 295
memoria, 211, 283
miseratio, 127
mitigatio, 296

moderatio, 296
modicus, 295
modus, 290
mores, 296
mors, 295
morum imitatio, 299
mos maiorum, 118
motus, 301
mouere, 154, 283

narratio, 284, 287, 288, 291
natura, 284, 293
necessarius, 292
negotium, 290
nominatio, 297
nominis communio, 300
nominis fictio, 297
nugalia, 240

obticentia, 299
officium, 124, 283
opus, 283
opus oratorium maxime, 160
orator, 139, 156
oratoris officia, 283
oratoris opera, 283
ornamentum, 139
ornatus, 295

panegyricus, 286
pars, 283, 287, 290
partitio, 287, 291
pater familias, 118
patria, 293
patronus, 124, 139, 145
permissio, 299
permouere, 283

permutatio, 297
peroratio, 287
persona, 290
personae fictio, 299
perspicuitas, 295, 296
perspicuus, 288
persuadere, 6
pius, 292
plenus, 296
pleonasmus, 298, 300
positio, 285
possibilis, 292
praeexercitamentum, 194, 284
praeexercitamen, 284
praescriptio, 293
praesumptio, 298
princeps senatus, 120
principium, 287
probabilis, 139, 288
probare, 283
probatio, 287
pronuntiatio, 211, 283, 301
prooemium, 287
propositio, 287
propositum, 285
prudentia, 294
pugnans, 291
pulchritudo, 296
puritas, 296
purus, 295

quaestio finita, 285
quaestio infinita, 285
quaestio [jury], 123
quaestio [question], 201, 285

Index des mots latins

qualitas, 293
quid deceat, 295

rationale genus, 293
recitatio, 239, 258
reduplicatio, 300
refertus, 296
refutatio, 284, 287
regressio, 300
relatio, 300
repetitio, 300
res, 131, 289
res gestae, 294
res literaria, 276
reticentia, 299
retractatio, 203
reuersio, 298
rhetor, 139, 193
rhetores Latini, 137
rhetorica, 138
rhetorices partes, 283
rhetorices genera, 285
rostra, 121

sapientia, 156
schema, 138
scientia, 285
sensus, 298
sententia, 120, 201, 284, 298
sermocinatio, 285
significatio, 299
signum, 139
similis, 291
simplicitas, 296
simulatio, 299
species, 285

splendor, 296
status, 180, 292
suada, 138
suasoria, 200, 286
suauitas, 296
subtilis, 295

temperantia, 294
tempus, 290
tenuis, 295
thesis, 155, 285
tirocinium fori, 119
transcensus, 298
transgressio, 298
translatio, 293, 297
transumptio, 297
tropus, 297
tumor, 296

uber, 295
uehementia, 296
uelox, 296
uenustus, 296
uerbum, 131, 300
ueri similis, 288
ueritas, 297
uigor, 296
uir bonus, dicendi peritus, 131
uirtus, 84, 288, 294, 295
uis persuadendi, 6
uituperatio, 230, 284
uox, 301
urbanitas, 166
usus, 284
utilis, 292
uultus, 301

TABLE

Avant-propos..	5
Excursus n° 1 : Rhétorique de..	10
Chapitre premier : la rhétorique avant la rhétorique	13
Homère	13
Du monde homérique au monde classique	21
Chapitre II : la révolution sophistique...........................	24
Les « premiers inventeurs »	24
Les sophistes	27
Excursus n° 2 : L'acte de naissance du mot *rhêtorikê*	38
Chapitre III : le moment athénien	42
La pratique oratoire	42
La république des orateurs : réalité et représentation	54
Excursus n° 3 : Le canon des dix orateurs attiques	57
Enseignement et théorie de la rhétorique	60
Le problème philosophique et moral de la rhétorique......	66
Chapitre IV : la globalisation hellénistique...................	82
Les avancées de la technique rhétorique..........................	83
La rhétorique à l'épreuve des philosophies......................	96
La vie de l'éloquence en pays grec..................................	103
Excursus n° 4 : L'éloquence politique grecque n'est pas morte à Chéronée...	104
Chapitre V : Rome, romanité, romanisation	115
Les conditions de la rhétorique romaine	116
Les grands noms de la rhétorique romaine avant Cicéron	128

La conquête de la rhétorique grecque	134
Cicéron	142
Excursus nº 5 : L'arme du rire	162
Les contemporains de Cicéron	167

CHAPITRE VI : L'EMPIRE, OU L'INNOVATION DANS LA TRADITION 170

Déclin ou renaissance de la rhétorique ?	171
Caractères généraux de la période	177
La critique littéraire	179
Archaïsme et atticisme	188
La rhétorique, filière reine de l'enseignement	192
Les traités théoriques	208
L'empereur orateur	221
La pratique oratoire et l'irrésistible ascension du genre épidictique	224
Les orateurs romains	238
La Seconde Sophistique	244
Excursus nº 6 : Aelius Aristide, sophiste par la grâce d'Asclépios	254
Rhétorique et littérature	257

CONCLUSION : L'HÉRITAGE DE LA RHÉTORIQUE GRÉCO-ROMAINE 265

La conversion de la rhétorique	267
De la fin de l'Antiquité jusqu'à l'époque moderne	273
La rhétorique gréco-romaine aujourd'hui	274

THESAURUS : LE SYSTÈME DE LA RHÉTORIQUE 279

Repères chronologiques	303
Bibliographie	307
Index des noms propres	323
Index des sujets et des notions	329
Index des mots grecs	339
Index des mots latins	345

Composition réalisée par NORD COMPO

Achevé d'imprimer en Europe (Allemagne)
par Elsnerdruck à Berlin
LIBRAIRIE GÉNÉRALE FRANÇAISE - 43, quai de Grenelle - 75015 Paris
dépôt légal Édit. : 5443-09/2000
ISBN : 2 - 253 - 90553 - 4   ❖ 42/0553/0